선생님이 들려주는
결혼 이야기

선생님이 들려주는
결혼 이야기

발행일 2022년 8월 15일

지은이 마종필
펴낸이 손형국
펴낸곳 (주)북랩
편집인 선일영 **편집** 정두철, 배진용, 김현아, 박준, 장하영
디자인 이현수, 김민하, 김영주, 안유경 **제작** 박기성, 황동현, 구성우, 권태련
마케팅 김회란, 박진관
출판등록 2004. 12. 1(제2012-000051호)
주소 서울특별시 금천구 가산디지털 1로 168, 우림라이온스밸리 B동 B113~114호, C동 B101호
홈페이지 www.book.co.kr
전화번호 (02)2026-5777 **팩스** (02)2026-5747

ISBN 979-11-6836-409-7 03330 (종이책) 979-11-6836-410-3 05330 (전자책)

(주)북랩 성공출판의 파트너

북랩 홈페이지와 패밀리 사이트에서 다양한 출판 솔루션을 만나 보세요!

홈페이지 book.co.kr • **블로그** blog.naver.com/essaybook • **출판문의** book@book.co.kr

작가 연락처 문의 ▸ ask.book.co.kr

작가 연락처는 개인정보이므로 북랩에서 알려드릴 수 없습니다.

행복한 결혼 생활을 만드는 25가지 방법

Marriage Methodology

선생님이 들려주는
결혼 이야기

어떤 사람을 만나서,
어떻게 살아가야 행복할 수 있을까?

마종필 지음

결혼에 대한 모든 질문과 답을 담은, 남녀노소 모두를 위한
· 결혼 생활 가이드북! ·

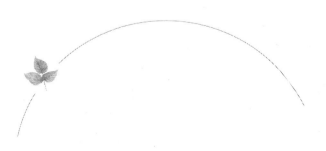

_____ 님께 드립니다.

책을 펴내면서

이 책은 제자들의 질문에 선생님이 대답하는 과정에서 만들어졌습니다. 필자는 여자고등학교에서 30년 넘도록 학생들을 가르쳐 왔습니다. 그러다 보니 그 세월만큼이나 많은 제자들을 얻게 되었습니다. 우리 지역 어디를 가더라도, 혹은 여타의 다른 지방을 가더라도 금방 제자들을 만날 수 있게 되었습니다.

뿐만 아니라 오랫동안 진로진학상담교사로 재직하면서, 사람의 성격적 특성이나 진로에 대해 이야기해 왔습니다. 그러면서 사람에 따라 어울리는 직업, 편하게 어울릴 수 있는 사람, 대화가 잘되는 사람, 혹은 불편해지는 사람 유형에 대해 말해 왔습니다. 그러다 보니 자연스럽게 수업 중에 제자들로부터 "남자 친구로는 어떤 사람이 좋아요?" 혹은 "내 성격은 어떻게 해야 해요?"라는 질문들을 받았습니다.

학교를 졸업하고 사회에 나간 제자들의 경우, "선생님. 배우자로서 좋은, 혹은 딱 맞는 사람이 있나요?" 혹은 "배우자로 어떤 사람을 만나면 좋을까요?", "선생님, 저를 잘 아시잖아요? 제게 어떤 남자가 잘 어울릴까요?"라는 결혼에 대한 물음을 자주 해 왔습니다.

또 어떤 제자들은 조심스럽게 주례사를 부탁하기도 했었고, 주례를 부탁받은 분이 내게 와서 주례사를 써 달라는 경우도 있었습니다. 또 필자도 나이가 들어 감에 따라 자녀를 출가시키고, 주변 친구들 역시 자녀를 출가시키고 있습니다. 그럴 때마다 친구들은 내게 물어 왔습니다.

"결혼하는 자녀에게 무슨 말을 해 주면 좋을까?"

선생님이 들려주는 결혼 이야기

제자들이 결혼에 관해 물어 오면 생각나는 대로 간단하게 답을 해 주었습니다. 그것만으로 부족했던지, 다시 여러 질문들을 더 추가해 왔습니다. 그럴 때마다 해 주고 싶은 말들은 많은데 시간이 부족해 다 해 주지 못한 경우가 많았습니다. 그리고 결혼 주례사를 쓰면서 그렇게 한정된 시간과 공간에서는 그 엄중한 결혼을 다 이야기할 수 없다는 아쉬움을 느꼈습니다.

　그래서 결혼에 대해 물어 오는 사람들에게, 또는 행복한 결혼 생활을 꿈꾸는 사람들에게 들려주고 싶은 이야기들을 정리하게 되었습니다.

　결혼을 위해 이성異性을 찾거나 결혼을 준비하고 있는 사람들에게 어울릴 만한 이야기들이라고 생각합니다. 범위로 말하면 이성과의 만남을 희망하거나 교제를 하고 있는 사람, 혹은 결혼 생활을 이제 막 시작하고 있는 신혼부부들에게 어울릴 만한 내용이라 하겠습니다.

　그래서 필자는 결혼을 생각하고 찾아오는 제자들이나 결혼을 앞두고 있는 세상 젊은이들에게 설명 대신, 이 책을 권할 생각입니다. 이제는 결혼에 관심을 두고 있는 사람이라면 누구나 필자에게 직접 찾아오거나 문의하지 않아도 서점이나 인터넷에서 구입해서 쉽게 읽을 수 있게 되었습니다. 그래도 내게 찾아오는 제자들에게는 하는 수 없이 결혼에 대한 덕담을 나누면서 이 책을 선물할 생각입니다.

　부디 필자의 순수한 바람과 노력이 결혼을 생각하고 있는 사람들에게, 혹은 아름다운 결혼 생활을 꿈꾸는 젊은이들에게 좋은 자료가 되기를 기대합니다. 더 나아가 행복한 결혼 생활을 열어 가는 열쇠와 같은 책이 되기를 소망합니다.

2022년 맹추孟秋

순천 푸른마음심리 상담소에서

차례

제1장

어떤 사람이 나와 어울릴까요?

제2장

결혼을 어떻게 생각해야 할까요?

제1장

어떤 사람이
나와 어울릴까요?

행복한 결혼을 위한 제언

　　학교나 상담소에서 일을 하다 보면 여러 계층의 사람들, 그리고 다양한 성격의 사람들을 만날 수 있습니다. 그중에 고등학생에서부터 결혼 적령기에 있는 사람들까지, 공통적으로 하는 질문이 있습니다.

　"선생님, 어떤 사람과 결혼하면 좋고 행복할까요?"

　몸이 성숙함에 따라 이성에 관심이 많아지고, 머잖은 시기에 결혼을 염두에 두고 있어서 하는 질문 같습니다. 마땅히 물어보고 고민하고 준비해야 할 일이라고 생각합니다.

　'결혼'이라고 하면 사람들은 얼른 '달콤함', '짜릿함', '행복' 등과 같은 단어를 떠올립니다. 하지만 경험자들의 말에 따르면 결혼은 일상적으로 우리들이 떠올리는 이런 단어들과는 조금 거리가 있다고 합니다.

　그래서 결혼과 관련된 이야기를 할 때에는 언제나 조심스럽습니다. 결혼이라는 주제는 함부로 다룰 수 없는 만만치 않은 이야기이기도 하

　　　　　　　　　　　　　　선생님이 들려주는 결혼 이야기

거니와 기대에 부푼 마음에 찬물을 끼얹는 불편한 일이 될 수도 있기 때문입니다. 그래서 필자는 결혼에 관한 이야기를 시작하면서 우선 사람들이 일반적으로 가지고 있는, 혹은 갖기 쉬운 결혼에 대한 위험한 생각들을 먼저 말해 보려고 합니다.

결혼이라고 하면 우리들이 보통으로 갖고 있는 생각처럼 낭만적이고 환상적인 것임에는 틀림없습니다. 그런데 시작부터 이런 무거운 이야기들로 시작하다니, 당장 불편한 감정이 일어날는지도 모르겠습니다.

하지만 결혼에는 우리들이 생각하는 것처럼 워낙 긍정적인 요소들이 많아서 이런 편재를 하더라도 그 불편이 상쇄되고도 남을 수 있겠다는 생각이 듭니다. 그래서 결혼을 쉽게 생각했다가 조기에 실망하는 위험을 줄여 보려는 의도에서 맨 먼저 언급하려고 합니다.

결혼을 생각할 때 가장 먼저 가질 수 있는 위험한 생각은 결혼을 '외로움에서 벗어날 수 있는 도피처'로 여기는 것입니다.

사람은 사회적인 동물이라 혼자 지내는 시간이 많아지면 외로움을 느끼기 쉽습니다. 그래서 배우자를 두면 이런 외로움으로부터 금방 벗어나고 유쾌함을 얻을 수 있겠다는 생각을 하게 됩니다. 누군가 옆에 있으면 외로움이 극복될까 싶은 기대를 갖고 결혼 상대자를 찾아 나서는 것입니다. 이런 일은 결혼을 너무 쉽게 생각하는 것입니다.

사람들이 느끼는 외로움이라는 것은 각자의 내면에서 일어나는 심리적인 작용입니다. 따라서 결혼을 한다고 해서 외로움이 당장 줄어들거나 해소되지 않습니다. 외로움은 누군가가 곁에 있느냐 없느냐에 따라 해결되는 문제가 아닙니다. 사회학에서는 '군중 속의 고독'이라는 말을 사용하고 있습니다. 대중 사회 속에서 여러 사람들에 의해 둘러싸여 살아가면서도 고립감으로 외로움을 느낀다는 말입니다.

따라서 외로움을 해결하려면 자기 스스로 내면을 들여다보고 마음속에서 고독을 일으키는 요인을 찾아서 해결책을 얻어야 합니다. 때문에 배우자를 통해 외로움을 해결하려고 하는 것은 상당한 위험한 생각이라 하겠습니다.

부부들이 살아가는 모습을 보면 같은 집에서 같이 잠을 자고, 함께 생활을 하면서도 외로움을 느끼는 사람들이 많습니다. 때문에 외로움을 덜어 보겠다는 생각으로 결혼을 선택하는 것은 잘못된 생각이자 위험한 일이라 하겠습니다.

결혼은 외로움을 치료하는 약이 아닙니다. 외로움은 결혼을 한다고 해서 해소되지 않을 뿐 아니라 부부 생활에서 싫증을 느끼게 되면 오히려 그것이 더 큰 외로움을 만들어 냅니다. 그러면 늘어나는 외로움을 달래기 위해 또 다른 일을 떠올립니다. 그러다가 그런 일들이 부부 사이에서 서로 어긋나면 부부 싸움으로 이어지고, 그래서 또 다른 갈등을 만들어 냅니다. 따라서 외로움의 도피처로 결혼을 떠올리는 것은 상당히 위험하다고 할 수 있습니다.

다음으로는 외로움과 비슷한 이야기일 수 있습니다만, 배우자로부터 위안을 얻고 싶은 마음에서 결혼을 택하는 것입니다. 그러니까 심리적인 안정을 위해 결혼을 하는 것입니다. 이 역시 위험한 생각이라할 수 있습니다. 이런 일은 성장 과정에서 어려움이나 힘겨움, 혹은 상처가 많은 사람에게서 잘 나타납니다. 성장할 때에 아버지의 사랑을 충분히 받지 못하고 성장한 경우에는 아버지같이 든든한 남편, 또는 모든 것으로부터 지켜 줄 것 같은 남편을, 엄마의 사랑을 받지 못한 경우에는 엄마처럼 포근히 감싸 주는 아내, 혹은 누나처럼 따뜻한 아내 등을 생각하는 것입니다.

명분은 그럴싸해 보이지만 결혼을 이렇게 생각하는 것은 위험한 접근 방법입니다. 결혼해서 살고 있는 선배들은 말합니다. 아버지처럼 든든한, 울타리 같은 남편을 얻었다고 생각했는데 살아 보니, 남편이라고 하는 사람이 아들처럼 이것저것 챙겨 달라 하고 보챈다는 것입니다. 어떤 경우 아들보다 더 철없이 군다는 것입니다.

또 어떤 사람은 결혼을 했으니까 아내로부터 엄마처럼 포근함을 느낄 줄로 알았답니다. 그런데 살면서 보니 '생일 챙겨 달라', '결혼기념일 챙겨 달라', '선물은 무엇을 사 달라', 하나라도 빠지면 어린아이처럼 골을 부린다는 것입니다. 그러면서 이런저런 불만들을 가지게 되었다고 말합니다.

결혼으로부터 위안을 받고 싶었는데 위로는 고사하고 철없는 남편과, 냉정하고 계산적인 아내들로 인해 삶이 힘들고 괴롭게 되었다고 합니다. 그러니 결혼을 통해 아내나 남편으로부터 위안을 얻겠다고 생각하는 것은 위험한 일입니다. 이는 실망의 크기를 늘려 줄 뿐 아니라 결혼 생활을 힘들게 만들어 주는 요소가 됩니다. 그래서 위험한 생각이라 하겠습니다.

다음으로는 나의 배우자가 우리 집안의 위신을 세워 주고, 나의 체면을 유지시켜 줄 것이라고 생각하는 것입니다. 훌륭한 배우자를 만났으니 위신이나 체면을 유지시켜 주든지, 상승시켜 줄 것으로 생각하는 것입니다. 그런데 현실에서는 이런 생각이 불편을 만드는 경우가 많습니다.

한번 생각해 보겠습니다. 이런 일이 일어나려면 일정한 조건이 있어야 합니다. 그것은 언제나 상대가 나보다 우월해야 가능한 일입니다. 학력이 나보다 좋아야 하고, 사회적으로 평판이 좋은 직업을 가져야 하고, 권세를 누릴 수 있어야 합니다. 그러기 위해서는 내가 언제나 열등한 위치에 놓여 있어야 합니다. 그러면 우등한 사람은 모자란 나에게 불만을 갖게 되고, 열등한 사람은 우등한 사람으로부터 무시를 받아서 힘들고, 우등한 사람은 자기 욕구가 채워지지 않아 괴롭게 됩니다. 그래서 평생 후회하면서 힘들게 사는 일이 벌어지게 됩니다.

이런 일은 사회에서 정치적인 영향력을 행사하는 집안이나 고위 공직자 집안에서만 일어나는 일이 아닙니다. 사회에는 다양한 계층이 있어 부부간의 계층이 서로 다른 경우, 누구에게나 일어날 수 있는 일입니다.

다음으로는 나의 부족함을 채우고, 결함을 만회해 보겠다고 생각하는 결혼입니다. 결혼을 통해 물질적인 만족이나 풍요를 누리기 위해 하는 것입니다. 이는 물질적인 풍요를 통해 기쁨이나 행복을 얻어 보겠다고 부잣집을 선택하는 형태로 나타납니다.

이런 결혼은 주위에서 잘했다고 부러워하기도 하고 칭찬을 늘어놓기도 합니다. 하지만 이것 역시 생각과 달리 위험한 일이 됩니다. 다음 장 성격을 다루는 부분에서 다루겠습니다만 나와 정반대 성격이나 특징을 지닌 사람으로 나의 욕구를 채우려고 하다 보면 만족보다는 불편을 느끼는 경우가 더 많기 때문입니다.

『맹자孟子』라는 책의 「양혜왕」 상편에 보면 맹자와 양나라 혜왕이 만나는 장면이 나옵니다. 혜왕은 당대의 석학이자 철학자인 맹자를 만난 자리에서 이런 인삿말을 건넵니다.

"어른께서 천 리 길을 멀다 아니하시고 우리나라를 찾아 주셨습니다. 장차 우리나라에 무슨 이로움을 주시겠습니까?"

이 말을 들은 맹자는 이렇게 대답해 줍니다.

"왕께서는 어찌 이로움을 말씀하시는지요? 저는 오직 인仁과 의義를 말씀드리려는 것뿐입니다. 왕께서 내 나라의 이로움을 말씀하시면 왕 밑에 있는 대부大夫들은 어떻게 하면 우리 가문을 이롭게 할 것인가를 생각하고, 사士와 백성들은 어떻게 하면 내 몸에 이로움을 가져다줄 것인가를 생각할 것입니다. 이렇게 위와 아래가 서로 이로움을 얻으려고 하면 나라는 금방 위태로워질 것입니다."라고 충고를 해 줍니다.

맹자의 이런 관점은 결혼을 생각하고 있는 사람들에게도 좋은 가르침을 주고 있습니다. 결혼의 가치를 배우자에게서 위로를 얻고, 또 무엇을 얻고, 혹은 무엇을 만회하려고 생각한다면 배우자 역시 그런 생각을 하게 될 것입니다. 이렇게 부부가 서로 이익을 탐하다 보면 행복과는 거리가 먼 삶이 되기 쉽습니다.

사람의 욕구라는 것은 끝이 없어서 얻고도 또 얻고 싶고, 갖고 있어도 결핍을 느끼게 되어 있습니다. 그래서 배우자에게서 어떤 유익을 기대하면 그것은 또 다른 결핍의 원인을 만들어 냅니다. 그래서 언제나 부족함을 느끼게 됩니다. 부족함은 불편을 낳고 불편은 불평을 만들어 냅니다. 그러면 내가 꿈꾸는 행복한 결혼과는 거리가 멀게 되고 맙니다.

그런 행복은 다음 시詩에서 얻은 "달"과 같은 결과를 낳게 됩니다. 고려 시대의 대문호大文豪인 백운거사 이규보의 시입니다.

정중월井中月

이규보

산승탐월색山僧貪月色
병급일병중井汲一瓶中
도사방응각到寺方應覺
병경월역공瓶傾月亦空

절에 사는 스님이 우물에 나갔다가 달빛이 탐나
우물에 비친 달을 물과 함께 병에 가득 담았습니다
절에 이르러 비로소 깨달았습니다
병을 기울었더니 달빛마저 사라지고 없음을

어떤 절에 사는 스님이 어느 날 매우 곱고 예쁜 달을 봤습니다. 그래서 달을 가지면 좋겠다는 소박한 욕심이 생겼습니다. 하늘에 있는 달을 딸 수도 없는 노릇이라 바람만 가지고 있었는데, 어느 날 우물에 갔

더니, 우물 속에 달이 있는 것입니다. 소원을 이룰 수 있겠다는 생각이 들어 우물 속에 있는 달을 부지런히 길어 항아리에 담았습니다.

그렇게 소원하던 달을 얻었다 싶어서 기쁜 마음에 서둘러 부엌으로 가져왔습니다. 그러고는 큰 항아리에 달을 쏟아부었습니다. 그런데 무슨 일인지 달은 사라지고 보이지 않았습니다. 얻었다고 생각했는데, 가져와 부어 보니 사라지고 없어졌다는 말입니다.

이처럼 행복은 어떤 사람을 만난다고 해서 저절로 주어지거나, 함께하는 배우자로 인해 얻어지는 것은 아닙니다. 설령 내가 제시한 어떤 조건을 충족한 사람을 만났다 하더라도 거기에 행복은 있지 않습니다.

왜 이런 일이 벌어질까요? 우선 사람의 인식에는 오류가 많기 때문입니다. 우리의 인식은 매우 명확하고 분명한 것처럼 보입니다. 하지만 우리의 인식 체계는 얼마나 어설프고 엉성한지 모릅니다. 이렇게 서툰 우리 인식 체계는 이성異性을 만나도 크게 달라지지 않습니다.

심리학자들의 연구에 따르면 사람들은 어떤 대상을 이성적理性的으로 알아보기 직전에, 매우 짧은 시간 안에 그 대상에 대한 감정을 느낀다고 합니다.

그러니까 사람들은 저 사람이 매력적인가, 그렇지 않은가에 대한 결정을 당장 순식간에 판단해 낸다는 말입니다. 그러니 사람이 이성異性에게서 호감을 느끼거나 호감을 갖는 일은 그저 짧은 순간에 결정되고 만다는 것입니다.

사람들이 어떤 일을 할 때에는, 일반적으로 시작하기 전부터 오랜 시간 염려하고 심사숙고합니다. 그리고 일이 시작되면 고민을 거듭하면서 진행합니다. 그러하고도 진행하다 보면 오류나 착오가 많음을 발견하게 됩니다.

그런데 사람의 이성理性이라고 하는 것은 사람을 보는 순간, 매우 짧은 시간 안에 당장 결정을 내린다는 것입니다. 그러니 그 오류나 하자가 어떻게 생겨날지에 대한 짐작은 충분히 가능합니다.

평생 동안 함께해야 할 배우자를 생각하면서 한순간의 감정에 따라 결정하게 된다는 것입니다. 그러니 그 이후에 벌어질 일들에 대해서는 어떻게 진행될 것이라는 점을 충분히 짐작할 수 있습니다. 그런데 사람들은 이런 어설픈 결정을 하고서 완벽한 선택을 했다며 좋아하고 흥분합니다.

더 무서운 것은 이런 경우, 여기에 심각한 오류가 발견되더라도 사람들은 자기 감정의 타당성, 자기 가치와 중요성을 증명하기 위해 자기 결정에 정당성과 이유를 스스로 만들어 내 합리화하기 시작한다는 것입니다. 더 나아가 자기 감정의 크기를 확장시켜 나가면서 확고한 것으로 고정하기 시작한다는 것입니다.

만일 내가 어떤 이성을 선택했다면 그 선택이 옳고 가치 있다는 사실을 증명하기 위해 스스로 거기에 부합되는 행동이나 생각들을 만들어 낸다는 것입니다. 그러다 보니 나중에 자기 판단이 그릇되었다는 사실을 알게 되더라도 다른 타당성을 찾아내 계속 유지하려는 또 다른 오류를 범하게 된다는 것입니다.

그래서 이성異性을 선택할 때는 상당히 부실하게 될 가능성이 높습니다. 때문에 나는 매우 훌륭한 상대를 골랐다고 하나 그 훌륭한 일이

선생님이 들려주는 결혼 이야기

객관적이 못하고, 이성적이지 못한 경우가 된다는 말입니다. 결과적으로 우리의 이성이라는 것에 오류가 많다는 말입니다.

이런 말을 하면 어떤 사람들은 '이 사람은 내 마음에 꼭 드는 사람인데, 어찌 그럴 수 있느냐'고 할는지 모르겠습니다. 그 확실한 증거는 이 세상의 많은 부부들이, 아니 조금 과장해서 말하면 거의 모든 사람들이 결혼하고서 어려움을 겪고 있으며 이혼을 생각하며 산다는 것입니다. 이것이 그 증거입니다.

그래서 결혼을 통해 결함을 만회하고, 부족함을 채우고, 외로움을 극복하려는 생각은 매우 위험한 생각들이라 하겠습니다. 결혼할 때에 이런 위험 요소들을 배제하고도 막상 결혼하고 나면 부족한 점이 많다는 것을 알게 됩니다. 그런데 부족한 점에 위험한 생각들까지 더해지면 그 결과는 어떻게 나타날지 우리는 충분히 짐작해 볼 수 있습니다.

그러면 우리는 결혼을 어떻게 생각하면 좋을까요? 여기에 대한 답은 앞으로 계속해서 설명해 보겠습니다. 다만 결혼을 생각할 때에 여기에서 다룬 위험한 생각들을 우선 점검해 보는 것이 좋겠다는 점을 말씀드렸습니다.

 〈이것만은 꼭! 핵심 요약정리〉

- 외로움으로부터 벗어나기 위해 하는 결혼은 위험합니다.
- 위안을 얻기 위해 하는 결혼 역시 위험한 일입니다.
- 배우자가 집안의 위신이나 나의 체면을 유지해 줄 것이라고 생각하는 것은 위험한 일입니다.
- 결혼은 나의 부족함이나 결핍을 채우는 도구가 아닙니다.
- 내가 판단을 잘했다고 하나 내 인식 체계는 오류투성이라는 사실을 알면 좋겠습니다.

사람의 성격을 알아봐요

필자는 평생 교사로 지내다가 퇴직했습니다. 그러다 보니, 종종 학교를 졸업하고 사회인이 된 제자들과 만나서 대화를 나누기도 합니다. 또한 퇴직 후에 상담하는 일을 하다 보니 여러 젊은이들과 만나 이야기를 나누는 일도 잦습니다. 이때에 으레 받는 질문이 있습니다.

"어떤 사람을 만나 결혼하면 좋을까요?"

혹은,

"어떤 사람과 결혼하면 행복할까요?"

이런 질문을 하는 사람들을 만나면 필자는 상당히 반갑고 기특하다는 생각을 하게 됩니다. 우선 이들은 자기 삶에 대한, 혹은 결혼에 대한 고민을 하고 준비하려는 사람들이라는 생각이 들기 때문입니다. 그리고 이런 사람들은 결혼의 가치와 위험성을 어느 정도 알고 있는 사람들이라는 생각이 들어서 그렇습니다. 또한 아무런 생각 없이 결혼하려는 사람들에 비해 너무나 기특한 생각을 갖고 있는 사람으로 보여져 그렇습니다.

결혼이라고 하면 우리네 사람들은 '인륜지대사人倫之大事'라 해서 매우 의미 있는 일로 여깁니다. 필자가 살아 보니 이 말의 가치가 얼마나 중요하고 막대한지 충분히 공감할 수 있습니다. 결혼은 분명 크고 중요한 일임에 틀림없습니다.

그러함에도 오늘날 우리 현실을 보면 젊은이들은 결혼에 대한 고민이나 공부를 하지 않는 것 같습니다. 그 중대성에 비해 그 준비가 부족하다는 말입니다.

필자는 결혼을 앞두고 있는 사람들이라면 누구든지 많은 고민과 공부가 필요하다고 생각합니다. 그러면서 '어떤 사람이 내게 어울리고 더 유익하고, 좋은 사람인지' 또 '어떤 사람이 내게 행복을 가져다 줄 사람인지' 염려해 봐야 한다고 생각합니다. 더욱이 오늘날 가정들이 많은 문제들을 안고 있다는 점을 감안하면 무엇보다 결혼에 대한 공부와 고민과 노력이 꼭 필요하다고 생각합니다.

옛날 사람들은 결혼을 꼭 해야 하는 것으로 알았습니다. 그래서 싫어도 결혼을 해야 했습니다. 그런데 결혼을 하고 보니 불편하고 힘든 일이 한두 가지가 아니었습니다. 그래서 이런 문제를 해결하기 위해 나름대로 고민하고 또 고민했습니다. 그래서 명리학에서 말하는 궁합이라는 것을 찾아냈습니다.

이런 일은 오늘날도 매우 성행하고 있는 일 가운데 하나입니다. 결혼 당사자인 젊은이들은 의미 없는 것으로 여길는지 모르지만 자녀의 행복을 바라는 부모들은 부부의 연을 맺을 자녀 사주를 가지고 전문가라고 하는 사람들에게 찾아가 상담하곤 합니다. 하지만 결혼 후의 여러 어려움들은 여전히 줄어들 줄을 모릅니다.

그래서 필자는 젊은이들이 결혼에 대해 물어 오면 오늘날 학문이 이뤄 놓은 성과를 말해 주곤 합니다. 요즘은 우주를 정복해 나가고 메타버스를 이야기하는 세상이니까 옛날처럼 궁합에 의지해야 하는 시대와는 조금 달라져야 한다고 생각하기 때문입니다. 그동안 수많은 사람들이 연구하고 검증한 과학적인 방법으로 사람을 들여다보는 것입니다. 그것이 보다 현명한 일이라고 생각되기 때문입니다. 그래서 기회가 주어지는 대로 사람의 성격적 특성을 말해 주곤 합니다. 이는 결혼을 떠나 우리들이 세상을 살아가는 데도 많은 도움을 줍니다.

그래서 젊은이들에게 들려주었던 사람의 성격적 특성에 대한 이야기를 여기에서 말해 보려고 합니다. 이는 연인을 생각하고 배우자를 생각할 때 꼭 정답은 아닐 수 있습니다만 사람을 보는 안목이나 세상을 보는 관점에 많은 도움이 될 것입니다.

대개 젊은이들은 결혼을 생각하면서 배우자에 대한 기준이나 방법을 모릅니다. 그러다 보니 이성을 볼 때에 그냥 자기 감정에 의존하는 경향이 있습니다. 더구나 인간사에서 매우 중요한 결혼을 생각할 때, 그저 단순히 자기의 얄팍한 감정에 의존하거나 미검증 자료들에 의존한다는 것은 상담을 전문으로 하고 있는 필자에게는 매우 불편한 일로 느껴집니다.

우리는 간단한 물건을 구입하려고만 해도 고민을 하면서 준비를 합

선생님이 들려주는 결혼 이야기

니다. 이것이 내게 어울릴지, 적당한지, 혹은 분위기에 어울리는지, 아니면 유용한지 등을 따져 봅니다.

하물며 한평생의 삶을 결정해 주는 결혼을 생각하면서 아무런 기준이 없이 덤벼든다면 너무 무모한 일이라는 생각이 듭니다. 그래서 결혼을 앞두고 있는 사람이라면 사람의 성격을 아는 일에 조금 더 신경을 써야 한다고 생각합니다.

우리는 어떤 물건의 크기나 무게를 짐작하려고 하면 거기에 따른 일정한 기준을 가지고 있으면 편합니다. 기준에 가져다 대 보면 어느 것이 길고 짧은지, 혹은 가볍고 무거운지를 쉽게 알 수 있습니다. 마찬가지로 사람의 성격도 어느 정도 기준을 가지고 있으면 견주어 보는 일이 쉽습니다.

일반적으로 성격을 이야기할 때, 사람들은 개인적인 감정을 가지고 느낌을 통해서 좋거나 나쁘다 정도로 판가름합니다. 그런데 요즘에는 많은 연구자들의 성과 덕분에 사람의 성격을 과학적인 통계를 바탕으로 어느 정도 구분하고 정리할 수 있게 되었습니다.

하지만 이런 기준들에 대해 보통 사람들은 잘 모릅니다. 혹자는 알고 있더라도 알아야 할 내용이 너무 많아서 실제로 적용하지 못하고 내버려 두기도 합니다. 그래서 필자는 사람의 성격에 대해 간단하면서도 사람을 이해하는 데 도움이 될 만한 내용들을 중심으로 말씀드리려고 합니다.

필자가 전하는 내용을 편안하게 따라가다 보면 먼저 나의 성격적 특성을 어느 정도 이해할 수 있게 될 것입니다. 다음으로 이를 바탕으로 상대나 가족, 주변 사람들의 성격도 어느 정도 짐작해 볼 수 있을 것입니다. 이는 앞에서 젊은이들이 필자에게 물었던 질문에 대한 어느 정도의 답이 될 것이라고 생각합니다.

그래서 여기에서는 우리들이 언론이나 정보 매체들을 통해 들어서 어느 정도 알고 있는, 그리고 비교적 접근이 쉬운 MBTI의 성격 유형을 중심으로 살펴보려고 합니다.

MBTIMyers-Briggs Type Indicator는 캐서린 브릭스Katherine C. Briggs, 이사벨 마이어스Isabel B. Myers, 피터 마이어스Peter Myers 3대에 걸친 사람들이 70년 동안 연구·개발한 비진단성 성격 유형 검사입니다.

오래전부터 학자들은 '사람의 성격은 언제부터 형성된 걸까?'에 대한 궁금증을 가졌습니다. 수많은 세월 동안 탐색해 온 결과 지금은 그 과제에 대한 답을 어느 정도 정리할 수 있게 되었습니다.

결론적으로 말하면 사람의 성격은 엄마의 자궁에서 수태되면서부터 형성된다는 것입니다. 그러고 보면 예로부터 사람들이 '사람의 성격은 타고난다'고 했던 말이 허튼 말이 아닌가 싶습니다. 이제는 그동안 가졌던 의문이 과학이나 논리적으로 거의 증명되었다고 할 수 있습니다.

사람의 성격은 이렇게 일찍 형성되어서 그런지 이를 바꾸거나 고치는 일은 쉽지 않습니다. 거의 불가능하다고 해야 할 것입니다. 그래서 타고난 성격에 대해 왈가왈부하는 것은 무의미한 일이라 하겠습니다. 따라서 이미 타고난 성격은 그대로 두고 인정하면서 그 결과를 연구해 둔 연구자들의 견해를 참고하려고 합니다.

이제 MBTI 성격 유형 이야기로 들어가 보겠습니다. MBTI 성격 유형 검사에서는 사람의 성격을 네 가지 기준에 따라 구분합니다.

그 첫 번째 기준은 에너지를 사용하는 방향에 따른 구분입니다. 자기 에너지를 다른 사람과 관계를 맺고 대화를 나누는 데 사용하는 부류의 사람들—외향형(E)—과, 에너지를 자기와 자기 내면을 중심으로 사용하는 부류의 사람들—내향형(I)—로 나눕니다.

그러니까 외향형의 사람들은 에너지의 방향이 나로부터 타인에 이르는 바깥으로 사용한다는 말입니다. 이들은 에너지를 타인과의 관계 속에서 사용하기 때문에 사람과 만나 대화 나누는 것을 좋아하고, 그것도 여러 사람과 대화를 나누는 것을 좋아합니다. 이들은 이것도 모자라 이 사람과 대화를 나누다가 또 다른 사람 만날 것을 생각합니다.

그래서 이들은 우선 친구들이 많습니다. 그리고 만나서 대화를 나누더라도 큰 소리로 말하고, 다양한 활동을 즐깁니다. 이들에게 혼자 집에서 지내라고 하면 우울증을 앓을 정도로 불편함을 느낍니다.

반대로 내향형의 사람들은 에너지를 나 자신과 내면으로 사용합니다. 따라서 혼자 조용히 지내는 것을 좋아합니다. 여러 날 동안 집에서 혼자 보내더라도 지루함을 느끼거나 크게 불편함을 느끼지 않습니다. 집에서 조용한 음악을 들으며 책을 보거나, 사람을 만나더라도 친한 사람 몇몇 하고만 어울립니다.

다음으로는 정보를 수집하는 방법에 따른 구분인데요, 감각형(S)의 사람과 직관형(N)의 사람으로 나눕니다. 감각형(S)의 사람들은 어떤 정보를 받아들일 때 오감五感, 즉 감각, 만지고, 보고, 듣고, 맛보는 것 등을 통해 정보를 받아들입니다. 그래서 주어진 정보를 가급적 있는 그대로 받아들이려고 합니다. 순수하다고나 해야 할까요? 그래서 이들은 과거로부터 현재까지 어떤 일이나 제한적으로 주어진 일, 혹은 늘 해 오던 익숙한 방법을 선호합니다. 그러다 보니 학교나 학원같은 데 가서 앉은 형태를 보면 늘 자기가 앉았던 자리나, 같은 위치에 앉으려고 합니다.

반면, 직관형(N)의 사람들은 어떤 정보의 이면에 담긴 의미나 가치를 잘 파악합니다. 그래서 이들은 어떤 행동을 보거나 현상을 만나면 행동이나 현상, 그 자체보다는 그 이면에 담겨 있을 법한 의미나 가치를 직관적으로 잘 파악합니다. 때문에 이 사람들은 어떤 행동이나 사건을 만나면 그 자체에 머무르지 않고 이면에 있을 법한 뜻이나 내용 등을 추측, 추론해서 잘 말합니다.

예를 들어 어느 날 아이가 아프다고 합니다. 그러면 감각형의 사람들은 '아이가 아픈가 보다' 혹은 '힘들겠구나' 하는 형태의 반응을 보입니다. 반면, 직관형의 사람은 '너 또 꾀병을 부리는 거지?'라는 생각을 하게 됩니다. 그러니까 아픈 것 자체보다는 그 이면에 감추어진 일이나 의미 등을 잘 파악하는 사람들이라는 것입니다. 그래서 이들은 과거와 현재를 충실히 사는 감각형보다는 상상해 볼 수 있는 먼 미래 일 등을 잘 생각해 냅니다. 따라서 이들은 미래 계획을 세우거나 혹은 다가올 일이나 미래에 대한 준비를 잘 해냅니다.

다음으로는 판단 방법에 따라 사고형(T)의 사람과 감정형(F)형의 사람으로 구분합니다. 사고형(T)의 사람들은 어떤 일을 생각하고 판단할 때에 이성理性에 입각해서 옳음과 그름을 분명히 구분해 냅니다. 반면

선생님이 들려주는 결혼 이야기

에 감정형(F)의 사람들은 어떤 일을 판단할 때, 주변 환경이나 다른 사람의 입장을 고려해서 결정합니다.

그러니까 사고형(T)의 사람들은 논리나 이성에 입각해서 분명하고 논리적인 판단을 내린 반면 감정형(F)의 사람들은 어떤 일을 두고 자신이 처한 여건이나 상대방의 입장을 고려해서, 그러니까 눈치를 봐 가면서 판단한다는 말입니다.

예를 들어 길거리나 음침한 골목길에서 청소년들이 술을 마시거나 담배를 피우는 모습을 봤습니다. 그러면 사고형의 사람들은 "저런 못된 녀석들이 있나. 청소년들은 법에서 술 담배를 금하고 있는데, 저렇게 하다니 못됐네." 하면서 아이들에게 훈계하려고 합니다. 반면에 감정형의 사람들은 "청소년들이 담배를 피우면 안 되는데." 정도로 말하면서 '내가 개입하면 해를 당하지 않을까?' 혹은 '내가 개입 안 해도 되겠지'하는 정도로 생각합니다.

네 번째는 생활 양식에 따른 구분으로 판단형(J)과 인식형(P)입니다. 판단형(J)의 사람들은 외부 세계에 대해 비교적 빠른 판단을 내립니다. 반면 인식형(P)의 사람들은 들어오는 정보를 짜 맞춰 판단하느라 시간을 소모합니다. 그래서 판단형의 사람들은 빠른 판단을 내리는 바람에 분명한 자기 주관을 가지고 있는 것처럼 보입니다.

반면에 인식형의 사람들은 결정을 미뤄 두고 있어서 주관이 없고, 끝맺음이 없는 사람처럼 보입니다. 또한 판단형의 사람들은 어떤 일을 시작하면 꾸준하고 철저하게 하는 편인 반면 인식형의 사람들은 꾸준하지 못하고 중간에 쉽게 싫증을 내서, 그만 두거나 다른 것으로 바꾸기를 잘 합니다.

또 어떤 물건을 사러 가더라도 판단형의 사람들은 구입하려는 물건 목록을 적어서 가거나, 머리에 '무엇을 살 것인가?'를 미리 정리해서 갑니다. 그래서 물건을 고를 때 쉽고 빠르게 선택하는 경향을 보입니다. 이들이 시장을 볼 때에 소요하는 시간을 보면 비교적 짧습니다.

반면에 인식형 사람들은 어떤 물건을 사러 시장에 가더라도 막연하게 생각하고 갑니다. 대충 생각하고 간다는 말입니다. 그리고 물건을 고를 때에도 얼른 선택하지 못하고 이것저것 보고 망설이느라 시간을 허비하기도 합니다.

또한 카페나 식당 같은 곳에 가서 음료나 음식을 고르는 모습만 봐도 금방 구분할 수 있습니다. 판단형의 사람들은 기호가 분명해서 망설이지 않고 자기가 먹고 싶은 음료를 당장 말합니다.

반면에 인식형의 사람들은 무슨 음료를 먹을까 한참을 머뭇거리다가 결국 '아무거나 먹지' 하면서 "아메리카노." 하거나, 먼저 선택한 친구가 있으면 "그냥 네가 알아서 주문해." 하면서 선택권을 타인에게 넘기거나 친구가 고른 음료를 따라가는 경우가 많습니다. 혹 어떻게 자기가 결정해서 선택하더라도 일상적인 범주에 머무르곤 합니다.

또 판단형의 사람들은 자기 주관이 어느 정도 서 있어서 새로운 정보를 만나면 따지고 생각하면서 결론이 나기 전까지는 수용하지 않으려고 합니다. 하지만 인식형의 사람들은 정보 자체에 관심이 많아서 새로운 변화에 민감하고, 어떤 변화라도 잘 수용하는 적응력이 뛰어난 사람들이라 할 수 있습니다.

지금까지 MBTI에서 일러 주고 있는 사람의 성격적 특성에 대해 대략 알아봤습니다. 요즘에는 MBTI가 사람들에게 널리 알려져 있어서 조금이라도 관심이 있는 사람이라면 여기에 사용된 용어나 내용을 어느 정도 알고 있을 것입니다. MBTI 내용을 정식으로 다루려고 한다면 여러 권의 책이 필요하고, 상당한 시간이 필요할 것입니다. 하지만 여기에서는 필자가 선별해 이 책에서 다루려고 한 내용에 부합하는 부분만 제한적으로 언급하려고 했습니다. 따라서 전문가들이 보면 너무 가벼운 내용들이라고 시시하게 여기는지도 모르겠습니다.

아무튼 여기 내용은 사람을 이해하는 데, 혹은 나의 성격과 이성異性의 성격을 알고 이해하는 데 어느 정도 도움이 될 것입니다. 뿐만 아니라, 이 책에서 다루려고 하는 내용에 어느 정도 논리적인 근거를 마련해 줄 것입니다.

일반적으로 사람은 겉으로만 봤을 때는 모두 다 같은 사람처럼 보입니다. 하지만 MBTI의 이 네 가지 기준에 따라 사람을 들여다보면 사람은 서로 각각 다른 성격을 지닌 사람들임을 알 수 있습니다.

만일 이런 성격적 특성이 존재한다는 사실을 모르면 나와 다른 성격 유형의 사람들을 만나면 '저 사람은 왜 저러지?', '저 사람은 왜 저런 말을 할까?' 혹은 '저 사람은 왜 저런 행동을 하는 걸까?'라는 불편한 생각을 가질 수 있습니다. 어떤 경우는 도저히 용납할 수 없는, 납득할 수 없는 말을 하는 사람을 만나면 당장 불쾌감을 느끼고, 그 사람들과 함께하고 싶지 않다는 생각을 하면서 자리를 피할 수도 있을 것입니다.

하지만 MBTI에서 제시한 성격적 특성을 알고 나면 나와 다른 사람을 만나더라도 어느 정도 접근이 쉬울 것입니다. 심지어 어떤 경우, 도저히 이해 불가능한 경우를 만나더라도 저 사람이 나빠서 그런 것이 아니라 보는 관점이 달라서 그런다며 어느 정도 이해의 폭을 상당히 넓힐 수 있는 단서가 될 것입니다.

이를 통해 나와 사람을 이해하는 폭을 넓힐 수 있을 것입니다. 그리고 결혼에 대한 관점을 다루면서 이성을 바라보고 선택하는 어느 정도의 기준도 얻을 수 있을 것입니다. 더 나아가 결혼을 생각하고 있는 사람들에게 이런 기준에 따라 나와 상대를 비교해 보는 기회도 될 것입니다. 또한 사람의 성격을 몰라 상대를 이해하지 못하거나 관계가 틀어지는 경우를 조금 줄일 수도 있을 것입니다.

이제 MBTI에서 제시하고 있는 기준에 따라 나 자신과 타인을 알아보는 자료를 아래에 실어 두겠습니다. 내용을 보시고, 체크해 보면 내 성격 유형을 이해하는 데 상당한 도움이 될 것입니다. 더 나아가 내 연인의 상대, 혹은 내 친구의 성격 유형도 알아볼 수 있는 기회가 될 것입니다.

정확한 검사를 위해서는 MBTI에서 제공하고 있는 정품 검사 용지를 통해 검사를 해야 하겠지만 여기에서는 이런 기준이 있다는 정도만 알고 확인해 보려는 의도에서 필자가 간단하게 만든 자료임을 밝혀 둡니다.

- MBTI에서는 사람을 네 가지 기준에 따라 구분합니다.
- 에너지 사용 방향에 따라 내향형과 외향형으로 구분합니다.
- 감각을 사용하는 방법에 따라 감각형과 직관형으로 구분합니다.
- 사고 방식에 따라 사고형과 감정형으로 구분합니다.
- 생활 방식에 따라 판단형과 인식형으로 구분합니다.
- 이 기준에 따라 나의 성격적 특성을 알아봅니다.
- 이 기준에 따라 나의 주변 사람들의 성격적 특성을 구분해 봅니다.

MBTI 간단 검사(참고용)

I	외향형(E)	내향형(I)
1	□ 말하기를 좋아하고 친구들과 어울리는 것을 좋아한다.	□ 말이 없고 조용한 편이어서 혼자서도 잘 지내는 편이다.
2	□ 새로운 사람을 만나면 말을 걸고 싶고 얼른 친해지고 싶은 생각이 든다.	□ 모르는 사람을 만나면 낯설어 다가가는 것이 쉽지 않다.
3	□ 말하면서 생각하고 대화 도중 결심할 때가 있다.	□ 의견을 말하기 전에 머뭇거리고 내 생각을 얼른 표현하지 않는 편이다.
4	□ 여러 동아리와 사회 모임에 잘 참여한다.	□ 여러 모임보다는 한두 개 모임에 참여하는 것으로 충분하다.
5	□ 내 생각을 여러 사람들에게 표현하는 것을 좋아한다.	□ 내 의견이나 생각을 쉽게 말하지 않는 편이다.
6	□ 말을 크게 하고 몸동작 역시 크게 잘 사용하는 편이다.	□ 말을 차분하고 조용조용하게 하고 몸동작도 작게 사용한다.
7	□ 하루 이틀 혼자 지내거나 일하다 보면 외롭고 지루함을 느낀다.	□ 조용히 혼자 일을 해도 잘하는 편이다.
8	□ 내 주변에 친구들이 많은 편이다.	□ 어울리는 친구들이 적은 편이다.
9	□ 말이 활기차고 힘 있고 자신 있게 말하는 편이다.	□ 목소리가 작고 천천히 차분하게 말하는 편이다.
10	□ 친구들에게 먼저 전화하거나 친구들이 내게 전화해 주기를 기다리는 편이다.	□ 주로 혼자 놀기를 좋아하고 친구들로부터 주로 전화를 받는 편이다.
11	□ 활발하고 적극적이라는 말을 많이 듣는다.	□ 차분하고 얌전하다는 말을 듣는다.
개 수		

선생님이 들려주는 결혼 이야기

II	감각형(S)	직관형(N)
1	☐ 현재 여기에서 직접 경험해 보는 것이 좋다.	☐ 꼭 경험하지 않아도 설명하면 잘 이해하는 편이다.
2	☐ 내가 했던 경험을 근거로 말한다.	☐ 머리에 떠오르는 느낌으로 판단한다.
3	☐ 나는 일이나 모습을 사실적으로 묘사한다.	☐ 낭만적이고 추상적인 표현을 잘한다.
4	☐ 다큐멘터리같이 사실 있는 그대로가 좋다.	☐ 현실과 좀 다른 판타지 소설이나 영화를 좋아한다.
5	☐ 관례를 따라 습관적이고 상식적으로 하는 것이 좋다.	☐ 창의적으로 새로운 것을 잘 만들어 낸다.
6	☐ 늘 다니던 길로 다니는 것이 편하다.	☐ 낯설고 새로운 길을 다녀도 불편하거나 어색함을 느끼지 않는다.
7	☐ 과거에 해 봤던 일을 하는 것이 편하다.	☐ 앞으로 다가올 일이나 새로운 일에 흥미를 느낀다.
8	☐ 약도를 구체적으로 세밀하게 잘 그린다.	☐ 약도를 그릴 때면 대충대충 핵심만 그리는 편이다.
9	☐ 어떤 일을 구체적으로 표현한다.	☐ 어떤 일을 대충대충 표현하는 편이다.
10	☐ 현실적이고 실제 보고 만져 보는 경험을 좋아한다.	☐ 낭만적이고 색다른 분위기나 환경을 좋아한다.
11	☐ 어떤 일을 할 때에 남이 하는 대로 따라 하는 것이 편하다.	☐ 내 스스로 독창적인 방법으로 하는 것을 좋아한다.
개 수		

III	사고형(T)	감정형(F)
1	□ 이론과 원인을 잘 따지고 분석하기를 잘 한다.	□ 감수성이 풍부하여 느낌이나 생각을 잘 말한다.
2	□ 한쪽에 치우치지 않고 객관적이다.	□ 다른 사람의 감정에 민감한 편이다.
3	□ 감정에 치우치지 않고 의사 결정을 한다.	□ 주변 상황이나 사람을 생각하면서 의사를 결정한다.
4	□ 이성적, 논리적으로 행동한다.	□ 사람의 마음이나 입장 중심으로 행동한다.
5	□ '확실하고, 능력 있다'는 소리 듣기를 좋아한다.	□ '좋은 사람, 따뜻한 사람'이라는 소리를 듣기 좋아한다.
6	□ 다른 사람과 경쟁하는 것을 괜찮다고 여긴다.	□ 경쟁보다는 적절이 타협하거나 잘 양보하는 편이다.
7	□ 있는 그대로 직선적으로 말하는 편이다.	□ 곧바로 말하지 않고 남 입장을 배려하면서 말한다.
8	□ 사건의 원인과 결과를 쉽게 파악한다.	□ 사건이 사람에게 미칠 영향을 생각하는 편이다.
9	□ 나는 냉정하고 분명하며 확실한 편이다.	□ 남에게 따뜻한 사람이고 싶은 마음다.
10	□ 할 말은 하는 편이다.	□ 어떤 일을 가급적 좋게 생각하고 말하는 편이다.
11	□ 결정하는 일이 어렵지 않다.	□ 결정이 쉽지 않아 남에게 미루는 편이다.
개수		

선생님이 들려주는 결혼 이야기

IV	판단형(J)	인식형(P)
1	☐ 한번 결정된 일은 잘 변경하지 않는다.	☐ 이미 결정된 일이라도 상황에 따라 변경하는 것도 괜찮다고 생각한다.
2	☐ 세운 계획에 따라 일을 처리하는 편이다.	☐ 일을 처리할 때 마지막에 임박해서 처리하는 편이다.
3	☐ 사전에 예약하지 않으면 준비가 안 된 느낌이 든다.	☐ 꼭 예약해야 하는 경우가 아니면 현장에 가서 매표하는 편이다.
4	☐ 방이나 주변 정리 정돈을 잘하는 편이다.	☐ 사물을 주변에 흩어놓았다가 불편해지면 정리하는 편이다.
5	☐ 책임 역할이 분명하게 주어지면 일이면 더 잘할 수 있다.	☐ 분명한 역할이 주어지지 않아도 자유롭게 느끼면서 알아서 일하는 것을 편하게 느낀다.
6	☐ 시험 기간이 다가오면 구체적이고 꼼꼼하게 계획을 세워서 준비한다.	☐ 시험 시간표만 확인하고 일단 공부를 시작하고 보는 편이다.
7	☐ 나는 질서 있고 규범 있는 것을 좋아한다.	☐ 규정이 느슨하고 자유로운 것을 좋아한다.
8	☐ 나는 엄격한 편이다.	☐ 다소 자유롭고 게으른 편이다.
9	☐ 어떤 일을 진행할 때에 계획대로 진행하면 좋다.	☐ 어떤 일이 변동되거나 계획이 바뀌어도 잘 적응할 수 있다.
10	☐ 쇼핑 갈 때 구입할 물건을 적거나 머리에 정리해 가는 경우가 많다.	☐ 쇼핑 갈 때 적지 않고 대충 생각하고 가는 편이다.
11	☐ 정해진 규칙이라면 바꿔서는 안 된다고 생각한다.	☐ 정해진 규칙이라도 필요에 따라 바뀔 수 있다고 생각한다.
개수		

성격유형	구분	I	II	III	IV
	유형				

성격을 알아보는 방법

우리는 앞에서 사람의 성격적 특성을 알아보는 도구에 대해 간단하게 알아봤습니다. 이를 통해 우리는 어느 정도 나의 성격적 특성을 이해하고 점검하는 계기가 되었을 것입니다. 여기에서는 나의 성격을 아는 것을 바탕으로 상대의 성격을 알아보는 방법을 다루려고 합니다.

상대 성격 특성을 알아보기 위한 가장 좋은 방법이라고 하면 상대방에게 이 책을 읽도록 안내하는 일일 것입니다. 그렇지 않으면 심리상담소나 MBTI 전문가를 찾아가 검사를 해 보는 것도 좋은 방법일 것입니다. 하지만 상대에게 이 책을 읽도록 권하는 일이나 검사를 부탁하는 일도 쉬운 일이 아닙니다. 또한 상담소를 찾아가 검사하는 일도 쉽지만은 않은 일일 것입니다.

때문에 상대의 성격적 특성을 알기 위해서는 사람을 만나는 과정 속에서 혹은 데이트하는 과정 속에서 사소한 질문이나 대화를 통해 알아 가는 방법이 가장 무난할 것입니다. 여기에서는 그러한 간단한 점검 방법이나 내용을 소개해 보려고 합니다.

요즘에는 중등학교에서 이런 유형의 성격 검사를 하고 있어서 자기 성격적 특성에 대해 조금이라도 관심을 가졌던 사람이라면 어느 정도 그 정보를 알고 있을 것입니다. 그래서 대화 중에 검사 결과를 직접 물어봐도 성격을 이해하는 데 많은 도움이 될 것입니다.

지금까지 해 온 이야기들로 인해 사람에게는 각각의 성격적 특성이 존재한다는 사실을 알게 되었을 것입니다. 이제 여기에서 나와 상대가 어떤 부분에서 유사하고, 어떤 차이를 보이는지 알아보려고 합니다. 그러면 나와 상대의 성격을 어느 정도 비교할 수 있을 뿐만 아니라 상대를 이해하는 데 도움이 될 것입니다.

고래로부터 사람들은 누구나 행복한 삶을 꿈꾸어 왔습니다. 그래서 많은 사람들은 결혼을 하면 그냥 행복이 저절로 당연히 얻어질 것으로 생각했습니다. 또한 행복과 달콤함이 저절로 솟아날 줄로 아는 사람들도 많습니다.

하지만 막상 결혼식을 치르고 결혼 생활을 하는 사람들의 이야기를 들어 보면 처음 생각했던 기대와는 달리 힘들고, 괴롭다고 합니다. 그래서 필자는 독자들에게 성격의 이해의 폭을 넓힐 수 있는 방법으로 여러 가지가 있지만 이 가운데 MBTI 성격 유형을 다루었습니다. 앞 내용에 이어 여기에서는 이론에서 벗어나 실생활에서 성격적 특성은 어떤 형태로 나타나는지 알아보려고 합니다.

이런 일들이 사람의 성격을 규정하고 확정하는 정확한 도구라 할 수 없지만 나와 상대의 성격을 이해하고 짐작하는 데 많은 도움이 됩니다. 그래서 조금 더 이야기를 진행해 보려고 합니다.

먼저 내향형의 사람과 외향형의 사람입니다. 이 구분은 사람의 성격 특성 중에서 가장 뚜렷하게 잘 드러나는 특성입니다. 그래서 누구든지 조금만 관심을 기울이면 당장 쉽게 구분해 낼 수 있습니다.

우선 내향형의 사람들은 행동반경이 좁은 편입니다. 학교나 도서관, 혹은 학원, 정도로 자기가 꼭 필요하다고 여기는 몇 군데만 다니려고 합니다. 이들은 어쩌면 이 몇 군데도 가고 싶지 않을는지 모릅니다. 하지만 어쩔 수 없이 꼭 가야 하는 곳이니까 할 수 없이 가는 형식을 취합니다.

이들은 어떤 활동이나 모임에도 스스로 나서서 참여하는 일이 드뭅니다. 혹 어떤 모임에 가더라도 거기에서 역할 또한 비교적 소극적으로 하면서 자기에게 꼭 맡겨진 일이 아니라면 직접 나서려고 하지 않습니다. 행여 어떤 일이 주어지더라도 마지못해 하는 경향을 보입니다.

반대로 외향형의 사람들은 우선 친구들이 많습니다. 친구들뿐만 아니라 선배나 후배들과도 유대 관계가 좋습니다. 그래서 이들은 이 친구도 만나야 하고, 저 친구도 만나야 해서 늘 바쁘고 누구든지 자주 만나려고 합니다. 교제하는 지리적인 영역도 그 폭이 비교적 넓습니다. 자기가 살고 있는 지역의 친구들을 넘어서 멀리 타 지역에 있는 친구들과도 잘 어울립니다. 그러니 이들의 행동반경은 상당히 넓다고 해야 할 것입니다.

예를 들어 어떤 가수의 콘서트나 혹은 어떤 음악회가 열린다고 가정

선생님이 들려주는 결혼 이야기

해 보겠습니다. 그러면 외향형의 사람들은 주변 사람들에게 같이 참여하자고 권하면서 먼저 나서서 티켓을 구입하거나 주도적으로 참여합니다. 내향형의 사람들은 누군가 옆에서 권해야 나섭니다. 또 어떤 축제 같은 행사가 있더라도 외향형의 사람들은 자발적으로 찾아가거나, 이 프로그램 속에 들어가 적극적으로 나서서 참여합니다. 그런데 내향형의 사람들은 대개 그냥 멀리서 관망하는 태도를 취합니다. 혹 참여하더라도 주변 사람들의 부탁을 받고 나서야 겨우 마지못해 참여하는 모습을 보입니다.

대학에서 동아리 활동하는 경우에도 이와 비슷한 양상을 보입니다. 외향형의 사람들은 동아리에 자발적으로 나서서 가입하고 적극적으로 활동하며 친구들에게도 권유합니다. 또 이들은 하나의 동아리에 만족하지 못하고 보통 두세 개 이상 가입합니다. 그래서 매우 활발하고 적극적으로 활동합니다. 내향형의 사람들은 옆의 친구가 여러 차례 권해야 겨우 따라나서거나, 아니면 학점을 얻는 데 도움이 되는 경우, 마지못해 겨우 참여하는 태도를 취합니다.

이렇게 내외향의 성격 특성은 금방 밖으로 드러나서 활동 반경이라든지, 친구 숫자, 동아리 활동의 수, 그리고 활동 형태 등을 살펴보면 쉽게 구분해 낼 수 있습니다.

그다음 두 번째 성격 특성으로는 감각형과 직관형의 사람입니다. 감각형의 사람들은 주로 감각 기관을 즐겨 사용합니다. 그래서 만지고, 듣고, 보고 맛보는 것을 좋아합니다. 이들은 실용적인 현실 감각을 가지고 있어서 어떤 일을 직접 경험하고, 직접 해 보는 것을 즐겨합니다.

그래서 현재를 즐길 줄 알고 구체적이고 실제적이며, 관찰 능력이 뛰어나다고 하겠습니다. 기계를 조작하거나 캠핑을 갈 경우 텐트를 직접 세우고 접는 일, 혹은 화덕과 같은 어떤 도구를 만지는 일에 능숙합니다.

이들은 자기가 경험해 본 일에는 매우 적극적이고 활발하지만 그렇지 못한 부분에 대해서는 당황하거나 불안을 느끼고 어려워합니다. 따라서 이들이 어떤 곳을 간다고 할 경우, 직접 자기가 한번 다녀온 경험이 있는 곳이라면 자신 있게 갑니다. 하지만 아주 낯선 곳이라 하면 당장 불편을 느끼고 부담을 느낍니다. 그래서 이들은 늘 다니던 길을 좋아하고, 늘 앉았던 자리를 좋아하고, 늘 해 오던 일을 편안하게 여깁니다. 그러면 이들이 정하는 데이트 장소도 짐작해 볼 수 있습니다. 그렇습니다. 주로 자기가 다녔던 곳이나 익히 아는 곳을 이성과 함께 가려고 합니다. 그랬을 때 자신감 있고 편안함을 느낍니다.

반대로 직관형의 사람들은 어떤 일이나 사건의 내면에 담긴 의미나 가치를 먼저 발견합니다. 그래서 구체적인 일, 즉 약도를 그리거나, 손으로 만들거나 직접 하는 일 대신 추상적인 일에 관심이 많습니다. 과거의 경험이나 현재의 일보다는 내일 일이나 다가오지 않은 미래에 관심이 많습니다. 그래서 어떤 일의 가능성 등을 잘 포착합니다. 이들은 미래 장기 프로젝트를 기획하거나 미래에 다가올 어떤 일들에 대한 예측이나 설계 등에 강한 재능을 나타냅니다. 이런 장점을 이들은 단점으로 사용하기도 합니다. 미래 다가올 일을 예측하면서 일어나지 않을 걱정도 미리 가져다 걱정거리로 삼는 경우도 많습니다.

예를 들면 지금 대학 2학년 생활을 하면서 '졸업 후에 취업을 하지

선생님이 들려주는 결혼 이야기

못하면 어떻게 하지?' 혹은 '내가 대학을 졸업할 때에 취업 환경이 바뀌면 어떻게 하지?' 등의 문제를 고민합니다. 그러다가 대학을 졸업하고 또 취업을 하게 되면 이번에는 '회사가 망하면 어떻게 하지?' 혹은 '내가 일하는 환경이 불리하게 바뀌면 어떻게 하지?'와 같은 생각을 합니다. 심한 경우 이들은 '기우杞憂'라는 말을 만들어 낸 기杞나라 사람의 걱정을 떠올리게 만듭니다.

옛날 중국 기나라에는 하늘이 무너질 것을 염려했다는 사람이 있었습니다. 그래서 이 사람은 늘 근심 걱정을 달고 살았다고 합니다. 그래서 생겨난 말이 기우杞憂—쓸데없는 걱정—라는 말입니다. 직관형의 사람들에게서 나타나는 특징이라 할 수 있습니다.

다음은 판단 방법에 따른 구분입니다. 사고형(T)의 사람과 감정형(F)형의 사람입니다. 사고형의 사람들은 이성적이고 논리적입니다. 이들은 가급적 인정에 얽매이지 않고 객관적인 원칙이나 논리에 따라 결정하고, 합리적 질서와 계획을 추구합니다. 그래서 어떤 일의 옳고 그름, 바르고 그릇됨을 잘 분별합니다. 그러니 당연히 남들의 잘잘못을 잘 가려내고 지적도 잘 하는 편입니다. 이들은 말을 할 때에도 논리적으로 하고, 과정 역시, 논리적이고, 합리적이기를 원합니다. 그래서 다른 사람이 보면 인정이 없고 냉정한 사람으로 보이기 쉽습니다. 이들은 사람들이 '이랬다저랬다' 하거나 '왔다 갔다' 하는 것을 보면 '그래서 어쩐다는 말이냐? 정확하게 말하라'고 하면서 매우 불편한 감정을 드러내기도 합니다.

이들은 사람의 행동도 윤리적으로 바르고, 그렇지 않음을 금세 구분해 냅니다. 그래서 당장 비판하거나 두둔하는 모습을 보입니다. 그리고 그런 판단을 전적으로 의지할 뿐만 아니라 그런 판단 기준이 한번 서면 다른 사람의 의견이나 생각을 잘 받아들이려고 하지 않습니다. 그래서 잘 타협하려고도 하지 않는 경향을 보입니다.

데이트할 때에 비용을 예로 들어 보면 이들은 파트너와 똑같이 나눠 내는 것을 좋아합니다. 굳이 남에게 신세를 지거나 남의 것을 내가 대신 감당하려고도 하지 않습니다. 그래서 이들을 감정형의 사람들이 보면 피도 눈물도 없는 차가운 사람으로 간주하기도 합니다. 그런데 이유형의 사람들은 이런 행위를 매우 정당하고 옳은 것으로 여깁니다.

그러면 이제 감정형의 사람들을 살펴보겠습니다. 이들은 일단 정감情感이 있습니다. 그래서 다정다감한 사람을 좋아합니다. 남에게 비쳐지는 자기 모습 역시 따뜻한 사람으로 보여지길 원합니다. 그래서 견해가 엇갈리는 일을 만나면 서로 감정을 상하지 않은 방법으로 해결하려고 합니다. 그러다 보니 자기 자신보다 가급적 상대 입장을 먼저 생각합니다. '내가 이 말을 하면 저 사람이 어떻게 생각할까?'를 생각하고 자기가 하고 싶은 말을 차마 하지 못하고 망설이기도 합니다. 또 상대에게서 어떤 불편한 일을 느끼더라도 '상대가 상처를 입으면 어떻게 하지?' 하면서 하고 싶은 말을 참기도 합니다. 그러니까 이들은 행동이나 말을 할 때, 상대의 입장이나 처지를 먼저 생각한다는 말입니다. 그래서 이들은 어떤 문제를 만나면 기술적인 측면보다는 인간적인 면을 더 중시합니다. 이들은 동정적이고, 인정적이며 상대 입장을 많이 헤아린다는 평을 듣습니다. 또한 이들은 어떤 일이나 상황을 만나면 머뭇거리고 망설이는 바람에 때를 놓치는 경우도 많습니다.

마지막으로 생활 양식에 따른 구분인데, 판단형(J)과 인식형(P)으로 나눕니다. 먼저 판단형(J) 사람들의 성격적 특성은 필요한 정보를 어느 정도 얻었다 싶으면 빠른 결론을 내립니다. 그리고 어떤 일의 계획을 잘 수립하고 체계적으로 끝까지 지속적으로 합니다. 외부로 드러나는 이들의 행동을 보면 행동들이 조직화되어 있고 목표가 뚜렷하며 확고해 보입니다.

그래서 이들이 시험 준비하는 모습을 보면 쉽게 구분해 낼 수 있습니다. 이들은 우선 시험 날에 맞추어 준비 계획을 잘 세웁니다. 그리고 그 계획에 따라 차근차근 해 나갑니다. 외부에서 보면 이들은 매우 계획적이고 치밀한 사람처럼 보입니다.

반면에 인식형의 사람들은 외부에서 제공되는 정보에 관심이 많습니다. 그래서 자기에게 들어오는 정보 자체를 즐기는 편이라서 새로운 정보에 적응력이 높으며 새로운 사건이나 변화에 개방적이며 수용적인 태도를 보입니다. 따라서 이들은 새로운 이론이나 새로운 정보에 민감해 그것을 수용하고, 적응하기 위해 노력합니다. 이런 행동은 외부에서 보면 판단형에 비해 변덕스러운 모습으로 보여지기도 합니다.

이들이 시험공부 하는 모습을 보면 대부분 목표를 분명하게 정하지 않고 그냥 막연하게 생각하고 먼저 시작부터 하고 봅니다. 나중에 어떻게 되는 것에 대한 결과는 별로 중요하게 여기지 않습니다. 일단 공부를 시작한 다음에 중간에 쉬기를 반복하고, 이 과목에서 저 과목으로, 혹은 여기를 좀 하다가 다른 곳으로 옮겨 가면서 공부합니다. 그래서 한 과목을 꾸준하게 끝까지 다 마치고 다른 과목으로 바꿔서 하는 경우가 드뭅니다.

대학에서 동아리에 가입한 경우를 예로 들어 보면 한 동아리에 가입해서 졸업할 때까지 참여하지 않고 그것도 이 동아리, 저 동아리로 옮겨 다닐 확률이 높습니다. 만약 직업을 갖는 경우라면 이 직업을 가졌다가 저 직업으로 옮겨 다닐 가능성도 높습니다. 그래서 곁에서 보면 끈기가 없는 사람처럼 보일 수 있습니다.

지금까지 사람의 성격적 특성이 실제 생활에서 보여지는 모습을 중심으로 알아봤습니다. 이런 내용은 이성과 교제하거나 결혼 배우자의 성격적 특성을 파악하는 데 많은 도움을 줄 것입니다. 또한 이성을 대할 때, 어떤 사람이 내게 어울리는지 혹은 어울리지 않는지, 그 사람에게서 내가 불편을 느끼는 부분은 어떤 점이 있는지 등을 쉽게 알 수 있도록 도움을 줄 것입니다.

결혼에서 가장 중요한 것은 성격적인 부분입니다. 그런데 배우자의 성격적 특성을 모르는 상태에서 사람과 사귀거나 결혼한다는 것은 매우 위험한 일이라 할 수 있습니다.

필자의 경우, 젊은 날에는 이런 성격적 특성을 알지 못했습니다. 그래서 스스로 말을 좀 할 줄 아는 능력이 있다고 생각했습니다. 그래서 누구를 만나서 대화를 하거나 누구와 결혼하더라도 대화를 통해 풀고 의사소통을 하면 긍정적인 삶이 가능하다고 생각했습니다. 그런데 심리학을 공부하고, 사람의 성격에 관한 책을 보다 보니, 그것은 무지의 소산이라는 것을 알게 되었습니다.

선생님이 들려주는 결혼 이야기

세상에는 내가 아무리 많은 양보를 하고, 수용의 폭을 넓히더라도 그 한계를 넘어서 내가 도저히 맞출 수 없는 성격의 소유자가 있다는 사실도 알게 되었습니다. 그래서 이 시대를 살아가는 우리 젊은이들에게 이런 내용을 전하고 있습니다. 이를 바탕으로 우리 젊은이들이 이성을 사귈 때에 성격적 특성 정도는 알고 점검해 보는 것이 좋다고 생각합니다.

배우자가 아닌 친구일 경우, 나와 전혀 다른 어떤 성격적 특성을 지닌 사람일지라도 함께 잘 지낼 수 있습니다. 그러나 수시로 새로운 상황을 만나서 의사 결정을 해야 하고 어떤 일의 경중을 판단해야 하는 부부라면 상황이 달라집니다. 서로 보는 관점이나 행동 양식이 다르면 상당한 불편을 느끼게 됩니다. 당장 상대에 대한 불만이 생겨나고 의견 차이로 다툼이 일어나게 됩니다.

그래서 필자는 많은 생각과 고민 끝에 우리들이 어떤 사람을 만나면 좋을까를 고민하고, 결혼을 생각하고 있는 사람들에게 이런 정보를 제공해야 하겠다고 결심하게 되었습니다. 또한 이런 정보를 알고 이성 교제에 활용한다면 이 글의 처음에 제기한 질문에 어느 정도 답을 얻어 낼 수도 있겠다는 생각을 하게 되었습니다.

앞에서는 내 성격적 특성에 대해 알아봤습니다. 여기에서는 설명된 내용에 근거해서 내가 교제하고 있는 사람의 성격적 특성을 정리해 보면 좋겠습니다. 그리고 어떤 영역에서 나와 가장 많은 차이를 보이는지도 알아보면 좋겠습니다. 그리고 그 영역에서 나의 수용적인 태도, 혹은 이해의 정도, 등도 파악해 보면 좋겠습니다.

- 외향형은 행동반경이 넓고 큰 반면, 내향형은 자기 주변에 머뭅니다.

- 감각형은 경험을 중시하고, 직관형은 떠오르는 생각을 의미 있게 여깁니다.

- 사고형은 논리와 이성을 중시하고, 감정형은 감정의 상태를 중요하게 여깁니다.

- 판단형은 생활의 일관성과 꾸준함, 인식형은 정보에 관심이 많아 머뭇거립니다.

- 나는 어떤 성향을 지닌 사람일까요?

- 내 연인은 어떤 성격적 특성을 지닌 사람인지 정리해 봅니다.

- 결혼에서 가장 중요한 것은 외모나 지식, 물질이 아니라 성격적 특성입니다.

어떤 이성에게 끌리나요?

우리는 앞에서 MBTI를 중심으로 사람의 성격적 특성에 대한 정보를 알아봤습니다. 여기에서는 이런 성격적 특성이 실제 이성과 교제할 때에 어떤 양상으로 나타나고 있는지, 혹은 그것을 어떻게 적용할 수 있는지에 대해 앞에서 다루었던 내용을 중심으로 더 확장시켜 다뤄 보려고 합니다.

이미 말씀드린 것처럼 사람들이 이성에게 호감을 갖게 되는 감정은 순간에 이뤄진다는 것입니다. 이는 우리들이 생각한 것보다 훨씬 더 짧은 시간에 평가되고 결론에 이른다는 것입니다.

이 영역에서 우리 뇌는 매우 명석하고 뛰어난 능력을 발휘하고 있는 것 같습니다. 불과 수천분의 일 초 안에 상대에게서 긍정과 부정적인 감정을 느끼고 가부를 판가름 낸다는 것입니다. 그래서 어쩌면 우리의 이런 감정은 우리의 의식을 뛰어넘는 순수한 원초적인 감정일는지 모르겠습니다.

이를 바탕으로 이제부터는 상대에게 호감을 갖게 되는 과정을 설명해 보려고 합니다. 이를 통해 나는 어떤 경우, 어떤 성격적 특성을 지닌 상대에게 호감을 갖게 되는지 등을 생각해 보겠습니다. 그리고 여기에 내가 선택한 일에 어떤 오류나 실수는 없는지 살펴보는 기회로 삼으면 좋겠습니다.

먼저 내·외향의 성격 특성을 보겠습니다. 내향형의 사람은 차분하고 조용한 편입니다. 그래서 여러 사람들 앞에 나가서 말하는 것보다는 조용하고 차분하게 있는 것을 좋아합니다. 따라서 이들은 대중들 앞에서 자기를 소개하는 일조차 어렵게 느낍니다. 그러다 보니 많은 사람들 앞에서 떨지 않고 자신 있게 말하는 사람을 보면 당장 매력을 느끼기 쉽습니다. 더구나 외향의 사람들은 말을 잘할 뿐만 아니라 재미있게 합니다. 가만히 살펴보면 공부는 못하는 것 같은데, 말은 어쩌면 저렇게 막힘없이 잘하는지 모르겠습니다.

또한 내향형 사람들은 친구들이 많고 활동 영역이 넓은 외향형 사람들을 보면 밝고 활동적인 모습에 반해 멋지게 느낄 수 있습니다. 그래서 말 잘하고 활동적인 사람을 보면 당장 마음이 끌리기 쉽습니다.

반대로 외향형의 사람들은 주로 밖에서 사람을 만나고 무슨 일을 벌이는 것을 좋아합니다. 만나는 사람마다 모르는 사람이 없고 활동적입니다. 어떤 모임에 나가자고 권유도 잘하고 잘 참여합니다. 음악회면 음악회, 연극이면 연극, 영화면 영화, 티켓을 구입해 와서 함께 가자 하고, 또 봉사 단체 같은 곳에 들어가서도 매우 적극적인 활동을 합니다. 그것도 하나만 하지 않고 여러 활동에 참여합니다. 때문에 외향형의 사람들은 자신이 너무 밖으로 나돌고, 활동적이고, 말을 많이 한다는 사실을 알고 있습니다. 그래서 주변 사람들로부터 오지랖이 넓다는 말과 함께 너무 나댄다는 말을 자주 듣습니다. 때문에 이들은 자기도 모르는 사이에 차분하고 조용하고 얌전한 사람이 되고 싶다는 생각을 하게 됩니다. 그래서 차분하고 조용하거나 얌전한 내향형 사람을 만나면 당장 끌려 호감을 가질 수 있습니다.

여기까지 내·외향의 사람들이 이성에게 끌리는 일반적인 양상에 대해 말씀드렸습니다. 설명을 듣고 보니, 나는 어떤 사람에게 호감을 가지게 되는지 혹은 좋은 느낌이 오는지 모르겠습니다.

내가 내향형일 경우, 그냥 나처럼 조용하고 차분한 사람이 좋은지, 아니면 밝고 명랑한 사람이 좋은지, 혹은 내가 외향형이라면 나와 같이 활동적이고 말을 잘하는 사람이 좋은지 아니면 차분하고 얌전한 사람이 좋은지 점검해 보는 것입니다. 그리고 내게 없는 것을 가지고 있는 상대에게 호감을 느끼는지, 혹은 그것을 소유하고 싶다는 나의 감정은 얼마나 되는지에 대해서도 점검해 보는 것입니다. 그러면 내 이성의 친구로, 혹은 배우자로 어떤 사람이 더 어울리는지 판단해 볼 수 있을 것입니다.

다음으로는 감각형과 직관형의 사람들이 갖고 있는 장단점들을 살펴보겠습니다. 감각형의 사람들은 실질적으로 경험하고 직접 해 보는 것을 좋아하고 잘합니다.

학교에서 배우는 과학 교과를 예로 들어 보면 이들은 이론 설명을 듣는 것보다 직접 실험하고 만들어 보는 것을 좋아합니다. 수학의 경우도 선생님이 칠판에 풀면서 설명하는 것을 그냥 듣는 것만으로는 부족합니다. 자기가 직접 손으로 풀어 봐야 익숙하게 됩니다.

그래서 간단한 소품을 만들거나 가구를 짜거나 수리하는 일, 전등이나 화장실 등을 손보는 일 등을 잘합니다. 이들은 대체로 실제적인 것을 좋아해서 TV를 보더라도 다큐멘터리 같은 분야를 좋아하고, 드라마를 보더라도 삶을 실제적으로 표현해 주는 리얼리티 같은 작품을 좋아합니다.

그림을 그리는 사람인 경우, 사물을 그대로 본떠 그리는 정물화나 인물화같은 분야에 더 많은 적성을 나타냅니다. 그래서 직관형의 사람들은 감각형 사람이 캠핑 가서 텐트를 치고, 불을 피우고 장소를 마련하는 일 등에 적극적이고 헌신적인 모습을 보면 당장 매력을 느끼기 쉽습니다.

이들의 단점은 미래가 어떻게 될 것인가에 대한 생각이 부족하다는 것입니다. 그래서 미래를 예측하거나 계획을 세우는 일에는 서툽니다. 장기나 바둑 같은 놀이를 하는 것만 보더라도 그 특성을 어느 정도 짐작해 볼 수 있습니다. 이들은 몇 수 앞을 내다보지 못하고 그냥 먼저 저질러 놓은 다음, 계산하는 편입니다. 그래서 상대에게 발목을 잡히고 후회하는 경우가 많습니다.

반면에 직관형의 사람들은 상상력이 뛰어나 '미래가 어떻게 될 것인가?'에 대한 생각을 잘합니다. 그래서 이 일이 앞으로 어떻게 변화될 것인가, 혹은 어떤 결과를 가져올 것인가에 대한 생각을 많이 합니다. 그래서 주택 마련을 위해 저축은 어떻게 하고, 승진을 위해 어떤 노력

선생님이 들려주는 결혼 이야기

을 기울일 것인가에 대한 생각을 많이 합니다.

그리고 이들은 손에 잡히는 일보다는 가공架空에 존재하는 어떤 세계, 즉 공상과 같은 것을 좋아합니다. 그래서 영화나 소설을 보더라도 판타지, 공상 과학물, 상상 속의 이야기, 우리 실생활에서 쉽게 접할 수 없는 내용을 즐깁니다. 그림을 그릴 경우, 세상에 없는 것을 만들어 내는 상상력이 뛰어나다 보니 창의적인 어떤 것을 새롭게 창조해 내는 일을 잘합니다. 그래서 직관형의 사람들 중에는 발명가들이 많습니다.

이들이 어떤 일을 표현하는 형태를 보면 구체적이지 못하고 두루뭉술하게 말하고, 상대가 하는 말을 들으면 그대로 수용하기보다는 유추·분석, 의미를 파악하려고 합니다.

예를 들어 보면 상대가 "어제 저녁 늦게 집에 들어가서 전화를 할 수 없었어요." 합니다. 그러면 감각형의 사람들은 '그랬나 보구나'라고 생각해야 할 것입니다. 반면에 직관형의 사람들은 "누구 만나고 들어간 거죠?"라는 형태의 반응을 보이게 됩니다. 그러니까 그 말의 내면에 감춰진 어떤 것을 잘 읽어 내거나 말하려고 한다는 것입니다.

반면에 이들은 구체적이고 실질적인 부분에는 상당히 약합니다. 약도를 보고 찾아가는 일이라든지, 무엇을 만들거나 수선하는 일, 습관적으로 반복되는 일 등은 매우 어렵게 느낍니다.

시나 소설을 쓰는 사람의 경우로 살펴보면, 감각형의 사람은 실질적인 모습을 있는 그대로 잘 묘사할 가능성이 높습니다. 그래서 어떤 상황이나 표정, 사실 관계 등은 자세한 묘사나 설명은 잘할 수 있습니다. 그러나 실생활이 아닌, 상상 속의 어떤 이야기를 만들어 내거나 꾸미는 일에는 좀 서툽니다. 반대로 직관형의 사람은 자세한 표현은 거칠게 하지만 어떤 재밌는 일을 꾸미거나 만드는 일은 잘할 수 있습니다. 『해리 포터』와 같은 이야기를 만들어 낼 수 있겠다는 말입니다.

이를 바탕으로 하면 데이트할 때 대화 내용도 어느 정도 짐작해 볼 수 있습니다. 감각형의 사람들은 사실적인 대화를 즐겨합니다. 그리고 대화의 내용을 있는 그대로 수용하기를 좋아해서 대화의 정보 하나하나에 대한 명확한 것과 구체적인 것을 좋아합니다. 이들에게 의미를 담아서 비유적으로 말하면 의미가 잘 전달되지 않거나, 혹은 이해 능력이 떨어집니다.

반면 직관형의 사람들은 대화의 이면에 있는 어떤 의미나 생각을 읽어 내려고 합니다. 그래서 어떤 사건의 의미, 가치 등을 잘 다루려고 합니다. 때문에 말을 할 때에는 막연하게 말하거나 은유나 비유적으로 말하고 낭만적이고 환상적인 일을 말해 주는 것이 좋습니다.

이제 생각해 보겠습니다. 여기에서 설명된 내용을 바탕으로 '나는 어떤 성격적 특성을 가진 사람인가?'를 생각해 보는 것입니다. 이것이 정리되었으면 이제 나는 '어떤 특성을 가진 사람을 좋아하거나 관심을 갖게 되는가?'를 생각해 보는 것입니다.

그 방법으로 그동안 내가 만났던 사람 중에 경험적으로 내 관심의 시야에 들어왔던 사람들의 성격적 특성을 유추해 보는 것도 좋습니다. 그리고 그 사람은 어떤 특징을 가진 사람이었는지 생각해 보는 것입니다. 첫사랑을 떠올려 봐도 좋고, 처음 내 가슴을 설레게 만들었던 그 사람의 모습을 떠올려도 좋겠습니다.

선생님이 들려주는 결혼 이야기

그런 다음, 그 사람의 성격적 특성을 우선 첫 번째, 두 번째 기준에 따라 구분해 보시기 바랍니다. 어떤 점이 내게 그렇게 끌림을 주었는지. 이런 일이 남에게 알려지는 것이 염려된다면 일기장에 재미 삼아 정리해 보는 것도 좋은 일입니다. 지금은 혹 우스운 일이라고 생각될는지 모르겠지만 아마 시간이 지나면 좋은 추억이 될 것입니다.

필자가 결론적으로 말씀드리면 이 성격적 특성 역시, 내가 갖지 못한 성격을 가진 상대에게 호감을 가질 가능성이 높습니다. 사람들은 대개 내게 없는 것을 언제나 갖고 싶은 마음이 있고, 은근히 부러워하기도 합니다. 그러니 이 구분 역시, 이성인 경우, 내가 갖지 못한 능력을 지닌 상대에게 부러움이나 호감을 가지는 것이 일반적일 것으로 생각됩니다.

다음으로 세 번째 기준인 사고형(T)의 사람과 감정형(F)형의 사람의 특성을 실제 모습을 살펴보겠습니다. 사고형(T)의 사람들은 어떤 일을 생각하고 판단할 때에 이성에 입각해서 옳음과 그름을 분명히 구분해 냅니다. 자신이 옳다고 생각하는 일은 주변 여건을 고려하지 않고 판단하거나 추진하는 경향을 보입니다.

예를 들어 보겠습니다. 어떤 지역을 재개발하게 되었습니다. 낙후된 지역이라 집들을 정해진 날까지 철거하고 새 건물을 짓도록 계획되어 있습니다. 그런데 약속 날이 되어도 사람들이 집을 비우지 않고 버티고 있습니다. 나는 이 공사의 일을 맡고 있는 대표입니다. 공사는 진행해야 하겠고, 사람들은 버티고 있어서 곤란하게 생겼습니다.

이 경우, 사고형 사람들이 일을 처리하는 과정을 들여다보겠습니다.

이들은 날짜가 정해져 있으니 반드시 정해진 기한까지는 철거해야 된다는 생각을 가지고 있습니다. 그래서 바로 행동에 옮기려고 합니다. 공권력을 동원하든지 아니면 자신이 직접 현장에 나가 지휘하든지 해서 공사를 시작하게 됩니다. 왜냐하면 정해진 약속이 있고, 그것이 실행이 되어야 다음 공사가 차질 없이 진행될 수 있다는 분명한 논리를 가지고 있기 때문입니다. 그래서 이제 철거에 들어갔습니다.

이 경우에도 사고형 사람들의 일을 대하는 태도를 살펴보겠습니다. 이들은 입주민들이 저항하더라도 인정사정 볼 것 없이 주어진 규칙과 규정에 따라 엄격하고 강력하게 추진합니다. 저항하는 사람의 입장은 논리적으로 맞지 않기 때문입니다.

그러면 이번에는 감정형(F) 사람들이 일을 진행하는 모습을 살펴보겠습니다. 이들은 어떤 일을 결정할 때에 주변 환경과 다른 사람의 입장을 고려해서 판단합니다. 따라서 이런 상황을 만나면 우선 고민이 많아집니다. 공사를 진행하기는 해야 하겠고, 현 거주민들의 입장을 들어 보니 그들의 입장이 딱하게 생겼습니다. 그러니 공사 진행과 주민들 의견을 생각해서 고민에 고민을 거듭하게 됩니다. 그래서 서로의 관점을 이해하려고 끌고 가는 데까지 끌고 가려고 합니다. 어떤 형태로든 서로 좋은 감정으로 일을 마무리하려고 합니다.

또 이런 경우도 보겠습니다. 내 결혼 상대자로 어떤 사람을 부모님께 소개했습니다. 그런데 부모님이 마음에 들지 않는다며 반대를 합니다. 이런 경우에 사고형과 감정형들이 이 처리하는 모습을 살펴보겠습니다.

우선 누가 더 고민을 많이 할까요? 그렇습니다. 감정형의 사람이 훨

선생님이 들려주는 결혼 이야기

씬 더 많은 고민을 합니다. '부모님이 반대하다니, 그러면 나는 어떻게 하지?' 하면서 염려하기 시작합니다. 그리고 부모의 입장을 생각해서 고민을 오래 끌고 갑니다. 결혼을 하기는 하더라도 부모의 눈치를 살피면서 진행합니다. 형제들에게 부탁해서 부모를 설득하려고 노력을 하든지, 아니면 부모들이 납득하거나 수용할 수 있도록 충분한 시간을 두기도 합니다.

반면에 사고형 사람들의 태도를 보겠습니다. 이들 역시, 부모가 반대할 경우 부모님의 말씀이니까 당연히 고민을 하기는 합니다. 하지만 그 고민이 오래가지 않습니다. 내가 옳다고 여기면 '내가 결정하고 좋아하고 사랑하면 되지 부모님이 무슨 상관이야?'라는 생각을 하면서 부모의 의견은 눌러 두고 당장 그 사람과 결혼을 결정하게 됩니다.

이제 좀 파악이 되었는지 모르겠습니다. 우선 생각해 보겠습니다. 그러면 나는 어떤 유형의 성격적 특성을 가진 사람일까요? 그리고 내가 좋아하고, 내 관심을 끄는 사람의 성격적 특성은 어떤 유형일까요? 생각이 정리되었으면 이번에는 나는 어떤 유형이 더 마음에 드나요? 이러한 점들을 점검해 봅니다.

마지막으로 생활 양식에 따른 구분으로 판단형(J)과 인식형(P)을 알아봅니다. 판단형(J)의 사람들은 외부 세계에 대해 분명한 자기 주관을 가지고 있어서 비교적 빠른 판단을 내립니다. 그리고 어떤 일을 시작하면 꾸준하고 끝까지 마무리하는 편입니다.

반면 인식형(P)의 사람들은 외부에서 주어지는 정보 자체에 관심이 많습니다. 그래서 정보를 보고, 얻고, 점검하느라 결정하는 일을 어렵게 느낍니다. 그래서 결정하기까지는 오랜 시간이 걸립니다. 또한 무슨 일을 만나면 한 가지 일에 꾸준하지 못하고 중간에 쉽게 싫증을 내서 그만두거나 다른 것으로 바꾸는 경향을 보입니다.

이 성격적 특성은 공부하는 모습을 보면 당장 구분해 낼 수 있습니다. 우선 판단형의 사람은 자리에 앉아서 비교적 오랜 시간 꾸준히 공부하는 편입니다. 반면에 인식형은 자리에 오래 앉아 있지 못하고 앉았다 일어났다를 반복합니다. 이들은 무슨 할 일이 그렇게 많은지 안방으로 갔다가, 거실로 갔다가 TV를 켰다가 하는 등, 몸을 잘 움직입니다. 물을 먹으러 간다든지, 아니면 화장실을 들락거리든지, 혹은 전화를 하거나 간식 등을 먹어야 합니다. 그러니 공부 시간이 판단형에 비해 비교적 짧습니다.

공부하는 형태를 보더라도 판단형은 공부할 과목을 정하면 그것을 끝까지 한 다음, 가급적 마무리를 지으려고 합니다. 반면 인식형은 국어를 조금 하다가 영어를 하고, 그러다가 수학을 합니다. 만약 같은 과목을 공부하더라도 본문을 봤다가 문제를 봤다가, 혹은 앞부분을 봤다가 조금 쉰 다음, 중간이나 뒷부분을 보는 형태를 취합니다.

독서하는 모습에서도 그 차이를 볼 수 있습니다. 판단형의 사람들은 한 권의 책을 읽기 시작하면 끝까지 읽어 내려고 합니다. 그러다 보니 마음먹은 책이라면 밤을 새워 가면서라도 읽어 내기도 합니다. 반면 인식형의 사람들은 중간에 책갈피를 끼워 두고 쉬기를 반복합니다. '어차피 한 권을 읽으면 될 것인데 조금 쉬었다 가면 어떠랴' 하면서 여유를 가집니다.

선생님이 들려주는 결혼 이야기

글의 양이나 분량으로 본다면 판단형의 사람들은 소설과 같이 긴 분량의 책도 잘 읽고 그것도 긴 소설, 장편이나 대하소설도 잘 읽어 냅니다. 하지만 인식형의 사람들은 긴 분량 읽는 것을 힘들어합니다.

직장 생활이나 취미 활동을 하는 데서도 쉽게 구분해 낼 수 있습니다. 판단형의 사람들은 한 직장에 오래 머물거나, 취미 활동을 하더라도 평생 가져가는 사람들이 많습니다. 반대로 인식형의 사람들은 이 직장, 저 직장을 옮겨 다니는 것을 편하게 여깁니다. 취미를 가져도 꾸준히 가져가는 것보다는 이 취미를 가졌다가, 또 저 취미를 가졌다가 자기가 즐길 만큼만 하는 형태를 취합니다.

지금까지 네 분류 기준에 따라 성격적 특성을 두 유형으로 나눠 봤습니다. 이제 각 유형의 사람들을 어느 정도 구분할 수 있는 감이 잡혔을 것입니다. 그러면 이제 확인해 보겠습니다.

우선 나는 어떤 유형의 사람인가요? 그리고, 내가 좋아하고 내 관심을 끄는 사람은 어떤 유형의 사람일까요? 그렇다면 나는 어떤 유형의 사람을 더 좋아할까요? 이 물음에 답을 해 보면 나와 교제하고 있는 사람, 내가 관심을 갖고 있는 사람, 그리고 함께 살아갈 사람의 성격적 특성을 어느 정도 점검할 수 있을 것입니다. 어떤 사람이 내게 편안함을 가져다주는지, 또한 나와 행복을 공유할 수 있겠는지에 대한 생각을 짐작해 볼 수 있을 것입니다.

다시 한번 말씀드려 봅니다. '어떤 사람을 만나서 결혼하면 좋고, 행복할까요?' 여기에 대한 정확한 답은 궁극적으로 없다고 할 수 있습니다. 앞에서 언급했던 것처럼 행복은 어떤 조건을 가진 상대, 즉 누구를 만나느냐에 따라 주어지는 것이 아니라 내 마음 상태에 달려 있기 때문입니다. 그래도 아쉬움이 남는다면 우리가 할 수 있는 방법으로는 이런 성격적 특성에 따른 분류를 통해 나와 상대의 성격 특성을 알아보고 접근하는 일이 좋을 것입니다.

　더 구체적으로 파악하고 싶으면 다음 점검 자료를 통해 체크해 보는 것이 도움될 것입니다. 진지하게 점검해 보는 시간이 되기 바랍니다.

구분	성향	나	이성	판단 근거
에너지 사용	내향형			
	외향성			
인식 형태	감각형			
	직관형			
판단 형태	사고형			
	감정형			
생활 양식	판단형			
	인식형			

〈이것만은 꼭! 핵심 요약정리〉

- 내 성향은 (내향 / 외향)형이고, 내가 바라는 이상형은 (내향 / 외향)형이다.
- 내 성향은 (감각 / 직관)형이고, 내가 바라는 이상형은 (감각 / 직관)형이다.
- 내 성향은 (사고 / 감정)형이고, 내가 바라는 이상형은 (사고 / 감정)형이다.
- 내 성향은 (판단 / 인식)형이고, 내가 바라는 이상형은 (판단 / 인식)형이다.
- 결혼 생활에서 중요한 것은 각각의 성격 특성입니다.
- 결혼 생활에서 중요한 다른 하나는 개인의 생활 태도와 습관입니다.

※ 해당 성격적 특성에 ◯표 해 보기 바랍니다.

선생님이 들려주는 결혼 이야기

결혼 상대로
어떤 이성을 만나면 좋을까?

지금까지 우리는 MBTI에 대한 긴 설명을 들었습니다. 이를 통해 기본적으로 나는 어떤 성격적 특성을 지닌 사람인지 가늠해 볼 수 있었을 것입니다. 그리고 내게 어울리는 혹은 내게 끌림을 주는 이성은 어떤 성격인지에 대해서도 어느 정도 짐작해 보는 기회가 되었을 것입니다.

MBTI에서는 앞에서 다루었던 네 가지 기준에 따라 사람의 성격적 특성 유형을 16유형으로 구분합니다. 이를 기준으로 따져 보면 나는 16유형 중 어느 한 유형에 속할 것입니다. 내가 궁금해하고 있는 상대도 이 성격적 특성 중 어딘가에 자리하고 있을 것입니다.

이 16유형의 성격적 특성을 모두 살피는 일은 매우 광범위합니다. 따라서 이 영역은 전문가들이 다뤄야 할 영역으로 남겨 두어야 할 것입니다. 그래서 모든 사람이 이런 공부를 자세하게 할 필요는 없다고 생각합니다. 다만 내가 선호하는 경향을 알고, 나의 관심을 끄는 사람의 성격적 특성 정도는, 그러니까 여기에서 다루었던 내용 정도쯤은 알아 두는 것이 좋다고 생각합니다. 우리들이 이성이나 사람을 상대할 때 여기에서 살펴봤던 내용 정도만 알고 있어도 대화나 관계를 형성하는 데 상당한 도움이 될 것입니다.

여기에서 '결혼 상대로 내게 어떤 이성이 어울릴까?'에 대한 이야기를 조금 더 말해 보려고 합니다. 여기 주제를 '결혼 상대로 어떤 이성을 만나면 좋을까?'라고 했습니다. 제목이라서 핵심적인 내용만 담다 보니 상당히 폭을 줄여서 말했습니다. 그렇지 않고 저자가 의도한 대로 좀 더 풀어서 말하면 여기 주제는 '어떤 성격 특성을 지닌 상대와 결혼하면 좋고 행복할까요?'라는 물음에 대한 답이 될 것입니다.

우선 핵심 결론부터 말해 보려고 합니다. 앞에서 언급했습니다만 '어떤 사람을 만나 결혼하면 좋고, 행복할까?'에 대한 정확한 답은 '없다'고 해야 할 것입니다. 독자들이 잊을까 봐 자꾸 반복합니다만 행복은 어떤 상대에 따라, 그러니까 누구를 만나느냐에 따라 저절로 주어지는 것이 아니라 행복의 싹은 내 마음속에 자리하고 있기 때문입니다.

이런 결론을 제시하면 앞에서 성격적 특성을 보아 왔기 때문에 '결혼을 위해 내게 딱 어울릴 만한 사람을 제시해 줄 것처럼 설명하더니, 이게 뭐야?'라는 불평을 늘어놓을 분이 있을는지 모르겠습니다. 그렇습니다. 그런 불평이나 비난을 할 수 있습니다. 이런 지적에 저는 몹시 부끄러움을 느끼면서 어쩔 수 없이 불편함을 감당하려고 합니다. 그래서 상당히 미안한 마음을 가지고 여기에 해당되는 답과 비슷한 이야기를 해 보려고 합니다.

선생님이 들려주는 결혼 이야기

우선 앞에서 성격적 특성에 대해 언급했으니, 이런 관점에서 말해 보려고 합니다. 사람은 모두 자기의 고유한 특성—어느 한편—을 가지고 태어납니다. 따라서 어느 누구도 양편 모두의 재능을 다 갖고 있을 수 없습니다.

그래서 사람은 어느 한 가지를 잘하면 어느 한편은 늘 부족한, 아니 많이 모자란 결핍을 지니고 있는 존재가 됩니다. 이를 일찍이 간파했던 사람들은 각자무치角者無齒라는 간단한 말로 표현하곤 했습니다. 뿔이 있는 짐승은 강한 이를 가진 짐승이 없다는 말입니다. 그러니까 세상에 존재하는 모든 사물은 여러 가지 재능을 겸해서 갖고 있지 못하다는 말입니다.

따라서 앞에서 다룬 네 가지 기준에 따라 언급한 것을 보면서 내 자신이 부족하고 모자람을 가진 존재라는 점에 동의했을 것입니다. 하지만 걱정할 필요는 없습니다. 사람은 누구나 어쩔 수 없이 모자라고 결핍된 존재로 태어나 부족한 상태로 살아가야 하니까 말입니다.

이처럼 사람들은 자기가 가지고 있는 능력이나 재능이 부족하다 보니, 내가 갖지 못한 능력이나 재능을 가지고 있는 사람을 보면 부러워하고 선망의 대상으로 삼기 쉽습니다. 이런 경향은 이성을 바라보거나 결혼 대상자를 생각할 때에도 그대로 적용되기도 합니다.

내가 말을 잘하지 못하면 말을 잘하는 친구들을 부러워하거나 좋게 여깁니다. 또 내가 친구들을 적게 가졌으면 주변에 친구들이 많은 사람을 선망하거나 좋아하게 된다는 말입니다. 또한 미래에 다가올 일을 생각하며 염려하고 고민하는 사람은 '나는 왜 이렇게 지금 현실에 만족하지 못하고 미래를 걱정하고, 다가오지 않은 일에 불만을 가지고 사는 걸까?' 하면서 현재 삶에 자족自足하는 사람을 부러워할 수 있습니다.

그리고 주변 환경에 휩쓸리지 않고 분명한 자기 소신을 갖고 이성적이고 논리적인 사람을 보면 '나는 그렇지 못하는데, 저 사람은 어쩌면 저렇게 확실한 생각을 갖고 분명하게 처신할까?' 하며 당장 관심을 표명할 수 있습니다.

또 어떤 일을 고집스럽게 자기 고집을 꺾지 않고 예전에 하던 방식대로 계속 밀고 나가는 사람을 보면, '어쩌면 저렇게 시대 정신에 투철하지 못하고 변화와 적응을 모르는 고리타분한 사람이 있을 수 있을까?'라고 싫어할 수도 있습니다.

여기에서 우리가 기억해야 할 것은 내가 어떤 사람을 좋게 여기거나 혹은 반대로 생각하거나, 또는 좋고, 나쁘다고 여기는 것은 모두 나를 기준으로 이뤄진 평가라는 것입니다. 따라서 내 기준이 어떠한가에 대한 모습을 보여 준 것이지 세상이라는 커다란 구조물 속에서 큰 시각을 가지고 사람들을 보면 사람 한 사람, 한 사람 각자 모두가 존재하고 있는 것만으로 그 존재 가치가 있고, 필요한 사람들이라는 것입니다.

세상 사람들을 보면 저 사람은 내가 그토록 혐오하고 싫어하는 사람인데, 그런 사람을 만나 행복하게 잘 사는 사람들이 있습니다. 때문에 MBTI에서 분류하고 있는 16유형의 사람들은 모두 세상을 지탱해 주는 소중한 존재들이라 할 수 있습니다.

따라서 어떤 기준이라고 하는 것은 나의 관점에서 '좋고 나쁨', 혹은 '옳고 그름'이지 타인에게도 모두 똑같이 적용되는 객관적인 기준이 아

선생님이 들려주는 결혼 이야기

니라는 것입니다. 그래서 여기에서 기준은 독자의 각각의 개인의 기준에 따른 이야기임을 알아 두면 좋겠습니다.

그래서 필자는 MBTI에서 제시하고 있는 기준을 중심으로 나의 성격적 특성과 비교하면서 그 기준을 중심으로 내 성격적 특성이 어느 지점 정도에 위치하는가를 가늠해 보고 그다음에는 내가 관심을 갖고 있는 상대가 어느 지점에 위치하는가를 대략 짐작해 보면 좋겠다는 생각입니다. 성격적 특성에 대한 아무런 기준이 없이 막연하게 생각하다 보면 혼란스럽거나 애매한 짐작을 만들어 낼 수 있습니다.

따라서 다음과 같은 표에 적어 보는 수고를 들여 보면 좀 더 현실적으로 접근하는 일이 될 것이라 생각합니다.

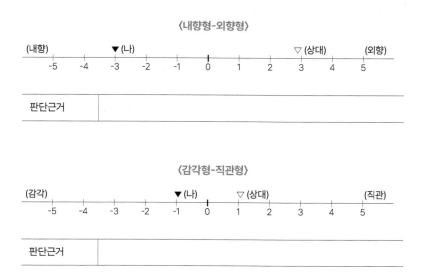

〈내향형-외향형〉

판단근거	

〈감각형-직관형〉

판단근거	

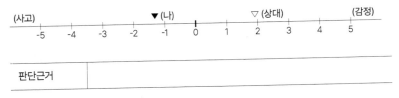

〈사고형-감정형〉

판단근거

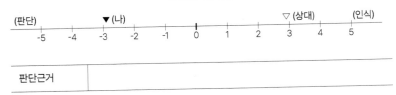

〈판단형-인식형〉

판단근거

이렇게 네 기준에 따라 도표상에 서로 성격적 특성이 자리하는 위치에 좌표를 찍어 보는 것입니다. 그러면 나와 상대의 간격이 어느 정도 되는지 시각적으로 확인해 볼 수 있습니다. 이를 통해 나와 상대의 부족한 점이나 결핍된 요소에 대해 나는, 혹은 상대는 얼마나 채워져 있고, 얼마나 많은 특징들을 가지고 있고, 또 얼마만큼 모자란가를 선명하게 가늠해 볼 수 있습니다.

이제 결혼이라는 것을 염두에 두었을 때, 이 MBTI 이야기를 근거로 이성을 보는 관점에 대해 몇 가지 이야기해 보겠습니다. 앞에서 언급했습니다만 사람들은 결혼을 통해서 나의 부족함을 채우려 하거나 나의 단점을 보완해 보려는 심리가 상당히 강합니다. 또한 결혼을 하게 되면 상대로부터 어떤 이득을 볼 수 있겠다는 기대 심리도 매우 큽니다.

선생님이 들려주는 결혼 이야기

예를 들어 내가 가난하게 살아왔다면 부자를 만나 가난으로부터 벗어나기를 바란다든지 또한 내가 많은 것을 배우지 못했다면 많이 배운 사람을, 또 내가 키가 작으면 큰사람을 만나 내 자녀의 키는 좀 크기를 바란다는 말입니다. 그런데 중요한 것은 이런 이득을 보는 관점에서 배우자를 선택하면 좋은 결과를 가져올 것 같지만 현실에서는 꼭 그렇지 못하다는 사실입니다.

상담실을 찾는 부부들이나 주변의 사람들을 보면 상대가 너무 말을 재미있게 잘하는 것에 매력을 느껴 결혼하게 되었답니다. 그런데 결혼하고 보니 배우자가 나하고는 말을 하지 않고, 다른 사람을 만났을 때만 재미있게 말한다는 것입니다. 그래서 불만이라고 합니다.

또 어떤 사람은 상대가 이성적이고 논리적인 사고를 가지고 있어서 매사에 끊고 맺는 것을 잘하는 모습에 반해서 결혼했답니다. 그런데 막상 함께 살아 보니, 너무 인간적인 맛이 없고, 차갑고 냉정하게 느껴져 살아가기가 어렵다고 하는 사람들도 많습니다.

그리고 가난한 사람이 부자를 만나 살면 물질적으로는 풍요를 누려서 좋을 줄 알았답니다. 그런데 막상 삶을 함께 살아 보니, 돈에 얽매여 노예처럼 살아서 힘들다고 말하는 사람도 많습니다. 그러니 내 결점이나 부족 부분을 만회하겠다고 생각하는 결혼은 또 다른 여러 면에서 어려움을 만나게 됩니다.

그래서 필자는 결혼을 생각하면서 나의 결함을 만회하기 위해서 접근하는 것은 매우 위험한 일이라고 생각합니다. 이는 행복보다는 어려움을 만나거나 불행을 만들어 낼 가능성이 많기 때문입니다.

따라서 결혼을 생각할 때에는 나의 부족함을 만회하려는 것보다 나와 성격적 특성이 비슷한 사람을 생각하는 것이 좋겠다고 생각합니다. 반대로 말하면 상대의 성격적 특성이 나와 너무 먼 거리에 있어서는 더 많은 불편거리를 만들어 낼 상대라는 것을 알아달라는 말입니다.

사람의 성격적 특성은 정말 수차례 강조해도 지나침이 없다고 생각합니다. 여기에 하나 더 들라고 하면 사람의 생활 태도나 습관이라 할 수 있습니다.

어떤 사람은 자기 생활 습관이 게을러 주변이 지저분해도 괜찮다고 생각하고 살았답니다. 그래서 집 안 청소쯤이야 2주에 한 번 정도 해도 별 상관하지 않았습니다. 그러다가 이렇게 지저분한 자기 모습을 보고는 스스로 한심하다는 느낌이 들어서 때로는 깨끗한 환경에서 살아가는 것도 좋겠다는 생각을 하게 되었답니다. 그래서 깔끔한 것을 좋아하는 사람에게 매력을 느꼈답니다. 그래서 결혼까지 하게 되었답니다. 나는 비록 깨끗하지 못하더라도 상대가 깨끗하다 보면 서로에게 도움이 될 것 같다는 생각을 했던 것입니다.

그런데 막상 결혼하고 보니, 상대는 내 지저분하고 청소하지 않은 모습을 보지 못했습니다. 그래서 늘 간섭하고 야단하고 비교하는 바람에 삶이 너무 괴롭다고 합니다. 서로 수용하면서 산다고 하나 그 간격이 너무나 크다 보니 스트레스가 되었다는 이야기입니다. 그래서 성격적 특성의 거리가 너무 먼 사람과 생활하는 것은 불편을 만들어 내 결과적으로 어려움을 만들어 낸다는 말입니다.

따라서 필자는 MBTI에서 제시하고 있는 네 가지 기준 중 모두가 어

선생님이 들려주는 결혼 이야기

굿나면 결혼 생활에서 많은 어려움이나 불편을 겪을 수 있다고 생각합니다. 그래서 결혼 배우자로서 성격적 특성은 이 네 가지 기준에서 다름이 적으면 적을수록 좋은 배우자일 거라고 생각합니다.

어떤 일을 만나 서로 다른 관점에서 보게 되면 '저 사람은 왜 저런지 모르겠습니다.' 혹은 '어찌 저런 사람이 있는지 모르겠습니다.' 하면서 서로 비난하기 쉽습니다. 내 관점에서 보면 상대를 도저히 이해할 수 없는 생각이나 결론에 이르게 됩니다. 그러면 결국 다툼이 되고 큰 싸움으로 이어져 불행을 만들어 내게 됩니다.

어려움을 호소하는 사람들의 성격적 특성을 분석해 보면 최소한 두 개 기준만 달라도 대화에서 상당한 차이를 느낀다고 합니다. 그래서 필자가 제안하고 싶은 것은 만일 성격적 특성에서 두 개 이상의 차이를 보이면 위 도표를 통해 확인해 본 것처럼 각 기준의 간격이 좁으면 좋겠다는 생각입니다. 그래야 두 사람이 사물을 보는 관점, 생활하는 방식, 사람을 대하는 양상 등에서 비슷한 성향을 보일 수 있기 때문입니다.

행복한 결혼 생활을 위해서 성격적 특성을 권하라고 한다면 필자는 넷 중 하나가 다르거나 거의 같으면 좋겠다는 생각입니다.

이런 경우에도 단점이 있기는 합니다. 발전이나 개선, 진보라는 차원에서 생각하면 정체를 낳을 수 있는 결정적인 결함이 있기 때문입니다. 하지만 결혼 생활이 행복해야 한다는 관점에서, 아니면 결혼 생활에서 불편이 적어야 한다는 관점에서 보면 그런대로 이런 조합이 좋겠다고 생각합니다.

이런 설명과 이야기는 매우 이상적인 상황이라고 할 수 있습니다. 하지만 굳이 이런 조합을 주장하고 따지다 보면 결혼이 이루어지지 않을 수도 있어서 꼭 바람직한 일이라고 할 수는 없습니다. '어떻게 이런 걸 조목조목 따져서 이성을 만나야 하느냐?'라며 '무슨 헛소리냐?'라고 반문할는지 모르겠습니다. 결혼을 생각하면 그 밖에 다른 조건들이 많기 때문입니다.

직장이 괜찮아야 하고, 수입은 어느 정도 되어야 하고, 키는 얼마나 커야 하며, 집안은 어때야 하고……. 얼마나 많은지 모릅니다. 여기에다 이런 성격적 특성을 추가해야 한다니 결혼이 더 어렵겠다는 생각이 들 수도 있습니다.

하지만 수많은 부부들의 사례를 보고, 또한 상담을 해 온 전문가 입장에서 보면, 행복한 결혼 생활을 위해서는 그 어떤 조건보다 가장 먼저, 각 개인의 성격적 특성을 고려하는 것이 그나마 나은 선택이라고 생각합니다. 왜냐하면 우리들이 주지하다시피 이혼하는 부부들의 이혼 사유를 들여다보면 대부분 성격 차이라고 말하고 있기 때문입니다. 따라서 결혼을 생각하고 있는 사람이라면 '이런 점, 이런 점'을 반드시 염두에 두면 좋을 것입니다.

그런데 많은 사람들은 결혼을 앞두고 가장 신경 써야 할 부분은 놔두고, 다른 곁가지들을 가지고 많은 시간을 낭비하고 고민하는 것을 봅니다. 인물을 보고, 직장을 따지고, 사회적인 지위를 생각합니다. 정작 결혼 생활에서 중요한 성격적 특성이나 생활 습관은 안중에도 없습니다. 그러니 결혼 생활에서 어려움을 겪습니다. 본말이 전도되었다

선생님이 들려주는 결혼 이야기

고 할 수 있습니다. 정작 중요한 요소들을 안 보고 껍데기만 살펴 결혼하다 보니, 시간이 흐를수록 가정의 문제, 부부의 문제들이 줄어들지 않고 점점 더 많아지고 있다고 생각합니다.

지금까지 사람의 성격에 대해 길게 이야기를 했습니다. 아무리 길게 이야기하고 아무리 오랫동안 성격을 탐험한다고 해도 내게 딱 들어맞는 이성을 얻는 일은 쉽지 않은 일임에는 틀림없습니다. 그렇다고 궁합에 연연하는 일도 지혜로운 일이 아닐 것입니다.

따라서 결혼을 생각할 때에는 어떤 일이 있더라도 필자의 이야기를 발판으로 내게 어울릴 법한 이성을 얻도록 노력하는 일은 게을리하지 말아야 할 것입니다. 아무쪼록 이 이야기가 결혼을 생각하고 있거나, 아니면 결혼을 위해 이성을 찾고 있는 사람들에게 어느 정도 도움이 되면 좋겠습니다.

끝으로 성격에 관한 이야기를 마무리하면서 평생 결혼 생활에 대해 연구해 온 존 가트맨 박사의 조언을 들어 보겠습니다.

"행복한 결혼 생활을 하는 사람들은 성격적 결함이 없는 사람들이 아니라 많은 결함에도 불구하고 삶 속에서 만나는 어려움을 능수능란하게, 지혜롭게 헤쳐 온 사람들입니다."

그래서 우리는 가트맨 박사의 말을 생각하면서 행복한 결혼 생활을 위해서는 나름대로 공부하고 노력해서 지혜를 얻어야 하겠습니다. 결혼을 향한 여러분의 도전이 행복의 길로 이어지기를 간절히 소망합니다.

기준	구분		차이 수	수용 여부
에너지 사용	내향형	외향형		
인식 형태	감각형	직관형		
판단 형태	사고형	감정형		
생활 양식	판단형	인식형		

※ 오른편에 차이가 나는 수를 기록하고 수용 여부도 기록해 보기 바랍니다.

⟨이것만은 꼭! 핵심 요약정리⟩

- 나의 성격적 특성과 이성의 성격적 특성의 간격을 확인해 보세요.
- MBTI에 따른 구분의 간격이 좁을수록 부부 사이를 좋게 만든다고 생각합니다.
- 자기 성격과 이성의 성격이 대척점에 놓인 경우 불편을 경험할 확률이 높습니다.
- 행복은 밖에서 주어지는 것이 아니라 내 마음 안에 자리하고 있음을 기억하십시오.

선생님이 들려주는 결혼 이야기

이런 사람이 좋아요

이 장을 처음 시작하면서 "선생님, 어떤 사람이 나와 어울릴까요?"라는 질문으로 출발했습니다. 이제 여기에서 처음 시작하면서 받았던 질문에 대한 필자의 생각을 정리해 보려고 합니다.

사람도 동물이다 보니 커다란 관점에서 보면 "어떤 특정한 사람이 어울리느냐?"라는 말에는 다소 오류가 있다고 생각합니다. "어떤 사람이 내게 어울리느냐, 혹은 어울리지 않느냐?"라는 물음에 대한 적절한 답이 없기 때문입니다.

결정적인 이유라고 하면 세상에는 필요 없는 사람은 없을 뿐만 아니라 세상을 구성하고 이루는 데 필요치 않은 사람은 하나도 없기 때문입니다. 사람은 모두 서로 다른 환경에서 자랐을 뿐만 아니라, 나와 전혀 다른 사람들이라서 누구나 다 각각의 독특한 성격적 특성을 지니고 있습니다. 따라서 내게 꼭 맞는, 그리고 그 반대로 어울리지 않은 사람은 없다고 할 수 있습니다.

그래서 행복이라는 것도 내가 어떤 생각을 가지고, 어떤 태도로, 어떤 언어를 가지고 서로에게 맞춰 살아가느냐에 달려 있지, 미모나 재력, 생김새, 혹은 체력이나 신체 크기도 내게 어울리는 어떤 조건이 되지 못한다는 이야기입니다.

탁월한 미모를 지닌 사람도 결혼했다가 헤어지는 사람들이 많고, 미모가 없다고 생각하는 사람도 행복하게 잘 사는 경우가 많습니다. 따라서 외적인 어떤 조건이 사람을 행복으로 이끌어 주지 않는다는 점은 분명한 사실입니다.

그래도 이성을 지닌 존재로서 결혼을 생각하고 배우자를 선택하게 된다면 어떤 생각들을 가지면 좋을지에 대한 필자의 생각들을 말해 보려고 합니다. 어쩌면 가장 원론적이고, 가장 모범적인 말이 되는지 모르겠습니다. 아무튼 필자의 생각을 기준으로 말씀드려 봅니다.

1. 성격이 나와 비슷한 사람이 좋아요

앞에서 우리는 긴 시간 동안 사람의 성격적 특성에 대해 알아봤습니다. 하지만 성격의 특성을 충분히 알고 있더라도 거기에 따른, 내가 원하는 결혼 상대자를 얻는다는 것은 쉬운 일이 아닙니다. 사람의 성격이라는 것이 워낙 다양할 뿐만 아니라 자라난 배경이나 환경이 전혀 달라 우리가 예상할 수 없는 독특한 성격을 만들어 내기 때문입니다.

그렇다고 하더라도 이성이나 배우자를 선택하는 기회가 주어진다면

선생님이 들려주는 결혼 이야기

나름대로 알고 있는 성격적 특성을 동원해서 생각해 보는 것은 매우 지혜로운 일이라고 생각합니다.

이성과 데이트하면서 대화를 통해 자기와 성격적으로 비슷한 부분을 알아내고, 어긋난 부분들을 찾아보면 좋을 자료가 될 것입니다. 이를 통해 같은 부분은 더 발전시키는 계기로 삼고, 다른 부분이 있다면 여기에 내가 어느 정도 맞출 수 있는지 짐작해 보면 도움이 될 것입니다.

또한 어떤 일이나 현상을 두고 호불호好不好를 나타내는지, 그리고 어떤 유형의 사람을 좋아하고, 싫어하는지 그 경향을 알아보는 것입니다. 그리고 어떤 일을 하는 태도와 임하는 방식, 변화를 수용하는 태도 등이 어떻게 나타나는지 살펴보는 것입니다.

말이나 생각만으로 할 것이 아니라 실제 있었던 구체적인 일을 가지고 설명해 달라고 하거나 그런 일을 만났을 때 어떻게 처리하는지, 혹은 어떻게 대처하는지 등을 살펴보면 상대를 이해하는 데 많은 도움이 될 것입니다. 이렇게 하는 것이 막연한 일을 가지고 두루뭉술하게 접근하는 방식으로 데이트하는 것보다 훨씬 더 효과적입니다.

또 취미라고 하면 어떤 것들에 관심을 갖고 있는지, 요트나 스키, 사이클 등 활동적인 것을 좋아하는지, 아니면 그림 그리기, 서예, 글쓰기, 봉사 활동 등 비교적 움직임이 적은 활동에 관심이 많은지, 종교를 가지고 있다면 왜 그 종교에 매력을 가지고 신앙생활을 하고 있는지, 혹은 종교 활동을 어떤 형태로 하는지, 그 모임에서 다른 사람들이 하는 대로 따라가는지, 아니면 모임에 앞장서서 끌고 나가는지 살펴보면 좋습니다.

또 상대가 삶 속에서 귀하게 여기는 것은 무엇인지, 무엇을 도덕적인 것으로 알고 준수하는지, 행동할 때에 자기 중심적인지, 혹은 어떤 목적을 이루어야 하겠다는 성취 지향적인 성향을 지녔는지, 아니면 다른 사람과 협력적인 일에 관심을 가지는지 등에 대해 살펴봅니다. 만일 이러한 태도나 모습이 보이지 않으면 직접 물어봐도 좋을 것입니다.

또한 집에서 어머니 아버지가 다투는 과정을 물어보아도 여러 힌트를 얻을 수 있습니다. 옛말에 자녀를 알려거든 그 부모를 보라는 말이 있습니다. 부모의 삶의 방식은 자녀 성격의 본질이기 때문입니다. 누가 더 싸움을 잘하는지, 누가 주로 이기는지, 이기는 방법이 논리인지 윤리인지, 힘을 사용하는지 등을 서로 말해 보는 것입니다. 그리고 나는 누구를 지지하는지, 또한 지지하는 그 이유는 무엇인지 등도 물어보아도 좋습니다. 이런 이야기는 그 사람의 됨됨이나 가정 환경을 판단하는 데 많은 도움이 됩니다.

그런데 데이트를 즐기는 사람들을 보면 성격 특성을 고려하지 않고 그냥 짜릿한 감정에 사로잡혀 그저 만남 자체만을 즐기려는 사람들이 있습니다. 그러니 어떤 사람들은 10년을 연애하고도 모르고, 속아서 결혼했다는 말을 합니다. 행복을 꿈꾸는 사람들의 바른 태도라고 할 수 없습니다.

때문에 우리는 내가 지금 만나고 있는 사람의 성격적 특성을 파악하고 나와 어떤 비슷한 점을 가지고 있는지 파악할 수 있어야 합니다. 지혜로운 사람은 데이트를 이성의 사람 됨됨이를 알아보는 기회로 삼습니다. 이를 통해 결혼 상대자는 나와 성격적 특성이 비슷한 사람을 택

선생님이 들려주는 결혼 이야기

하는 것이 현명한 일이라고 생각합니다.

2. 말을 잘하는 사람이 좋아요

사람은 태어나면서부터 언어로 의사소통을 합니다. 손짓·발짓을 사용해서 생각을 전달하는 경우도 있지만 대부분 언어로 의사를 전달합니다. 따라서 사람이 말을 잘하는 것은 생활의 기본이자 그 사람의 가치라 할 수 있습니다.

이렇게 말하면 사람들은 "세상에 말을 못하는 사람이 어디 있느냐?"라고 반문할는지 모르겠습니다. 하지만 사람들이 말하는 모습을 보면 말을 제대로 하는 사람들이 드문 것을 볼 수 있습니다.

일반적으로 사람들은 공부를 많이 한 사람이라면 말을 잘할 줄로 압니다. 아는 것이 많아 말을 많이 그리고 유창하게 잘 할 것 같기 때문입니다. 그런데 실제 말하는 모습을 보면 그 사람의 공부나 지식의 소유 여부와 상관없는 것을 볼 수 있습니다. 공부를 많이 한 사람들은 지식을 장황하게 늘어놓아 자기 박학다식함을 자랑할 수 있을는지 모르지만 필자가 여기에서 말하는 '말을 잘하는 사람'이라고는 할 수 없습니다.

여기에서 '말을 잘하는 사람'이란 말을 부드럽게 할 뿐만 아니라 상대의 입장을 고려해서 말하고, 상대의 인격을 존중하는 말을 사용하는 사람을 말합니다. 방향을 바꿔 말하면 남의 마음을 아프게 하고,

무시하고, 비꼬고, 비난하고, 명령하고, 따지고, 상처를 주는, 그러니까 배려가 없는 말을 사용하지 않는 사람을 말합니다.

결국 의사소통을 잘하는 사람이라 할 수 있습니다. 비난하고 무시하고 함부로 대하는 사람과는 마음을 주고받는 대화를 나눌 수 없기 때문입니다.

일반적으로 사람들이 대화하는 모습을 보면 말은 많되 격려하고 칭찬하고 에너지를 주는 말은 적게 합니다. 알 수 없는 무슨 말을 끌어다가 상대보다 앞서려고 하고, 상대를 무너뜨리려 하고, 상대보다 내가 더 낫다는 것을 증명하는 데는 능수능란합니다. 그래서 대화를 짧고 불편하게 만들어 놓습니다.

이유가 있다면 말하는 것에 대한 노력이나 공부를 하지 않아서입니다. 그냥 자기가 자라면서 환경 속에서 배우거나 익혀 온 습관을 따라 그대로 사용하고 있기 때문입니다. 그래서 대화라고 나누는 것이 오히려 대화를 줄어들게 만들고, 끊어 놓고, 심지어 상처를 주고 사람을 괴롭히는 말을 하는 경우가 많습니다. 더욱이 결혼하게 되면 배우자나 가족에게 치명적인 아픔을 주는 말을 잘 하기도 합니다. 이런 사람을 좋은 배우자라 할 수 없습니다.

우리는 때때로, 사회 지도층이라고 하는 사람들이 말의 형식과 때를 몰라, 혹은 해야 할 말과 해서는 안 될 말을 구분하지 못해서 구설수에 오르거나 높은 자리에서 물러나는 경우를 자주 봐 왔습니다. 한두 마디 말로 사람의 생명을 살리기도 하고, 죽이기도 합니다. 이런 일을 우리는 주변에서 자주 봐 왔습니다. 그래서 이 말을 잘하는 것은 사회에서 뿐만 아니라 개인이나 부부 생활에서도 매우 중요합니다. 어떻게 보면 우리 생활에서 말은 삶을 유지시켜 주는 공기나 밥과 같은 존재라 할 수 있습니다.

그래서 이성이 사용하는 말의 방식은 배우자나 반려자로서 무시할 수 없는 중요한 자질이라고 할 수 있습니다. 그래서 우리는 배우자를 생각할 때면 반드시 언어 사용 패턴, 말하는 태도 등을 잘 살펴볼 필요가 있습니다.

부부 생활을 탐구해 본 많은 연구자들은 행복은 부부가 사용하는 언어에서 행복과 불행으로 나눠진다고 말합니다.

행복한 사람은 배우자를 존경하고 위로하고 용기를 주는 말을 하는 반면, 헤어지는 사람들은 트집 잡고, 흠을 보고, 욕하고, 비난하고 야단하는 말을 잘 사용한다는 것입니다.

결혼 생활을 후회하는 사람들 가운데는 이 언어 사용 습관을 무시하거나 가볍게 여겼다가 불행을 경험한 사람들이 많습니다. 그래서 우리는 배우자의 언어 습관을 반드시 챙겨 볼 필요가 있습니다.

사람들이 말하는 모습과 형태를 보면 그 사람의 삶과 자라온 환경이나 배경 등도 알 수 있습니다. 뿐만 아니라 그 사람의 인격도 알 수 있습니다. 그래서 필자는 결혼 대상자를 생각할 때에는 말을 잘하는 사람이 좋다고 생각합니다. 그런 사람이라고 하면 말을 많이 하는 사람이 아니라, 또한 말을 재미있게 하는 사람이 아니라, 말을 큰 소리로 하는 사람이 아니라 상대 말을 존중해 주고 상대 마음을 헤아리면서 자기 의견을 말하는 사람이라고 할 수 있습니다.

부부 생활을 연구하고 있는 존 가트맨John Gottman 박사는 오랜 연구를 통해 부부들이 말하는 모습을 3분만 살펴보면 이들이 장차 행복한 결혼 생활을 꾸릴 것인가, 아니면 헤어지는 길을 갈 것인가를 96퍼센트나 정확하게 예측한 바 있습니다. 그만큼 부부가 사용하는 말은 중요하다고 할 수 있습니다. 말에는 부부의 행복한 결혼 생활 여부를 결정하는 중요한 정보가 담겨 있기 때문입니다.

따라서 데이트할 때에 상대의 언어 사용 패턴이나 방식을 잘 살펴볼 필요가 있습니다. 우선 겉으로 드러나는, 쉽게 구분이 가능한 말의 형태를 살펴보는 것입니다. 공손한 말을 사용하는가 아니면 거친 말을 함부로 사용하는가? 또는 존댓말을 사용하는지, 천한 말을 사용하는지, 남을 존중하는 말을 사용하는가, 아니면 상대를 무시하고 낮게 여기는 말을 사용하는지 등을 살펴보는 것입니다.

이런 판단은 상대가 운전하는 모습만 보아도 쉽게 구분할 수 있습니다. 교통 법규를 어기는 사람을 만났을 때, 이를 대하는 그 사람의 반응을 보는 것입니다. 너그럽게 대하는지 아니면 신경질적인 반응을 보이는지, 아니면 거짓말을 하는지, 욕을 해 대는지, 등을 살펴보면 됩니다.

또 어려움에 처한 사람이나, 어떤 일에 실수한 사람을 대하는 모습만 봐도 됩니다. 상대 처지를 이해해 주는 태도를 취하는지, 아니면 비난이나 욕부터 먼저 하고 보는지, 아니면 그 원인을 따져 보는 사람인지, 아니면 당장에 짜증을 내는지, 그것도 왕짜증을 내는지 살펴보는 것입니다. 그러면 금방 가늠할 수 있습니다.

선생님이 들려주는 결혼 이야기

또 내가 어떤 실수를 했을 때, 혹은 상대가 실수를 했을 때 사용하는 말투를 보면 당장 그 사람의 언어 습관이나 태도를 짐작할 수 있습니다. 내 실수를 보고 야단하는지, 아니면 비난하는지, 아니면 비꼬는가, 업신여기는가 아니면 무시하는지, 그리고 같은 실수를 반복적으로 했을 때 말하는 형태 등도 말하는 태도의 판단 근거가 될 수 있습니다. 전에 했던 실수를 꺼내 다시 언급하는지 등 그 상황에서 표출하는 상대 태도 등을 살펴보는 것입니다. 그리고 내가 실수를 했을 때, 상대가 말하는 양상이나 강도가 내게 어떤 감정을 만들어 내는지 점검해 보면 상대의 언어 습관을 점검해 볼 수 있습니다.

반대로 자신이 실수를 했을 때, 그 실수를 인정하는 그 사람의 태도를 살펴보는 것입니다. 자기 실수를 인정하지 않고 내게 돌리거나, 혹은 다른 사람을 탓하거나, 심지어 사회를 탓하는지 등 그 모양을 살펴봅니다. 이런 모습은 결혼 생활을 행복하게 만들 것인지, 아니면 짜증이나 불편을 만들어 낼 것인지에 대한 중요한 기준이 됩니다.

결혼은 육상 경기로 말하면 단거리가 아니라 마라톤이라 할 수 있습니다. 한두 번의 짜증이나 탓이라고 하면 누구나 견딜 수 있습니다. 그러나 수시로, 무슨 일을 만날 때마다, 오랜 기간 계속되는 실수나 지적, 짜증, 불평 등은 결혼 생활을 매우 힘들게 만듭니다.

사람들의 언어 사용 습관을 간단하고 쉽게 알아볼 수 있는 방법도 있습니다. 긍정적인 말과 부정적인 말의 빈도를 살펴보면 됩니다. '할 수 있어', '괜찮아', '그럴 수 있어', '실수는 누구든지 할 수 있는 거야' 등과 같이 긍정적인 말을 자주 사용하는지, 아니면 반대로 '안 돼', '어려워', '힘들어', '귀찮아'처럼 부정적인 말을 자주 사용하고 신경질 부리는 느낌을 담아 말하는지 살펴보는 것입니다.

이혼하는 부부들의 이야기를 들어 보면 이혼의 원인으로 상대의 체력이나 미모, 혹은 돈을 벌지 못하는 경제적인 어려움, 아니면 신체적인 부족함, 키가 크거나 작아서, 혹은 일을 하지 못하거나, 아니면 가사 일 분담을 실천하지 않아서, 혹은 아내나 남편의 말을 듣지 않아서, 등과 같은 원인을 들지 않습니다. 이들이 불편을 주기는 하지만 결정적인 요소로 작용하지 않는다는 것입니다.

사람들은 이혼의 주요 원인으로 상대의 말과 말하는 태도를 꼽았습니다. 시도 때도 없이 무시하는 말을 하거나 실수나 잘못이라면 모두 내게 덮어씌우거나, 자기 잘못은 발뺌하면서 내 잘못은 확대해서 말하거나 자존심을 몹시 상하게 하는 말들이라는 것입니다. 이것들이 싸움으로 이어지고, 그 싸움이 커져서 더 이상 버틸 수 없게 되어 이혼에 이르게 되었다는 것입니다.

따라서 상대가 사용하고 있는 언어의 유형, 말하는 태도, 등은 미래에 행복한 결혼 생활을 가늠해 볼 수 있는 매우 중요한 기준이라 할 수 있습니다. 그래서 이성을 만나서 교제할 때에 그 사람이 사용하는 언어를 살펴보는 것은 매우 중요한 일이라 하겠습니다.

필자가 학교에서 재직하는 동안 겪었던 일입니다. 학생들 가운데 유독 욕을 잘 사용하는 아이들이 있습니다. 이들은 그냥 보통 때 특별한 상황이 아닌데도 친구들이나 선생님에게 욕을 사용합니다. 또는 조금만 자기 기분이 상하거나 언짢아지면 바로 욕을 사용하기도 합니다.

선생님이 들려주는 결혼 이야기

또 친구들은 물론 선생님들의 지도를 받고 나서 기분이 나쁘면 욕을 함부로 내뱉기도 합니다.

그래서 아이들에게 욕을 사용하게 된 배경을 물어봅니다. 그러면 집에서 엄마나 아빠가 욕을 잘 사용한다고 합니다. 그 가정 환경을 짐작해 볼 수 있는 단서이기도 합니다. 그래서 사람들은 어떤 사람의 언어 습관을 보려면 그의 부모가 사용한 언어를 보라는 말을 하기도 합니다.

우리 속담에도 "가는 말이 고와야 오는 말이 곱다."라는 말이 있습니다. 우리에게 너무 잘 알려진 말이라서 우리들이 가볍고 하찮게 여길 수 있는 말입니다. 하지만 이는 매우 소중한 속담입니다. 아무리 좋은 사람이라도 계속해서 좋지 않은 말에 노출된다든지, 곱지 않은 말을 들으면 기분이 상하기 마련입니다. 또 "말 한마디에 천 냥 빚도 갚는다."라는 속담도 있습니다. 우리 생활에서 말이 차지하는 비중은 그만큼 크다고 할 것입니다. 부부 사이에서 나누는 말은 부부 생활의 삶의 질을 결정해 주는 중요한 요소가 됩니다. 때문에 이성과 교제할 때에는 반드시 이성의 언어 습관을 점검해 볼 필요가 있습니다. 배우자 역시 말을 잘하는 사람이 좋기 때문입니다.

3. 타인의 감정에 민감한 사람이 좋아요

타인의 감정에 민감한 사람이라고 하면 위에서 언급했던 것처럼 말을 잘하는 사람과 연관 지어 생각해 볼 수 있습니다. 내가 좋아하거나 대화를 나누고 싶은 사람은 나의 감정을 잘 받아 주고 나의 입장을 이해해 주는 사람일 것입니다. 즉 타인의 말과 감정에 잘 공감하는 사람, 상대의 감정을 느끼고 수용해 주는 사람 등은 분명 말을 잘하는 사람이라 할 수 있습니다.

일반적으로 사람들은 타인의 감정에 둔감하고 자기 감정이나 자기 말만 하는 사람을 멀리하려고 합니다. 더구나 부부로 살다 보면 늘 주어진 삶이 계속 반복되는 일상이어서 늘 그렇고 그런 단조로운 일상이 계속됩니다. 그래서 하루에 말 한마디 없이 지내는 경우도 허다합니다. 그래서 상대의 감정에 민감하지 못하면 대화를 나누는 횟수와 시간은 더욱 더 줄어들 수밖에 없습니다. 따라서 결혼 대상자라고 하면 타인의 감정에 민감하고 여기에 적극 혹은 잘 반응하는 사람이 좋겠다고 생각합니다.

정신의학에서는 다른 사람의 감정에 공감할 줄 모르거나 도덕적인 양심이 없는 사람을 '소시오패스'라고 규정하고 있습니다. 이 말은 '소시오socio'와 병리 상태를 의미하는 '패시pathy'의 합성어입니다. 타인의 감정에 무딘 사람을 정신의학에서는 반사회적 인격 장애자 소시오패스로 분류하고 있습니다.

보통 사람들은 자기 행동으로 인해 누군가가 피해를 받으면 마음에 불편을 느끼고 미안한 마음을 갖게 됩니다. 그런데 이런 사람들은 타인의 불편한 감정을 전혀 느끼지 못하거나 스스로 느낄 필요가 없다고 여깁니다. 따라서 잘못을 저지르고도 양심을 덮고 무시하거나 타인에 대한 이해심이 온전히 결여된 태도를 보입니다. 속칭 낯이 두꺼운 사람이라고도 할 수 있습니다. 그래서 함께 한 사람을 괴롭히는 일을 서슴치 않고 도리어 뻔뻔스러운 태도를 보입니다.

이런 사람들은 자기가 어떤 잘못을 해 놓고도 상대방의 마음이나 입장은 살피지 않고 아주 무시합니다. 그래서 불편하다고 이야기하면 '그래서 어쩌라고?' 하면서 철판을 둘러쓰고 아주 당당한 태도를 보입니다. 그러면 이런 사람을 어떻게 대응할 방법이 없습니다.

우리가 사는 세상에는 소시오패스라는 정신과적인 분류에 해당되는 사람들이 의외로 많습니다. 혹 정신과적인 진단을 받지 않은 사람이라 할지라도 우리 주변에는 이와 비슷한 말이나 태도를 하는 사람들이 많습니다. 때문에 함께 하는 사람들이 불편을 겪게 됩니다. 그래서 결혼해서 함께 살아갈 사람이라면 타인의 감정에 민감한 사람이 좋다고 생각합니다.

내가 아파도 관심이 있는 둥 없는 둥, 내가 힘들어하면 '그것이 네 잘못이니까 네가 알아서 하렴', '더 힘들어 봐야 안다니까' 하면서 공감을 할 줄 모르는 사람은 배우자로서 곤란합니다. 부부는 배우자의 삶에 공감하고 괴로움이라면 함께 나누고 덜어 주려고 노력하고, 상대의 불편을 직접 느끼고 해소해 주려고 노력하는 사람어어야 합니다. 여기에서 부부는 서로 사랑과 정을 느끼고 부부됨의 가치를 누리게 됩니다.

그런데 타인의 감정을 의도적으로 외면하거나 무시하는 사람과 함께 살아간다는 것은 행복해야 할 가정이 지옥이나 다름없습니다. 따라서 교제하는 과정속에서 이 사람이 타인의 감정에 어느 정도 민감한 반응을 보이는지, 혹은 그 반응이 적절한가에 대한 점검이 필요하다고 생각합니다.

4. 집착이 심한 사람은 부담스러워요

결혼식을 이제 막 하는 사람들의 모습을 보면 너무 좋아서 어쩔 줄 모르는 표정을 읽을 수 있습니다. 서로 사랑해서 이뤄진 결혼이라 몹시 행복한 모습을 보입니다. 쉽게 말하면 세상에서 이보다 더 좋은 사람을 얻는 것은 불가능한 일처럼 여겨 만족감에 매우 흐뭇한 표정을 합니다. 분명 좋고 행복한 일임에 틀림없습니다. 하지만 불편한 진실은 이렇게 좋고 행복하게 여기는 일들이 결혼 생활에서 부담이 되거나 혹은 불편으로 작용하는 경우가 많다는 것입니다.

그 쉬운 예로 상대가 너무 잘나고 좋은 사람이라면 그 사람에 대한 다른 사람들의 평가도 비슷하게 이뤄집니다. 그래서 누구나 그런 사람을 좋아하고 탐내게 되어 있습니다. 누구나 그렇게 좋은 점을 지닌 사람과 대화 나누기를 원하고, 함께 모임을 한 경우라면 같이 지내기를 좋아하고, 관심을 갖게 됩니다. 혹은 같은 부서에서 같이 일하기를 원하기도 합니다.

여자 입장에서 생각해 보겠습니다. 내 남편은 누가 봐도 잘생겼고, 돈도 많고, 집안도 좋고, 직장도 좋습니다. 이런 조건이라면 남편을 어디에 내놓아도 자랑할 만합니다. 이런 남자를 나만 좋아하면 괜찮을 일인데, 다른 사람들도 좋아하고 탐 낸다는 것입니다. 그러면 자기도

선생님이 들려주는 결혼 이야기

모르는 사이에 남편에게 집착하게 됩니다. 그래서 간섭하고, 제지하고 관리에 들어가기도 합니다. 그러면 행복한 결혼 생활이 당장 불편하게 됩니다.

또한 남편의 조건이 좋으면 자랑을 늘어놓을 때는 좋은데, 어느 순간 나 자신을 돌아보면 남편에 비해 못하다는 생각에 이르게 됩니다. 남편을 자랑하고 싶은데 그러면 그럴수록 나는 초라하게 느껴지게 됩니다. 그러면 어느 순간 다른 사람들이 남편에게 관심 갖는 것을 불편하게 여기게 됩니다. 남편이 길거리에서 다른 여자들을 보는 것조차 불편하게 느낍니다. 남편이 나보다 더 잘난 여자를 좋아한 것 같다는 생각을 가지게 됩니다. 여기에서 열등감이 생겨나게 되고, 상대를 의심하는 일로 발전하기도 합니다.

남자도 마찬가지입니다. 누구보다 예쁘고 능력 있는 여자를 아내로 맞았습니다. 그러면 어디서나 자랑하고 싶고 좋아할 일입니다. 하지만 어느 순간 아내가 나보다 모든 면에서 더 뛰어난 것을 인식하게 됩니다. 그러면 남편 역시 어느 순간 열등감을 느끼고 아내에게 집착하게 됩니다.

어느 누구도 살다 보면 열등감이라는 것을 느낄 수도 있습니다. 그런데 이 열등감이 지나쳐 상대에게 집착이라는 형태로 나타나기 시작하면 문제가 됩니다. 이 집착이라는 것은 열등감을 심하게 느끼면 느낄수록 더 강한 형태로 나타납니다. 그래서 부부간에 싸움을 유발하게 만들고, 결국은 서로에게 상처를 주는 일을 만들기도 합니다. 따라서 집착은 부부간의 불화의 원인이 됩니다.

사실 결혼이라는 것은 부부가 더 자유롭고 편안하고 행복해 지기 위해서 합니다. 예를 들어 집안일이 열 개인 경우, 혼자 할 때는 열 개를 모두 다 혼자 해야 합니다. 하지만 둘이 나눠서 하면 반으로 줄어듭니다. 부모님을 모시거나 자녀를 돌보는 일도 마찬가지입니다. 나 혼자 있으면 모든 것을 내가 책임지고 전부 감당해야 합니다. 하지만 둘이 번갈아 하면 부담을 반으로 덜 수 있습니다. 결혼의 이점이라 할 수 있습니다. 따라서 결혼을 하게 되면 부부 모두 더 자유롭고 편해야 합니다.

그런데 부부에게 집착이라는 것이 찾아오면 자유로워야 할 부부들이 상대를 구속하기 시작합니다. 대외 활동을 하지 못하게 막는다든지, 친구들과 만남을 못 하게 한다든지, 사회 활동을 못 하게 막기도 합니다. 밖에서 활동하는 것을 의심하기 시작하고, 제지하기 시작합니다. 그러다가 이런 집착을 스스로 해소하기 위해 작은 잘못을 들어 트집을 잡고 싸움의 빌미로 삼기도 합니다.

부부로 살면서 상대에게 서로 집착한다는 것은 부부 사이에서 불편한 요소가 됩니다. 때문에 결혼에 앞서 이성에게 집착하는 태도 여부를 살펴보는 것도 좋은 일입니다.

어떤 사람들은 이 집착을 사랑으로 알고 올인 했다가 신혼때부터 어려움을 겪는 것을 봤습니다. 집착에 대한 점검은 앞으로 다가올 불행을 예방하는 주사와 같습니다. 따라서 필자는 부부 생활에서 집착은 근본적으로 문제가 된다고 생각합니다.

지금까지 집착이 형성되는 과정과 그 원리와 결과를 알아봤습니다.

선생님이 들려주는 결혼 이야기

이성을 만나면서 결혼을 통해서 상대로부터 무슨 이득을 얻으려고 생각하면 집착으로 이어져 불행을 만날 수 있습니다. 그러니까 잘생기고, 예쁘고, 멋있고, 능력 있고, 돈이 많아서 내가 덕을 좀 볼까를 생각하고 교제하거나 결혼하게 되면 집착으로 연결될 가능성이 높습니다. 따라서 먼저 결혼에서는 이득보다는 내가 배우자에게 무엇을 보태줄까를 생각하는 것이 불행을 막는 안전망이라고 할 수 있습니다.

아무튼 이성이나 배우자로서 집착을 보이는 사람은 서로에게 부담을 준다는 사실을 말씀드렸습니다. 필자는 우리들이 결혼을 생각할 때에 한 번쯤은 꼭 점검해 봐야 할 내용이라고 생각합니다.

지금까지 우리는 결혼 상대자로 어떤 사람이 좋을까, 혹은 어울릴까에 대한 이야기를 늘어놓았습니다. 성격이 나와 비슷한 사람, 말을 잘하는 사람, 타인의 감정에 민감한 사람, 집착이 없는 사람 등이 좋은 배필감이라는 이야기를 했습니다.

이런 설명을 듣고 결혼 대상자로 이런 사람을 찾아 나서는 분이 있을는지 모르겠습니다. 그렇다면 참으로 무모한 일 가운데 하나를 실천하려고 하는 일이 될 것입니다. 세상에는 이런 사람이 정말로 드물기 때문입니다. 아니 없다고 해야 할는지 모르겠습니다.

세상에 이런 사람이 없을 줄 알면서도 필자가 이런 사람의 요건을 언급한 것은 결혼을 생각하는 사람들이 이런 배우자감을 찾아 나서 달라는 차원에서 정리한 말이 아닙니다.

이유가 있다면 이 글을 읽는 독자 여러분들이 여기에서 언급한 조건의 내용과 비슷한 유형의 사람이 되어 달라는 바람 때문입니다. 다른 사람이 아닌 바로 내가 결혼 생활을 하면서 이런 사람이 되는 것입니다. 그러면 우리들이 그토록 꿈꾸었던 행복한 결혼 생활을 누릴 수 있기 때문입니다.

이러한 도전에 참여하고 노력하려는 여러분의 다짐에 힘찬 응원의 박수를 보냅니다.

〈이것만은 꼭! 핵심 요약정리〉

- 성격이 나와 비슷한 사람이 좋아요.
- 배우자로는 말을 잘하는 사람, 언어 습관이 좋은 사람이 좋아요.
- 타인의 감정에 민감한 사람이 좋아요.
- 집착이 심한 사람은 부담스러워요.
- 내가 이런 조건을 갖춘 사람이 되어야 한다는 점을 기억해요.

선생님이 들려주는 결혼 이야기

연애를 잘해 봐요

　　요즘 젊은이들은 결혼을 가볍게 여기거나 결혼 자체를 거부하는 즉 비혼을 생각하고 있는 사람들도 많습니다. 하지만 이런 사람들 역시 모두 결혼에 대한 생각이 아예 없거나 거부하는 것은 아니라고 생각합니다.

　　젊은이라면 누구나 결혼에 대한 동경을 가지고 있지만 사회적인 기준이나 자신이 처한 환경, 그리고 주변 여러 여건을 살펴보아 쉽지 않겠다는 판단에서 결혼을 보류하거나 지체하고 있다고 생각합니다.

　　이들 가운데는 결혼을 위한 노력을 기울여 보지도 않고 결혼을 대수롭지 않게 여기거나, 가만히 있으면서 누군가가 내게 다가와 결혼하자고 청혼하기를 바라는, 헛된 꿈을 꾸는 이들도 있습니다. 이들에게 "결혼을 왜 하지 않고 있느냐?"라고 물어봅니다. 그러면 아직 원하는 상대가 나타나지 않아서 그런다는 변명을 늘어놓습니다. 그래서 이런 사람들에게 필자가 조심스럽게 조언해 볼까 합니다.

결혼을 하기 위해서는 혼자서는 할 수 없는 노릇입니다. 상대인 이성이 있어야 합니다. 그래서 결혼을 위해서는 우선 이성을 만나는 일이 선행되어야 합니다. 그렇다고 길거리에 나가 혼자 가만히 앉아 있는 것으로는 곤란합니다. 결혼을 위해서는 이성을 만나기 위한 적절한 행동과 노력이 필요하다는 말입니다.

세상에는 무엇이든지 공짜로 거저 주어지거나 얻어진 것은 없습니다. 아무런 노력을 기울이지 않는데도 그냥 좋은 이성이 스스로 나타나 내게 청혼하는 일은 일어나지 않습니다. 만약 이를 바란다면 바보들이나 하는 일일 것입니다. 이성을 만나는 일 자체가 쉽지 않은 데다가 결혼으로 이어지는 것은 더 어려운 일이기 때문입니다. 그래서 그저 가만히 있는 소극적인 태도로는 결혼에 이르기 어렵습니다.

특별히 앞에서 성격적 특성을 다루는 부분에서 언급했던 것처럼 내향형의 사람들은 결혼에서도 비교적 소극적인 태도를 보일 가능성이 높습니다. 누가 옆에서 챙겨 주지 않으면 이성 교제 현장에 나가려고 하지 않을 뿐 아니라 구애求愛에 대한 열정도 보이지 않을 가능성이 있습니다. 또 설령 주변에서 누군가 미팅을 주선해 주더라도 이런저런 핑계를 대면서 나가려고 하지도 않습니다. 설령 어떻게 해서 만남의 장소에 나가더라도 마지못해 자리를 메워 주거나 어쩔 수 없는 상황에서 형식적으로 참여할 가능성도 높습니다.

젊은 날, 미팅이 이뤄지는 모습을 보면 대체로 외향형의 사람들이 나서서 미팅을 주선합니다. 그러면 내향형의 사람들은 이들의 권유에 따라 마지못해 참여합니다. 권하는 친구의 체면을 생각해서 겨우 참여

선생님이 들려주는 결혼 이야기

해 주는 형식을 취합니다. 그러면서 속으로 은근히 누군가 자기 이상형의 인간을 데려다주기를 바라거나 백마탄 왕자가 떡! 하고 나타나 주기를 바라기도 합니다. 속으로는 이성과 교제하고 있는 사람들을 부러워하면서도 자기는 적극적인 태도를 취하지 않고 '내 짝은 어디에 있을까?'를 고민하는 것으로 무마합니다. 그러다가도 내게 이성이 없으면 '짚신도 짝이 있다는데, 내게 없을까?'라는 생각을 하면서 스스로 위안을 삼기도 합니다.

그래서 필자가 결혼을 소극적으로 생각하고 있는 사람들에게 권해 보려고 합니다. 비록 내가 소극적인 내향형의 사람일지라도 이성을 만날 수 있는 장소나 모임에 적극 참여하고 나갈 것을 부탁드립니다.

종교 활동을 하는 사람이라면 종교 모임에 적극 참여하고, 대학이라면 다양한 동아리에 들어가 소속감을 갖고 참여하라는 말입니다. 이런 노력을 통해 우선 다양한 사람들과 만날 것을 권합니다. 다양한 성향의 사람들을 만나는 것, 이것이 결혼의 출발점이 되기 때문입니다. 대학 때 그런 활동을 어색하게 여기고 혹은 서툴러서 참여하지 못했다면 사회에 나와서는 여러 활동에 참여할 것을 권합니다.

사회에는 대학보다 더 많은 여러 모임들이 있습니다. 스포츠 클럽이 있고, 악기를 연주하는 동아리, 혹은 글을 쓰거나 그림을 그리는 동아리 등 너무나 많은 모임들이 있습니다.

어느 순간 어떤 일을 계기로 '사람은 얌전하면 좋겠다'는 생각을 갖게 돼서, 혹은 주변 친구들 중에 너무 나대는 친구의 모습이 싫다는 생각이 들어서, 혹은 남으로부터 어떤 비난하는 말을 듣는 것이 싫어서 만남을 꺼리고, 내숭을 떠는 사람들이 있습니다. 마음에는 언제나 이성에 대한 그리움을 가지고 있으면서도 사회적인 모임에 잘 참여하지 않은 사람들이 있습니다. 그러면 이성을 만날 기회가 만들어지지 않습니다. 그러지 말고 여러 사람들을 만날 수 있는 모임에 나가 자기 성격 특성에 맞는 활동을 열심히 해 볼 것을 권합니다. 그러면 좋은 사람을 만날 수 있는 기회가 많아질 것입니다.

사람은 누구나 자주 보고 만나면 정을 느끼고 좋은 감정을 갖게 됩니다. 이런 일은 여러 곳에서 증명되고 있습니다. 우리는 프랑스의 대표적인 상징물 에펠탑에 관한 일화를 잘 알고 있습니다. 프랑스에서는 1889년 3월 31일 프랑스 대혁명 100주년을 맞아 만국박람회가 열렸습니다. 이를 기념하기 위해 정부에서는 에펠탑을 세우기로 했습니다.

이 조형물의 설계도가 처음 공개되었을 때, 문인들을 비롯한 많은 화가, 조각가들은 적극 적인 반대를 하고 나섰습니다. 탑의 이미지가 너무 천박하고 비예술적이라며 많은 비난을 퍼 부었습니다.

그래서 수많은 사람들이 건립 반대 시위를 벌이고, 심지어 베를렌이라는 시인은 에펠탑이 보기 싫다며 탑 근처에는 가지도 않았고 합니다. 또한 소설가 모파상은 자신의 동상이 에펠탑을 향하지 않고 등을 지고 세워지도록 의견을 피력했다고 합니다. 그래서 프랑스 정부에서는 이를 20년 후에는 철거하기로 약속하고 건립했다고 합니다. 100여 년이 지난 지금 에펠탑은 프랑스 파리의 대표적인 상징물이 되었습니다. 자주 보다 보니 어느 덧 익숙해져서 나쁜 감정이 사라졌다는 것입니다.

선생님이 들려주는 결혼 이야기

또 심리학자 제이용크는 이런 실험을 했다고 합니다. 피실험자에게 사람의 얼굴을 1, 2, 5, 10, 25회 사진을 보여 준 다음 그 사람에게 갖는 호감 정도를 조사했습니다. 그랬더니 사람들은 사진을 본 횟수가 늘어나면 늘어날수록 많이 본 얼굴에 높은 호감도를 나타냈다고 합니다. 그러니까 많이, 그리고 자주 본 사람에게 더 좋은 감정을 가졌다는 말입니다.

따라서 이성에 관심이 있는 사람들이라면 가만히 앉아서 기다릴 것이 아니라 여러 유형의 이성을 만날 수 있는 장소에 나가는 것이 좋습니다. 만남이 있으면 관계가 형성되고, 관계가 형성되면 데이트로 이어질 수 있습니다. 그래서 젊은 사람들에게 부탁드립니다. 많은 사람들이 모이는 장소나 모임에 나가 적극 활동하기를 권합니다.

이제 사람들이 모이는 장소에 나가기로 마음먹었다면 여기에도 나름대로 유념해야 할 것들이 있습니다. 우선 복장을 잘 갖추고 나가는 것입니다. 그리고 거기에서 하는 행동들 역시 가능하다면 타인의 호감을 살 수 있는 태도를 보이는 것이 좋습니다. "보기 좋은 떡이 먹기도 좋다."라는 우리 속담처럼 물건으로 말하면 예쁘고 곱게 포장을 잘 해야 한다는 말입니다. 복장이나 행동은 그 사람을 평가하는 기준이 됩니다. 이런 노력이 의미가 있다는 사실은 많은 심리학자들의 실험에서 증명을 해 주고 있습니다.

심리학자 블레이크는 횡단보도에서 이런 실험을 했습니다. 허름한 옷차림의 실험 참여자와 정장 차림의 실험 참여자를 준비하고 횡단보도에서 무단횡단을 시도하게 한 것입니다. 그랬더니, 허름한 옷 차림의 사람이 신호를 위반하고 건넜을 때에는 주변 사람들이 그를 따라 4퍼센트만 건넜답니다. 그런데 정장 차림의 사람이 건넜을 때는 16퍼센트의 사람들이 그를 따라 건넜다고 합니다. 무려 네 배나 큰 차이를 보이는 결과입니다.

사람들은 불법을 저지르는 일에도 정장 차림의 사람의 모습을 따른 것입니다. 이는 우리에게 매우 의미 있는 정보를 제공해 주고 있습니다. 우선 복장이 좋아야 한다는 것입니다. 그러면 타인이 무시하지 못할 뿐 아니라 다른 이들의 관심의 대상이 된다는 사실입니다.

관심이 일어났다면 그다음은 그 사람과 가까워지려고 노력해야 합니다. 그러기 위해서는 사람과 관계 형성에 필요한 심리학적 요령들을 알아 둘 필요가 있습니다. 사람과 친해질 수 있는 가장 기본적인 방법으로 '유사성의 원리'가 있습니다.

사람들은 서로 비슷하다고 느끼면 쉽게 친해진다고 합니다. 특별히 우리나라 사람들은 이런 점에서 확실한 강점을 가지고 있습니다. 우리나라 사람들은 누구를 만나면 먼저 고향을 물어보고, 학교를 따져 보고, 취향을 물어봅니다. 이유가 있다면 얼른 친해지고 싶은 마음 때문입니다.

마찬가지로 이성 간에도 이런 원리가 잘 작동합니다. 친해지고 싶다면 서로 비슷함을 찾아서 같은 감정을 가지도록 만들어 가면 됩니다. 사람은 비슷한 점을 지닌 사람들끼리 호감을 쉽게 가지게 되기 때문입니다.

사람들 중에는 이렇게 취향을 묻는 일을 매우 불쾌하게 여기는 분들

선생님이 들려주는 결혼 이야기

도 있습니다. 좋은 모임 장소에 와서 호구 조사하러 나온 사람처럼 묻는다고 불평하는 이들이 있습니다. 그런데 실은 이런 분들은 데이트 경력이 짧거나 사람의 심리를 잘 몰라서 그런 투정을 합니다. 이런 일이라면 기분 나빠할 것이 아니라 오히려 사람들이 좋은 관계를 시작하거나 유지하기 위해서 열심히 노력하고 있는 중이라고 생각하면 됩니다.

만일 상대가 호감을 보이는데 내가 싫은 감정이 느껴지면 정중하게 거절하면 될 일입니다. 그러지 않고 밖에 나와, 돌아서서 흉보는 일은 좋은 태도가 아니라고 하겠습니다.

관계를 형성하는 데 남자들이 흔히 범하는 오류가 있습니다. 그중 하나는 여자들은 좋으면서도 좋다는 표현을 잘 하지 않는다고 생각하는 것입니다. 그래서 남자들은 여자를 끈질기게 따라다니거나 요청하면 여자의 승낙을 받아 낼 수 있다고 생각합니다. 그래서 남성들은 여성이 부드럽게 거절하더라도 이를 쉽게 수용하지 않으려고 합니다. 여성들이 분명한 거절 의사를 표현하지 않으면 남자들은 여자들이 수용한 것으로 이해합니다. 남자들의 이런 특성을 모르면 여성들 역시 어려움에 직면할 수 있습니다. 그러니 여성들은 남성의 행동이 싫으면 그런 의사를 분명하고 확고하게 표현할 수 있어야 합니다.

만일 남성으로부터 불편한 접근을 경험한 여성이라면 남성을 멀리할 수 도 있습니다. 남성에 대한 그릇된 선입관이 다른 남성을 만나는 데 걸림돌이 될 수 있습니다. 따라서 내게 관심을 보이는 이성이 내 마음에 들지 않는다면 분명하게 자기 의견을 드러내는 것이 좋습니다.

그렇지 않은 상황에서 만일 관심이 가는 이성이 있다면 보다 적극적인 마음 자세를 가질 필요가 있습니다. 그렇다고 당장 그 사람 집에 찾아가든지 품에 안기는 일을 하라는 말이 아닙니다. 사정을 봐 가면서, 마음은 적극적이면서도 행동은 너무 빠르지 않게 조절해 가면서 만남을 가지라는 말입니다. 그러면서 앞에서 다루었던 성격적 특성을 점검해 보면 좋습니다. 그리고 그 차이점과 유사점들을 생각해 보는 것입니다. 그러면 알차고 의미 있는 데이트를 즐길 수 있다고 생각합니다.

여기에서 여성들도 유의해야 할 점이 있습니다. 남성에 대한 이해입니다. 남성들은 데이트를 할 때에 여성보다 좀 더 가벼운 생각으로 임한 경우가 많습니다. 그냥 재미 삼아, 즐기기 위해 연습 삼아, 만남을 가지려는 경향이 있다는 말입니다. 남자들의 이런 성향을 염두에 두고 데이트를 하면 교제에 도움이 될 것입니다.

일단 데이트가 이뤄지면 적절한 심리적인 간격을 두고 소위 말하는 적절한 밀당을 해도 좋습니다. 상대의 감정을 알아볼 수 있는 도구가 되기 때문입니다. 한동안 연락을 하지 않는다든지, 혹은 보내오는 문자에 답을 조금 미뤄 하든지, 만남 장소에 늦게 나가든지…….

그리고 이성과 만남을 가지면서 상대가 즐기는 문화와 방법, 그리고 그 수준도 알아볼 필요가 있습니다. 그냥 어디로 가자고 하면 줄렁줄렁 따라만 다닐 것이 아니라 음악, 미술, 공연 예술, 스포츠 그 씀씀이와 방법 지식 수준, 여가를 즐기는 방법 등도 점검해 볼 필요가 있습니다. 그리고 이런 것들을 결정하고 선택하는 과정에서 앞에서 살폈던 성격적 특성과 연관을 지어 가며 살펴보면 좋을 것입니다.

이 시대에 이성을 향한 열린 마음을 가진 젊은이들에게 부탁드립니다. 결혼에 대해 보다 더 긍정적인 생각을 갖고 적극적인 노력을 기울여 달라는 부탁입니다. 여러분의 노력에 크나큰 행운이 함께하길 소망합니다.

〈이것만은 꼭! 핵심 요약정리〉

- 이성을 만나기 위해서는 사람을 만날 수 있는 현장에 적극 나가라.
- 만남의 현장에 나갈 때는 매력 있는 모습으로 나가라.
- 만남에 적극성을 가져라.
- 만남에서 얻어진 감정을 숨기지 말고 자기 의사를 분명하게 표현하라.

제2장

결혼을
어떻게 생각해야 할까요?

결혼의 본질과 의미

　　오래전부터 철학자들은 사람, 즉 인간에 대한 탐색을 부단히 시도해 왔습니다. 그 결과 사람은 상당히 고급스럽고 멋진, 그럴 듯한 정의를 얻게 되었습니다.

　　소피스트들은 인간을 '만물의 척도'라 했습니다. 인간이 만물의 기준이 된다는 말입니다. 참 예리하고 고상한 정의라고 생각합니다. 아리스토텔레스는 "인간이 이성理性을 지니고 있으므로 다른 어떤 존재보다 우월한 것"이라고 했습니다. 이런 말들이 너무 화려한 포장을 둘러썼다고 생각했는지 칼 마르크스는 인간을 '노동하는 존재, 물질을 생산하는 존재'로 다소 격을 낮추어 정의하기도 했습니다.

　　하지만 대부분 사람들은 인간을 영혼과 이성을 가진 존재라며 위대하고 고귀한 존재로 여기고 있습니다. 그래서 우리는 인간이라고 하면 보통 다른 사물이나 동물들과 구별되는 귀한 존재로 여기게 되었습니다.

　　　　　　　　　　　　　　　　선생님이 들려주는 결혼 이야기

사람을 아무리 귀한 존재로 포장하고 정의하더라도 사람들이 살아가는 모습을 보면 이런 정의가 맞는가 하는 의구심이 들 때도 있습니다.

우선 사람은 나약하기 이를 데 없는 존재입니다. 무게마저 따질 수 없을 만큼 가볍고 보잘것없는 바이러스에 맥없이 쓰러지기도 하고 자연재해 앞에 무기력하기 짝이 없기도 합니다. 더구나 사람들이 하는 행동들을 보면 '우리들에게 과연 이성理性이라는 것은 있기나 한 건가?'라는 의구심이 들기도 합니다.

눈앞의 이익을 위해 전쟁을 일으켜 무고한 사람을 잔인하게 죽이는 일이며, 자기의 안녕과 영달을 위해 윤리와 도덕을 무너뜨리는 경우가 많습니다. 어떤 사람은 친구가 함께 밥을 먹자는 말을 하지 않았다며 틀어지기도 하고, 혹자는 얼마 되지 않는 돈을 빌려주지 않는다며 관계를 끊기도 합니다. 또 내 허락 없이 어떤 곳에 가거나 사람을 만났다는 일로 관계를 깨고, 내 자존심을 건드렸다고 범죄를 저지르곤 합니다.

사람의 본질적인 성격과 본능을 적나라하게 볼 수 있는 일들이라 하겠습니다. 관리나 제어가 되지 않은 인간의 모습은 본래적으로 매우 악하고 못된 존재가 아닌가 하는 생각까지 들게 만듭니다.

결혼하는 일만 보더라도 사람들은 당장 동물적인 본능으로 돌아가는 모습을 볼 수 있습니다. 결혼의 개념은 '남녀 간의 자유로운 의사결정에 따라 정신적·육체적으로 결합하는 것'입니다. 이런 말에 부합하려면 이성理性으로 관리되고 포장된 사람이라야 할 것입니다. 그런데 사람들이 살아가는 모습을 보면 짐승에도 미치지 못하는 천박한 모습을 쉽게 볼 수 있습니다. 어떻게 보면 동물들만큼만 살아도 훌륭하겠다는 생각을 하게 됩니다.

다윈의 말에 따르면 동물 세계는 적자생존의 법칙이 잘 지켜지고 있다고 합니다. 환경에 잘 적응한 개체가 살아남는다는 말입니다. 그래서 동물들은 어떻게 해서든지 자기 종이 보존되도록 가장 우수한 개체의 씨를 받습니다. 그래서 육식동물들은 가장 강하고 힘이 세고, 우등한 개체가 암컷들을 거느리면서 종족을 번식시킵니다.

결혼하는 사람들의 모습을 보면 적자생존의 법칙이 잘 지켜지고 있는 자연 동물들의 세계와 거의 흡사하다는 생각을 지울 수 없습니다. 우수한 유전자를 얻으려는 본능적인 욕구에 충실해 가장 좋은 사람을 배우자로 얻으려고 노력하기 때문입니다. 공부를 잘하는지, 키가 크고 건강한지, 직장이 좋은지, 돈이 많은지 등등 요소들을 따져 가며 배우자를 고르기 때문입니다.

사람들은 이런 요소들을 근본적으로 '좋은 유전자를 가진 사람' 혹은 '본능에 충실한 삶'이라고 생각하나 봅니다. 그래서 돈이 많은 재벌가의 가문은 재벌가의 가문과 연결해 짝을 짓고, 그렇지 않으면 돈 대신에 정치적인 힘을 가진 가문과 혼인의 연을 맺기도 합니다. 이런 일들은 모두 본능의 힘에 의지해서 우성優性을 얻으려는 욕망의 결과라고 생각합니다.

그래서 필자는 결혼을 위해 선을 자주 보고 혹은 좋은 유전자를 얻으려고 노력하는 사람들의 수고를 지적하거나 꾸지람하고 싶지 않습니다. 또한 이것을 시류에 영합한 저급한 관심거리라고 폄하하고 싶지도 않습니다. 다만 여기에서 말하고 싶은 것은 사람이 가진, 사람만이

선생님이 들려주는 결혼 이야기

가지는 요소들을 반영한 사람의 모습을 조망해 봐야 하겠다는 생각입니다.

우리는 여타의 자연계 질서에 편승해 살아가는 짐승들보다 더 낫다고 하는 '이성'을 가진 사람들입니다. 또한 먼 미래에 다가올 여러 현상들에 대해 생각해 보고 준비할 수 있는 존재들입니다. 따라서 결혼을 동물들이 지니고 있는 종족 보존이라는 한계에 머물러서는 안 된다고 생각합니다. 그 너머에 있는 우리들이 추구하는 가치, 즉 행복을 얻고 미래 예상되는 불편이나 불합리한 것으로부터 벗어나는 지혜를 발휘하는 것이 의미 있다고 생각합니다.

동물들이 짝짓기하는 모습을 보면 그 핵심은 오로지 번식에만 있습니다. 그러다 보니 이들은 짝짓기를 한 다음에는 암수가 서로 깨끗하게 헤어집니다. 그리고 이후 새끼 기르는 과정은 대부분 암컷이 맡고 수컷은 그냥 떠납니다.

수컷들이 조금 더 하는 일이라고 하면 영역 관리에 나서는 것입니다. 이들은 암수가 함께 새끼를 기르는 일이나 사회화, 그리고 행복과 같은 가치에는 아예 관심이 없습니다. 개중에는 암수가 함께 육아를 하는 동물들도 있기는 하지만 그것은 매우 제한적인 일부에 지나지 않습니다.

그러나 사람은 누구나 예외 없이 결혼하게 되면 부부가 함께 육아를 책임지고, 자녀의 삶에 직간접적으로 영향을 주고받습니다. 이것이 동물들의 짝짓기와는 다른 결정적인 양상이라 할 수 있습니다. 그래서 사람은 동물들보다 훌륭하다고 주장할 만한 근거를 갖고 있습니다.

그런데 문제는 이런 복잡한 삶을 추구하는 사람들이 결혼을 생각하면서 가장 원초적인 동물적인 생태, 즉 우성인자를 얻기 위한 노력에만 전심전력한다는 점입니다. 사람들이 동물처럼 종족 보존이라는 가치만을 목표로 한다면 모르겠지만 우리는 그보다는 우월한 가치를 추구하고 있습니다.

이런 면에서 본다면 아무리 생각해도 여타의 동물보다 우등하다고 여기는 사람들의 행태로는 조금 천박하다는 생각까지 듭니다. 이런 모습은 복잡하고 다양한 세계와 삶을 살아야 하는 사람들이 스스로 격을 떨어뜨리고 있다고 생각합니다. 또한 결혼에 들인 노력이나 수고들에 비하면 너무 가볍게 다뤄지고 있다는 느낌이 듭니다.

설령 사람의 가치를 짐승 수준으로 낮춰 보는 일이 있다 하더라도 이것들이 우리의 행복과 안녕에 도움이 된다면 불편하더라도 좀 봐줄 만한 일입니다. 그런데 우리 현실의 삶들을 보면 그런 원초적인 욕구들이 우리의 삶을 행복으로 이끄는 것이 아니라 도리어 우리 삶을 불행하게 만드는 경우가 많습니다. 어떤 경우는 우리들이 바라는 행복이라는 가치를 완전히 훼손시켜 놓기도 합니다. 그래서 문제라는 것입니다.

첫 번째 문제로는 결혼 자체를 어렵게 만듭니다. 서로 높은 가치, 좋은 유전인자를 찾다 보니, 결혼에 대한 조건이 생각보다 많고 까다롭습니다. 결혼 대상자를 만나는 것 자체부터 힘들고 어렵습니다. 만남이 어렵다 보니 결혼에 이르지 못하고 홀로 살아가는 사람들이 오늘날에는 너무 많아졌습니다.

그래서 결혼을 미루고 있거나 하지 않고 있는 사람들에게 그 이유를

선생님이 들려주는 결혼 이야기

물어보는 경우가 종종 있습니다. 그러면 이들의 대답은 적당한 상대가 없어서 그런다고 합니다. 그러면 다시 또 물어봅니다. "어떤 상대를 원하는데 그러느냐?" 그러면 "저는 상대를 고르지 않아서 아무 남자나 아무 여자면 좋습니다."라고 합니다.

그래서 이번에는 부모로서, 혹은 사회 선배로서, 선생으로서 결혼을 주선하고 싶은 마음이 있어서 다시 물어봅니다. "남자가 작은 회사에 다니는데, 어떻게 생각하느냐?" 그러면 "그래도 중소기업은 다녀야지요. 회사가 망하면 어떻게 합니까?"라는 반응을 보입니다. 그러면 이제 "나이가 좀 많거나 적어도 괜찮겠느냐?"라고 물어봅니다. 그러면 그냥 그 자리에서는 상관없다고 합니다. 막상 만남을 주선하려고 하면 "그래도 제 또래는 되어야지요." 합니다. 또 "키는 어떻게 생각하느냐?"라고 물어봅니다. 그러면 처음에는 키는 별 상관이 없다고 합니다. 그러다가 막상 만남을 주선하면 "키가 너무 작아요. 그래도 174는 넘어야지요." 합니다. 그래서 만남이 결혼으로 이어지지 못하고 맙니다. 그래서 이번에는 "재산은 어느 정도 되면 좋겠느냐?"라고 물어봅니다. "그래도 우리들이 살 만한 집 정도는 마련할 수 있어야 하지 않겠어요?"라고 합니다.

처음 결혼 상대자를 말할 때에는 아무나 괜찮다고 하다가 대화를 하면 할수록 결혼의 조건들이 점점 더 늘어나는 것을 볼 수 있습니다. 결혼에 따른 별다른 조건이 없다고 말하는 사람들의 조건이 이 정도입니다. 그러니 그럴싸한 결혼을 원하는 사람들의 결혼 조건은 어떨까요? 가히 대충 짐작해 볼 수 있습니다.

두 번째로 결혼 상대에 대한 기대치를 지나치게 높게 가진다는 점입니다. 그러다 보니 결혼 생활에 대한 기대가 높습니다. 좋은 조건의 사람을 만나 결혼했으니 결혼 생활이 매우 기쁘고 행복할 것 같습니다. 그런데 막상 결혼하고 보면 그 기대에 미치지 못하는 경우가 많습니다. 기대를 만족시켜 주었던 요소들은 어느 사이 아무것도 아닌 것이 되어 버리고, 미흡하게 느껴지고, 어떤 경우 점점 더 줄어드는 것을 느낍니다. 그래서 결혼 후에 만족감이 떨어지고 허탈감을 경험하면서 결혼 생활이 불행하다고 하소연하기도 합니다. 어떤 사람들은 아주 처절하게 무너진 것을 경험하고 헤어지기를 결심하기도 합니다.

　사람의 마음은 참 간사한 것 같습니다. 결혼할 때에 좋은 조건을 제시하고 거기에 맞는 사람을 만나 결혼했는데 그것들이 계속 유지되더라도 지금 누리거나 지니고 있는 것에 당장 익숙해져 만족하지 못하고, 금세 싫증을 냅니다. 그래서 또 다른 새로운 어떤 기대를 가지게 됩니다.

　사람이 살아가는 동안 그 욕망이 언제나 채워지면 좋을 일입니다. 그런데 문제는 그런 기대에 대한 욕망이 채워지기보다는 오히려 처음 가졌던 것보다 더 못하다는 느낌을 갖게 됩니다. 그러니 행복의 느낌은 줄고 불평불만만 늘어 갑니다.

　그래서 결혼해서 살아 본 사람들은 증언합니다. 배우자를 처음 만났을 때 많은 부분을 모르거나 착각했다는 것입니다. 데이트하면서 돈 쓰는 모습을 보니, 재산이 많은 사람인 줄 알았답니다. 그런데 결혼하고 보니, 재산은 아버지 것이거나 형님 재산이었습니다. 정작 당사자는

　　　　　선생님이 들려주는 결혼 이야기

가진 것이 별로 없었습니다. 그래서 속아서 결혼했다며 불평불만을 늘어놓습니다.

또 어떤 사람은 상대가 너무 멋지게 보여 결혼을 했답니다. 심리학에서 말하는 '후광효과'가 발휘된 것입니다. 후광효과는 어떤 사람의 긍정적인 특성 하나가 그 사람 전체를 평가하는 데 결정적인 영향을 미친다는 이론입니다.

일반적으로 잘생긴 사람은 유능하고 친절하고 정직하며 영리할 것으로 연상합니다. 그래서 당장 그 사람과 사귀게 되고, 결혼까지 하게 되었답니다. 그런데 막상 결혼하고 보니, 멋진 것은 얼마 가지 못하고 익숙해져서 다른 사람의 보통과 비슷한 것으로 보입니다. 실제로 가까이에서 살면서 보니 다른 사람들보다 못한 것 같습니다. 그래서 좌절을 경험합니다.

어떤 사람은 몸매가 날씬하고 예쁜 외모에 반해서 결혼을 했답니다. 그런데 막상 결혼하고 보니 그 미모는 내 눈에는 잘 보이지 않고 주변 사람들이 아내의 미모를 말한답니다. 그러면 자기는 질투를 만들어 내기 시작합니다.

결국 아내가 밖에 나가 활동하는 것을 불안하게 느끼고 바깥 출입을 못하게 단속합니다. 그래서 결혼의 좋고 긍정적인 면이 도리어 불행이 되기도 합니다. 때문에 결혼에 대한 지나친 기대는 바람직하다고 볼 수 없습니다. 동물적 관점이 낳은 문제라 할 수 있습니다.

세 번째 문제점은 원초적 본능이 이성을 잃어버리게 만듭니다. 내가 어떤 사람이라는 것을 잠시 잊어버리게 됩니다. 사람들은 '나'라는 존재가 본래적으로 결핍되고, 불완전하고 나약한 존재라는 것을 모릅니다. 그러다 보니 제 사정을 내버려 두고 허황된 것을 좇으려고 합니다. 그래서 결혼의 조건을 까다롭게 정합니다. 내 상대는 돈이 많아야 하고, 공부를 많이 해야 하고, 좋은 차를 타야 하고, 직장이 든든한 사람이어야 한다는 등의 조건을 제시합니다. 그런데 그런 사람을 아무리 찾아도 세상에는 잘 보이지 않습니다. 나를 잃어버리고 타인 속에서 다른 사람의 조건에서 행복을 얻으려고 합니다.

그래서 결혼을 생각하고 있는 사람들에게 제언하려고 합니다. 우리의 결혼은 동물들처럼 종족 보존에만 목적이 있는 것이 아닙니다. 우리는 인간적인, 아니 더 본질적인 행복이라는 것을 추구합니다. 그래서 결혼을 생각할 때에는 종족 보존의 개념을 넘어 행복을 향한 조건들을 찾아야 한다는 것입니다. 그래서 필자는 위에서 언급했던 결혼의 조건이라고 생각하는 것들을 모두 다 쓰레기통에 버리면 좋겠다고 생각합니다.

그동안 결혼 생활을 하고 있는 수많은 인생 선배들에게 물어봅니다.

"그런 여러 좋은 조건들을 따져 결혼했더니, 행복하느냐?"

그러면 대부분 사람들은 "그렇지 않다."라고 합니다. 부부 생활의 만족도를 조사한 어느 통계를 보았더니 '다시 태어나면 지금의 남편이나 아내와 결혼하겠느냐?'라는 물음에 '하겠다'고 응답한 사람들이 20퍼센트에도 미치지 못했습니다. 부부로 살아가는 사람들이 그렇게 만족스럽지 못하다는 말입니다. 이유는 '행복하지 않다'는 것입니다.

그러면 우리는 결혼을 어떻게 생각하고 접근하면 좋을까요? 그것은

선생님이 들려주는 결혼 이야기

매우 단순하고 분명합니다. 수많은 사람들이 외치고 말하고 있는 것에 주목하면 됩니다. 우리가 지니고 있는 원초적 본능으로부터 벗어나 '사람다움'이라 할 수 있는 결혼의 본질적인 의의에 관심을 갖는 것입니다. 행복한 결혼 생활을 위해 더 많은 정성을 기울이는 것입니다.

여기에서 알아야 할 것은 행복은 누구를 통해서 얻어지는 것이 아니라는 사실입니다. 행복은 나의 내면의 자족함에서 얻어집니다. 원초적인 욕구나 감정, 이성, 즉 어떤 조건으로부터 벗어나 본질을 향하는 마음, 즉 행복과 만족을 얻으려는 마음을 가져야 합니다. 그러기 위해서는 결혼에 대한 혹은 이성에 대한 어떤 조건으로부터 떠나면 됩니다. 그러면 전혀 예상치 못한 일과 상황에서 행복을 얻게 됩니다.

예를 들면 결혼할 때에 돈은 좀 적게 가진 사람도 괜찮다고 생각했습니다. 그래서 돈이 좀 적은 사람과 결혼했습니다. 그런데 결혼하고 보니, 배우자에게 저축 통장이 있고, 전셋집 얻을 돈이 있습니다. 아무것도 없는 줄 알았는데 그런대로 열심히 살아온 흔적들이 보였습니다. 전혀 예상치 못한 곳에서 긍정적인 면을 보게 되었습니다. 그러면 감사한 일이라고 생각하게 됩니다. 이런 과정에서 행복은 덤으로 찾아오게 됩니다.

또 어떤 사람은 배우자가 배운 것이 별로 없다고 생각했습니다. 그런데 실제 결혼해 살아 보니 이 사람은 삶에 대한 철학이 있고, 처신할 때에 이치에 맞는 행동을 합니다. 그러니 자랑이 생겨납니다. 역시 행복이 만들어지는 이유가 됩니다.

또 어떤 사람은 배우자가 할 줄 아는 게 하나도 없는 줄 알았습니다.

그런데 결혼하고 보니, 집안에 고장난 물건들을 잘 고칩니다. 생활에 불편이 사라지고 작은 재주들이 유용함이 되고 편리함이 됩니다. 그러니 자부심이 되고 감사하게 됩니다. 그러면 행복이 잉태되고 자라나서 열매를 맺게 됩니다.

그럴듯한 조건을 들이대고, 우성인자라고 여기는 요소들을 점검해서 결혼하면 살아가면 갈수록 기대치가 하락하지만 오히려 조건들을 낮춰서 별 의미를 두지 않으면 더 소중한 것들을 발견하게 될 확률이 올라간다는 말입니다.

반대로 조건을 따져 좋아 보이는 것들이 많은 사람과 결혼했습니다. 그래서 살면서 기대를 갖고 생활했습니다. 그런데 알고 보니 조건들이 변변치 않습니다. 그러면 살아가면 살아갈수록 실망이 쌓여 갑니다. 당장에 불만들이 늘어 갑니다. 이런 면을 보면 사람들이 좋은 조건들이라고 하는 요소들이 오히려 불행의 씨앗이라는 사실을 알 수 있습니다.

그래서 우리는 위의 예처럼 결혼의 조건을 확 낮추고 결혼의 본질, 즉 행복이라는 가치를 중심에 두고 생각해야 합니다. 그러면 결혼해서 살면 살수록 가치 있는 새로운 것들을 발견하게 될 것입니다. 예전에 알지 못했던, 아니 기대하지도 않았던 새로운 장점들을 발견하게 됩니다. 그러면 결혼 생활은 날이 가고 해가 갈수록 가치가 더해질 것입니다. 부족함이 도리어 만족이 되어 기쁨이 되고 행복이 된다는 말입니다.

지금까지 필자는 보통 사람들이 결혼에 대한 기대와 생각하는 것에

선생님이 들려주는 결혼 이야기

정반대되는 이야기를 했습니다. 듣고 보니, 어떻게 그런 생각을 가질 수 있겠느냐며 반문할는지 모르겠습니다. 하지만 결혼에 대한 이런 관점과 접근이 나에게 유익이 될 뿐 아니라 행복의 자산이 된다는 것입니다.

결혼 전에 내가 그렇게 따지고 챙겨 봤던 조건들, 내가 의미 있다고 여겼던 조건들은 살다 보면 금세 무디어지거나 아무것도 아니었다는 것을 알게 됩니다. 그래서 결혼을 생각할 때에는 어떤 조건보다는 본질적인 의의를 생각해 보는 것이 좋겠다고 생각합니다.

다만 결혼할 때에 보다 중요하게 여겨야 할 것은 앞에서 길게 다루면서 반복적으로 이야기했던 것처럼 어떤 조건이 아니라 성격적 특성입니다. 하나 더 중요한 것이 있다면 그 사람의 생활 태도나 습관이라 할 수 있습니다. 결혼에서 정말 중요한 것은 이런 사항입니다.

이를 버리고 별로 중요하지 않은 것들, 키, 외모, 재산, 학력, 직업 등에 매달리느라 정력과 이성理性을 낭비하는 어리석음을 범합니다. 이혼하는 부부들이 하는 말을 들어 보면 백배 실감할 수 있습니다. 이들은 대부분 성격 차이로 이혼한다고 합니다. 성격의 차이가 행복을 밀어내고 불행을 만들어 낸다는 것입니다.

따라서 성격적 특성을 조금 더 신경 쓸 뿐 다른 여타의 결혼 조건들은 낮추면 낮출수록 행복은 점점 더 커진다는 역설입니다. 결혼의 본질은 어떤 조건에 있는 것이 아니라 행복에 있다는 사실을 알면 좋겠습니다.

- 우리의 결혼은 동물들처럼 종족 보존의 기능만 있는 것이 아닙니다.
- 우리는 명징하고 정확하다는 이성의 가치를 결혼에 적용할 수 있어야 합니다.
- 우리들이 갖고 있는 결혼의 여러 조건들은 불행의 씨앗이 되곤 합니다.
- 따라서 결혼의 조건들을 줄이고, 성격적 특성이나 생활 습관에 주목하십시오.
- 결혼의 목적은 조건이 아니라 행복임을 알아주십시오.

선생님이 들려주는 결혼 이야기

짜릿한 감정과 사랑

우리는 흔히 사람을 '이성理性을 가진 존재'라고 말합니다. 이 말이 인간의 가치나 품격을 높여 주고 있어서 우리는 이런 능력을 스스로 만족하면서 상당히 높게 평가하기도 합니다. 뿐만 아니라 이런 사고에 그럴듯한 능력을 가진 존재로 생각해 우쭐대기도 합니다.

하지만 이런 말에 필자는 상당한 의심을 갖고 있습니다. 우리들이 생각한 것보다 사람은 이성적이지 못하기 때문입니다. 오히려 상당히 더 감성적인 존재라는 생각이 듭니다.

이러한 사실은 우리 생활 속에서 조금 관심 있게 살펴보면 쉽게 발견할 수 있습니다. 우리들이 사람을 대할 때 상황만 보더라도 당장 알 수 있습니다. 우리는 사람을 만나면 어렵지 않게 그 사람에 대한 평가를 내릴 수 있습니다. 그것은 이성理性에 따라 생김새가 어떻고, 실력이 어느 정도 되고, 몸매가 어떤 규격을 지녔는지에 따른 정확한 평가를 내리는 것이 아니라 그냥 우리가 가진 느낌에 따라 당장 정리해 냅니다. 겉모습, 즉 생김새, 복장, 표정, 말투 등 그저 눈에 보이는 단순한 것들을 보고 당장 판단해 냅니다. 그러면서 '나는 관상을 좀 볼 줄 안다'고 우쭐대기도 합니다. 그래서 '사람은 겉모습을 보고, 신은 내면을 본다'는 말이 생겨났는지 모르겠습니다.

이런 일은 이성을 상대로 한 평가에서도 마찬가지입니다. 사람들은 어떤 이성을 마주하면 당장 몇 초 안에, 혹은 몇십분의 1초 안에 그 적합성 여부를 판단해 냅니다. 더욱이 앞에서 다뤘던 성격적 특성을 기준으로 봤을 때, 내가 갖지 못한 특성을 지닌 이성을 만나거나, 아니면 내가 좋아하거나 잘하기를 바라는 특성 가운데 수준 높은 능력을 지닌 사람을 만나면 논리적이고 냉철한 사고思考는 저 멀리 던져 버립니다. 그냥 그 순간의 느낌으로 단숨에 상대에게 푹 빠지고 맙니다. 이를 '초두 효과'라고 합니다.

초두 효과란 사람들이 어떤 일이나 내용을 파악할 때에 전체 내용을 종합적으로 보고 이성理性에 따라 판단하는 것이 아니라 처음 접한 정보에 따라 전체를 평가하는 것을 말합니다. 이렇게 보면 우리가 자랑하고 있는 이성은 참 무기력하다는 생각이 듭니다.

심리학자 솔로몬 애시Solomon Asch라는 사람은 실험을 통해 초두 효과를 증명해 보여 줬습니다. 그는 피실험자들을 두 집단으로 나누고, 그들에게 각각 어떤 인물의 성격적 특성 여섯 가지를 들려주었습니다. 그런 다음 참가자들에게 조금 전에 들었던 사람에 대한 인상을 평가하도록 했습니다.

선생님이 들려주는 결혼 이야기

똑똑하다 → 근면하다 → 즉흥적이다 → 비판적이다 → 고집이 세다 → 시기심이 많다

〈집단 2〉

시기심이 많다 → 고집이 세다 → 비판적이다 → 즉흥적이다 → 근면하다 → 똑똑하다

이렇게 순서만 바꿔서 들려주었을 뿐, 전체 내용은 모두 다 같았습니다. 그런데 두 집단의 평가는 상당히 달랐습니다. 긍정적인 말을 먼저 들었던 〈집단 1〉의 사람들은 이 사람에 대해 상당히 긍적적으로 평가했습니다. 반면에 부정적인 말을 먼저 들었던 〈집단 2〉 사람들은 이 사람을 대부분 부정적으로 평가한 것입니다.

어떻게 해서 이렇게 전혀 다른 결과를 가져오게 되었을까요? 모두 '초두 효과' 덕분입니다. 그러니까 사람들은 그냥 먼저 접한 정보에 가중치를 두어 판단을 내리고 만다는 것입니다.

심리학자들은 사람들이 이런 판단을 내리게 된 이유를 찾아봤습니다. 그랬더니, 처음 얻은 정보가 나중에 따라 나오는 정보에 기준을 제공했기 때문이라고 합니다. 그러니까 사람은 얻은 정보의 총량을 중심으로 객관적으로 판단을 내리는 것이 아니라 처음 들어오는 정보에 따라 그냥 쉽게 그 결과를 도출해 낸다는 말입니다.

이런 일은 오래전 동양 사람들도 익히 잘 알고 있었던 모양입니다. 비록 실험은 거치지 않았지만 상당히 오래전부터 초두 효과의 의미와 가치를 알고 사용하고 있었으니 말입니다. 우화에 실려 전하고 있는 『열자列子』의 「황제黃帝」 편에 나오는 송나라 저공狙公에 관한 이야기입니다.

원숭이를 사육하는 저공에게 어려움이 닥쳤습니다. 나라에 심한 흉년이 들어 원숭이 먹이가 모자라게 되었습니다. 그러자 저공은 원숭이 먹이를 줄이려는 요량으로 원숭이들에게 제안하게 됩니다.

"내가 너희들에게 도토리를 아침에는 세 개, 저녁에는 네 개를 줄게."

그랬더니, 원숭이들이 그것으로 어떻게 먹고 살겠느냐며 모두 화를 냈습니다. 그래서 이번에는 다시 바꿔서 제안합니다.

"아침에는 네 개 주고, 저녁에는 세 개 줄게."

그랬더니 원숭이들이 주인에게 다 엎드려 절하며 기뻐했다는 이야기입니다. 조삼모사朝三暮四라는 말이 만들어진 배경입니다.

이 말은 잔꾀로 남을 속이는 행위를 원숭이에 빗대어 비유적으로 사용하고 있는 이야기입니다. 하지만 『열자』는 사람들의 세상 살아가는 양태를 잘 설명해 주고 있습니다. 남을 속이려는 것이 아니라 지혜로운 사람은 이 원리를 이용해 사람의 생활에 유익하게 적용할 수 있다는 것을 일러 주고 있습니다. 사람을 깨우치기 위해 지어낸 우화이지만 초두 효과는 이런 이야기에서도 위력을 발휘하고 있습니다.

초두 효과는 여기에만 머무르지 않습니다. 첫인상이 좋은 사람은 실수를 조금 하더라도 사람들이 어느 정도 너그럽고 쉽게 용인하기도 합

선생님이 들려주는 결혼 이야기

니다. 그리고 잘생긴 사람은 착하고, 친절하며, 배려심이 있고, 좋은 사람으로 인식합니다.

반대로 첫인상이 별로 좋지 않은 사람은 초두 효과의 부작용을 실제적으로 심하게 경험하게 됩니다. 이들이 실수를 하면, 사람들은 '그러면 그렇지' 하면서 당장 부정적인 인식을 갖게 됩니다. 나아가 못된 사람, 고집이 센 사람, 심지어 범죄자로까지 짐작하기도 합니다.

이런 현상은 결혼 적령기에 있는 사람들에게서도 잘 나타납니다. 어떤 이성을 보면 특별한 생각 없이 당장 푹 빠지거나 철저히 배척하는 경우가 여기에 해당됩니다. 초두 효과에 젖어 든 사람은 이것을 쉽게 '사랑'이라고 말합니다. 그래서 아무런 생각도 없이 그냥 교제하게 됩니다. 그래서 이런 경우 눈이 멀고, 콩깍지가 씌었다고 합니다. 필자는 이것을 곧 사랑이라고 단정지어야 할지, 의문을 갖고 있습니다.

왜냐하면 이것은 우선 논리적이지 못하고 이성理性에 입각한 판단이라기보다는 감정의 지배를 받았기 때문입니다. 앞에서 설명한 초두 효과에 빠져 객관성을 잃었기 때문입니다.

이렇게 사람이 감정의 지배를 받기 시작하면, 한번 느낀 감정은 그 이후에 따라오는 모자람이나 열등한 요소들은 모두 처음 느낌에 감춰져 버립니다. 이렇게 한번 경험된 감정은 우리가 처음에 옳다고 선택하는 순간, 그다음부터는 그 감정과 일치된 행동이나 논리를 만들어 내기 시작합니다. 그러면서 무슨 논리를 가져오더라도 갖은 노력을 기울여 자기 행동을 정당화시키려고 합니다.

사람들은 일반적으로 앞서 선택한 행동에 맞는 일관된 모습을 유지

해야 한다는 부담감을 안고 있습니다. 언행 불일치에 대한 심리적인 부담감을 갖고 있기 때문입니다.

그래서 언행이 일치한 사람은 괜찮은 사람으로, 반대로 그렇지 않은 사람에게는 낮은 평가를 내립니다. 이런 까닭에 사람들은 대부분 이전에 했던 선택이나 입장을 정당화하는 방향으로 행동하려고 합니다. 심지어 과거에 했던 결정에 부합하도록 자기 생각을 조작하기도 합니다. 그러니 사람들은 이성에 빠져드는 순간, 오류가 있더라도 그것을 당장 사랑이라고 생각해 버립니다.

이런 관점에서 봤을 때 처음 만난 이성에게 순간, 혹하고 반해서 교제를 시작한 경우, 한 번쯤 점검해 볼 필요가 있다고 생각합니다. 감정으로 한번 결정되고 나면 우리들이 자랑이라고 들먹인 이성理性은 감정을 정당화하는 데 얄팍한 도구로 전락하고 말기 때문입니다. 이때 이성은 다만 자기 결정에 논거를 마련해 주고 그것에게 추진력을 줄 뿐입니다.

그래서 중간에 이성異性에게서 그릇된 모습을 발견하고 내 성격적 특성과 거리가 먼 점들이 발견되더라도 지난날 결정했던 내 감정과 생각에 부합되도록 내 행동과 생각을 조각해 퍼즐처럼 맞추려고 합니다. 사람들은 이런 일관성을 보여 줌으로써 자기의 논리와 안정성, 그리고 정직성을 증명하려고 합니다.

이렇게 교제를 시작하게 되면 교제하고 있던 사람과 관계를 정리하고 싶어도 청산하는 일이 쉽지 않게 됩니다. 그래서 억지로 끌려다니는 사랑을 하게 되고, 불편한 결혼을 하기도 합니다. 그러다 보니 어떤 경

선생님이 들려주는 결혼 이야기

우는 신혼여행을 다녀와서 바로 헤어지는 일까지 벌어지기도 합니다.

2013년 한 결혼 업체에서 우리나라 부부들이 초혼에 실패하는 근본 원인에 대한 설문 조사를 실시했습니다. 전국의 남자 275명, 여자 275명을 대상으로 실시한 조사에서 결혼 생활의 실패의 원인으로 남자는 '결혼 전에 상대를 파악하는 것이 부족했다'가 42.2퍼센트였고, 여자는 '살면서 서로 이해하려는 자세가 부족했다' 34.9퍼센트를 꼽았습니다.

결혼의 실패 원인으로 상대 사람됨의 파악을 잘못해서 일어난 일이 절반 가까이 되었습니다. 이는 많은 사람들이 단순하게 느끼는 짜릿한 감정에 속아 이것을 사랑이라고 이해한 결과라고 하겠습니다. 한마디로 '감정에 현혹되었다'고 할 수 있습니다.

그래서 우리는 한번 생각해 봐야 할 필요가 있습니다. 이성에게서 느낀 지금의 짜릿한 감정은 이것이 사랑인지, 아니면 내가 만들어 놓은 어떤 원초적 본능에 속아 넘어간 것은 아닌지, 혹은 단순히 내가 꿈꾸어 왔던 원초적 본능에 기대어 그냥 따라가고 있는 것은 아닌지, 생각해 봐야 할 필요가 있습니다.

물론 이런 혹함에 빠지는 것도 나름 장점이 있습니다. 이렇게 넘어가지 않으면 이성을 만나거나 혹은 결혼에 이르지도 못할 가능성이 높기 때문입니다. 또한 사회가 유지되는 데 도움을 주고 다음 세대로 연결지어 주는 등 결혼 제도의 의미 가운데 하나를 채워 주는 기능도 있기 때문입니다.

하지만 우리가 꿈꾸는 행복한 삶과 만족스런 삶을 바라고 원한다면 이런 감정에 속아 이성에게 빠지는 일은 결코 바람직하다고 할 수 없습니다. 세상에는 이런 혹함을 사랑으로 알고 결혼했다가 큰 상처를 입고 괴로워하는 사람들이 너무 많습니다. 또 이런 폐단을 이기지 못하고 나이 들어서 헤어짐을 선택한 사람들 역시 상당합니다.

이런 현실을 근거로 하여 이제는 누구나 사랑이 시작되려는 기미를 느끼면 한 번쯤 점검해 보는 것이 지혜로운 일이라고 생각합니다. 그 점검은 1장에서 언급한 여러 가지 도구들을 사용하면 도움이 될 것입니다.

〈이것만은 꼭! 핵심 요약정리〉

- 나와 상대방의 만남이 짜릿한 감정에서 시작하게 되었는지 생각해 봅니다.
- 내 감정이 어떤 초두 효과의 영향을 받아 형성된 것은 아닌지 점검해 봅니다.
- 내가 느낀 짜릿한 감정을 나는 어떤 방법으로 합리화시키려고 노력하고 있는지 점검해 봅니다.
- 이성의 그릇된 언행이나 행동, 태도가 보이나요?
- 그것에 대한 나의 수용 가능 여부를 점검해 봅니다.

선생님이 들려주는 결혼 이야기

결혼을 어떻게 봐야 할까요?

사람들은 결혼을 '사랑의 결정체'라고 말합니다. 그래서 결혼이라고 하면 사랑을 제일 먼저 떠올립니다. 결혼하면 사랑을 많이 하고, 사랑을 많이 받겠다는 생각을 하게 됩니다. 그러다가 결혼식을 하고 나면, 이제 결혼했으니 배우자에게 사랑을 하겠다는 생각보다는 사랑받을 것에 더 많은 기대를 갖는 것 같습니다. 특별히 여성분들이 이런 경향이 강한 것 같습니다. 그래서 사랑을 많이 받으면 꿈꾸었던 행복이 저절로 굴러들어 올 것으로 생각합니다. 그러다 보니 사람들은 결혼한 다음에는 곧장 사랑의 크기를 재고, 누리게 될 행복의 양을 점검하게 됩니다.

그러다가 문득 어느 날 사랑의 크기를 헤아려 봤더니, 현재 받고 있는 사랑이 내가 처음 생각했던 것보다 작다는 것을 발견하게 됩니다. 행복은커녕 불편한 일이 더 늘어났다는 사실을 알게 됩니다. 그러면 이는 내가 결혼 전에 생각했던 사랑과 다르다며 신혼 초부터 싸움을 벌입니다. 많은 기혼자들이 겪었던 일입니다. 하지만 이런 일들은 모두 결혼의 기본 원리를 잘 몰라서 벌어진 일이라 하겠습니다.

실제로 결혼의 내막을 들여다보면 결혼은 사랑을 받는 것보다는 사랑하는 것에 그 핵심이 있습니다. 가만히 그 원리를 생각해 보겠습니다. 두 사람이 결혼에 이르기까지 처음부터 일어난 일들을 생각해 보면 쉽게 이해할 수 있습니다.

두 사람의 교제는 처음 시작부터 사랑이라고 하는 여러 파편들을 주면서 시작되었습니다. 내가 관심을 갖고 사랑을 해서, 즉 사랑을 상대에게 주어서 관계가 시작되었습니다. 내가 선물을 해 준 것으로 인해 사랑이 커지게 되었고, 내가 시간을 내 주어서 데이트를 할 수 있었습니다. 내가 식사비를 내 주어서 함께 식사자리가 마련되었고 포근한 대화가 오고 갈 수 있게 되었습니다. 이처럼 결혼은 주는 것으로부터 출발한다는 사실을 알 수 있습니다.

그런데 문제는 사람들이 이 기본 원리를 결혼하면서 까맣게 잊는다는 것입니다. 결혼한 다음에는 내가 주기보다는 상대로부터 많이 받아서 내 것을 채우려고 한다는 것입니다. 나의 외로움을 채우려 하고, 내가 가지지 못한 것이나 결함을 상대로부터 가져다가 채우려고 합니다. 그러다 보니 결혼하면서 내 것이 채워지지 않는다며 불평불만을 드러내고 투정을 부리기도 합니다. 그래서 많은 문제들이 생깁니다. 모두 결혼의 원리를 잘 몰라서 벌어진 일이라 하겠습니다.

또 하나의 이유라고 하면 결혼을 하면서 두 사람은 주는 것을 넘어 이미 많은 것을 받았기 때문입니다. 그래서 이제는 받은 것 이상으로 베풀고 갚아야 합니다.

둘은 결혼하면서 그동안 경험해 보지 못한 가정이라는 새로운 환경이나 모습을 얻게 되었습니다. 그 전에는 경험해 보지 못한 새로운 환경을 귀한 선물로 받은 것입니다. 좁게는 남편은 아내를 얻었고, 아내는 남편을 얻었습니다. 그래서 든든한 울타리 같은 안전망인 가정을 얻었습니다. 그리고 함부로 얻을 수 없었던 성적性的인 만족도 얻게 되었습니다.

넓게는 부모의 사랑과 친구들로부터 많은 사랑을 받았습니다. 그리고 얼마 되지 않아 천하보다 귀한 새 생명, 천대 만대를 이어 나갈 자녀들까지 얻게 됩니다. 결혼을 하면서 세상에 없는 온갖 귀한 보물들을 하나둘씩 얻게 되었습니다. 단순히 내가 받은 것만 계산해 봐도 결혼함으로 인해 값으로 매길 수 없는 엄청난 보화를 얻은 셈입니다.

결혼하면서 이렇게 많은 것을 얻었으니 이제는 갚거나 돌려주어야 합니다. 만일 받기만 하고 주려고 하지 않으면 우리는 이런 사람을 구두쇠라고 합니다. 그러니 결혼을 하게 되면 주는 것으로부터 시작해서 주는 것의 연속이어야 합니다. 좁게는 아내나 남편에게 사랑과 정을, 그리고 관심을 주어야 합니다. 그리고 넓게는 양가兩家의 부모님에게, 그리고 사회를 향해 사랑을 주어야 합니다. 이런 관점을 가져야 우리가 그렇게 꿈꾸었던 행복을 얻을 수 있습니다.

성서 마태복음 18장에는 예수님의 천국 비유에 대한 말씀이 나옵니다. 어떤 임금이 종들과 함께 결산을 하게 되었습니다. 그랬더니 1만 달란트 빚진 자가 있었습니다. 이 사람은 빚을 갚을 능력이 없었습니다. 그러자 주인이 "네 몸과 아내와 자식들과 가진 모든 소유를 다 팔아 갚으라." 했습니다. 그러자 종이 주인 앞에 엎드려 절하면서 "조금만 참아 주십시오. 제가 다 갚겠습니다." 했습니다. 이를 불쌍히 여긴 주인은 종을 놓아 보내며 그 빚을 모두 탕감해 주었습니다. 얼마나 큰 고마움이자 막대한 은혜인지 모릅니다. 이 사람은 엄청난 은혜를 입은 것입니다.

그래서 이 종은 기쁜 마음을 가지고 그 자리에서 나왔습니다. 밖에 나와서 자기에게 100데나리온 빚진 동료 한 사람을 만나게 됩니다. 보자마자 빚진 사람의 멱살을 잡고 자기에게 진 빚을 갚으라고 종용합니다. 그러자 그 빚진 동료가 엎드려서 "조금 참아 주십시오. 곧 갚으리이다." 했습니다. 하지만 1만 달란트 빚을 탕감받은 사람은 그의 청을 받아들이지 않고 그가 진 모든 빚을 갚도록 옥에 가두고 말았습니다.

동료들이 그것을 보고 몹시 딱하게 여겨 주인에게 가서 이 사실을 모두 다 알렸습니다. 그러자 주인이 다시 그 사람을 불러다 "악한 종아, 네가 빌기에 내가 네 빚을 전부 탕감해 주었거늘 내가 너를 불쌍히 여김과 같이 너도 네 동료를 불쌍히 여김이 마땅하지 아니하냐." 하고 대노大怒해 그 빚을 다 갚도록 그를 옥졸들에게 넘겼다는 이야기입니다.

1만 달란트 돈은 당시 남자 장정 16년간 품삯에 해당되는 돈입니다. 따라서 상당히 많은 돈이라 할 수 있습니다. 오늘날 화폐 가치로 단순하게 계산해 보더라도 엄청난 돈입니다. 그리고 100데나리온은 하루 품삯이 1데나리온이었다고 하니까 100일치 품삯이라고 할 수 있습니다. 16년치 품삯과 100일치 품삯, 비교도 할 수 없을 만큼 많은 차이가

선생님이 들려주는 결혼 이야기

나는 돈입니다.

그런데 그 사람은 자기가 받은 은혜는 생각지 못하고 자기에게 빚진 사람에게 서둘러 갚을 것을 요구했던 것입니다. 자기가 입은 은혜는 모르고 받을 것에만 관심을 가졌던 어리석고 미련한 사람의 결과라 하겠습니다.

사람들의 일반적인 심리는 어떤 호의를 받거나 은혜를 입으면 그 빚을 갚아야 한다는 생각을 하게 됩니다. 그런데 이 사람은 이 사소한 원리를 생각조차 못 했던 것입니다. 그래서 큰 벌을 받게 되었습니다.

우리의 삶은 여기 비유에 등장한 어리석은 사람과 같아서는 곤란합니다. 받은 것에 대한 최소한의 양심과 심리학적 마음은 가지고 있어야 합니다. 이것을 심리학에서는 '상호성의 법칙'이라고 합니다.

심리학자 리건은 이와 관련된 실험을 해서 그 결과를 증명해 보였습니다. 리건은 조교에게 가상의 행운권을 파는 실험을 전개했습니다.

피실험자들을 두 그룹으로 나눈 다음, 그 그룹 안에서 두 사람씩 짝을 지어 다양한 그림을 감상하면서 그것을 평가하라고 했습니다. 그림을 평가하는 도중, 쉬는 시간에 조교는 한 그룹에게는 콜라 한 잔을 제공하는 호의를 베풀었습니다. 그리고 다른 그룹에게는 아무런 호의를 베풀지 않았습니다.

그림에 대한 평가가 마무리된 다음 실험이 종료되기 직전, 조교는 실험에 참가자들에게 부탁을 했습니다. 자기가 자선 모금을 위해서 행운권을 팔고 있는데 그 행운권을 구입해 달라는 부탁이었습니다. 그랬더니, 콜라 호의를 받았던 피실험자들은 받지 않은 그룹에 비해 무려

두 배나 많은 행운권을 구입해 주었다는 결과입니다.

피실험자들은 콜라라는 작은 호의를 받았지만 상호성의 법칙에 따라 행운권을 더 많이 구입해 주었던 것입니다. 이런 모습은 사람들이 가지고 있는 일반적이고 보편적인 선한 마음이라 할 수 있습니다.

성서의 비유에서 나왔던 채무자는 엄청난 은혜를 입었습니다. 그런데 그 생각을 잊어버리고 자기에게 얼마 되지 않는 빚을 진 사람에게 은혜를 베풀지 않았습니다. 따라서 이 사람은 사람들이 살아가는 기본 원리를 모르는 어리석은 사람이라 하겠습니다.

결혼도 마찬가지입니다. 결혼하는 사람들은 결혼하는 것으로 인해 이미 많은 것을 받았습니다. 때문에 결혼을 하면서부터는 받은 만큼 이제는 나눠 주는 삶을 사는 것이 지혜롭고 행복을 엮어 가는 삶이라 하겠습니다. 넓혀서 부모님과 친구들에게는 실천하지 못하더라도 내 주변에서 함께 생활하고 있는 내 남편과 아내에게 베풀고 갚아 주어야 합니다. 사랑을 주고, 베풀고 모자람이 있더라도 배우자를 탓하지 말고 보태 주고, 시간을 내 주어야 합니다.

여성들 가운데는 결혼기념일이라며 배우자에게서 특별한 선물 받는 것을 기대하고 있는 사람들이 있습니다. 게다가 상대가 준 선물이 자기 기대에 부응하지 못하면 투정을 부리거나 다른 친구들이 받았던 선물과 비교하면서 짜증을 내기도 합니다. 행복이 열리는 원리를 몰라서 벌이는 어린아이 같은 투정이라 하겠습니다. 결혼 생활에서 행복의 원리는 받는 데서 생기는 것이 아니라 반대로 주는 데서 싹이 트고 열매를 맺는다는 사실입니다.

선생님이 들려주는 결혼 이야기

결혼기념일도 내 생일도 받으려고 할 것이 아니라 배우자에게 서로 베풀어 주려는 마음을 가지는 것이 좋습니다. 이유가 있다면 결혼하는 것으로 내가 이미 많은 은혜와 빚을 탕감받았기 때문입니다.

우리는 초등학교 교재에서 봤던 「의좋은 형제」 이야기를 잘 알고 있습니다. 밤중에 형은 자기 볏단을 들어다가 동생의 볏단에 옮겨 놓았습니다. 또 동생 역시 자기 벼를 형의 볏단에 가져다 놓았습니다. 서로 줌으로써 이들은 사랑과 행복을 얻었습니다. 그래서 우리는 이들을 의좋은 형제라고 기억하고 있습니다. 그러니 우리가 명심해야 할 것은 결혼 생활에서 배우자에게 무엇인가 바라기보다는 내가 먼저 주려는 생각을 가지는 것이 좋습니다.

이런 생각은 자녀에게도 마찬가지로 적용되어야 합니다. 부모도 값없이 조건 없이 자녀를 선물로 받았습니다. 따라서 나도 이유나 조건 없이 자녀에게 그냥 사랑을 엄청나게 주어야 합니다. 이것이 행복을 가꾸려는 부부의 아름다운 모습이라 하겠습니다. 이런 삶의 태도가 옳은 방향이라는 것은 실험에서도 증명이 되었습니다.

미국 시카고대 심리학자 에드 오브라이언Ed O'Brien 교수팀은 2018년 미 심리과학협회 저널 『심리과학』에 이런 연구 결과를 발표했습니다.

실험에 참가한 대학생들에게 5일간 매일 일정한 돈을 주면서 한 그룹에게는 이 돈을 가지고 자기 자신을 위해 사용하게 하고, 다른 한 그룹에게는 기부하거나 타인을 위해 쓰도록 부탁했습니다. 그런 다음, 매일 그들이 느끼는 행복도를 측정했습니다.

그 결과, 두 그룹에서는 큰 차이가 있었습니다. 자기를 위해 쓴 그룹은 5일 동안 조금씩 행복감이 감소하는 경향을 보인 반면 남을 위해 사용한 사람들은 행복감이 줄지 않았습니다. 뿐만 아니라 이들에게서는 마지막까지 처음과 같은 행복의 강도가 유지되고 있었다는 보고입니다.

결론은 '받는 기쁨'보다 '주는 행복'이 더 크다는 것입니다. 연구자들은 이를 '소유'와 '경험'의 차이로 설명하기도 했습니다. 자신을 위해 쓰거나 물건을 구입하는 것은 '소유'의 개념이지만, 남에게 베푸는 것은 '경험'이라는 것입니다. 사람들은 '경험'에서 새로운 기쁨을 얻고, 오랫동안 더 좋은 기억을 간직하게 된다는 것입니다.

굳이 이런 실험 결과를 가지고 설명하지 않더라도 결혼에 대한 가치관을 정립할 때 '결혼은 받는 것이 아니라 주는 것' 이라는 사실을 명심하면 좋습니다. 어떤 형태로든 내가 먼저 상대의 부족을 채워 줘야 한다는 생각을 가지는 것입니다.

이렇게 베푸는 것이 얼핏 보면 내가 먼저 손해를 보는 것처럼 느껴질 수도 있습니다. 그러나 이는 손해가 아니라 도리어 만족과 결실을 얻게 된다는 사실입니다.

식물들은 이와 같은 사실을 우리에게 실제적으로 잘 보여 주고 있습니다. 식물들은 열매를 맺기 위해 꽃을 피웁니다. 꽃을 피우면서 아름다움과 달콤한 꿀을 제공합니다. 그러면 수정과 더불어 귀한 열매를 맺게 됩니다.

마찬가지로 결혼 생활에서도 서로에게 베푸는 부부들은 계속해서 만족과 행복을 얻습니다. 반대로 자기만 얻고, 채우고, 가지려고 하는

선생님이 들려주는 결혼 이야기

부부는 늘 괴로움과 불평과 불행이 따라옵니다. 우리가 우리의 생각을 전환해야 할 이유입니다.

베푸는 것의 또 다른 가치는 부부가 서로 베풀면 우선 서로에게 없어서는 안 될 귀한 존재가 됩니다. 내게 베풀어 주는 사람이 없으면 당장 결핍을 느끼게 됩니다. 따라서 서로는 어디에서도 얻을 수 없는 소중한 존재가 됩니다. 없으면 허전하고, 멀리 떨어져 있으면 불안하고 그래서 함께 있고 싶은 마음이 생깁니다. 서로가 보물과 같은 존재가 되기 때문입니다. 따라서 부부는 상대의 부족함이나 필요에 대해 내가 먼저 책임지고 채워 줘야 한다는 생각을 가지는 것이 좋습니다.

이렇게 서로 베풀고 채워 주면서 지내다 보면 남편이나 아내, 어느 한쪽이 아프다고 하거나 혹은 간호하는 일이 일어나도 힘들다며 외면할 수 없게 됩니다. 병들었다고 치료를 포기할 수도 없게 됩니다. 부부는 나의 부족함을 채워 주는, 없어서는 안 될 고귀한 존재이기 때문입니다.

따라서 우리는 결혼 생활에서 행복은 받는 데 있는 것이 아니라 주는 데 있는 것이라는 인식을 확고하게 가지면 좋겠습니다.

〈이것만은 꼭! 핵심 요약정리〉

- 결혼은 받는 것이 아니라 주는 것으로부터 시작됩니다.
- 따라서 결혼은 주는 것의 연장선에 있습니다.
- 결혼은 배우자의 부족하고 모자란 점을 채워 주는 것입니다.

부모님이 반대하는 결혼을
어떻게 할까요?

　　결혼의 어려움을 호소하는 사람들 중에는 "부모가 반대하는 결혼을 어떻게 하면 좋을까요?"라고 물어 오는 사람들이 있습니다. 어렵게 만난 이성을 부모에게 소개했더니, 부모들이 결혼 대상자로 얼른 수용하지 않는다는 것입니다.

　　자녀가 교제하고 있는 사람을 부모에게 소개하면 부모들은 기꺼운 마음을 가지면서도 한편으로는 얼른 만족감을 드러내지 않기도 합니다. 부모들은 대개 내 자녀의 가치를 높게 평가하고 있어서 그렇습니다. 또한 남보다 귀하게 여겨서 그렇습니다. 또 다른 이유가 있다면 내 자녀는 나보다 더 나은 삶을 살기를 바라는 마음이 강해서 그럴 것입니다.

　　부모에게는 이런 복잡한 마음이 자리하고 있어서 자녀가 교제하고 있는 사람을 소개하면 한 번쯤 망설이는 태도를 취하기도 합니다. 혹은 자녀가 어떻게 하나 하고 그냥 시험 삼아, 혹은 '무슨 잘못은 없나?'

하는 점검 차원에서 반대하는 경우도 있습니다. 그래도 부모가 반대하면 자녀는 매우 고민하게 됩니다.

그렇지 않고 부모가 핏대를 올려 가며 강하게 반대한 경우라면 자녀들은 매우 힘든 고민을 하게 됩니다. 그래서 공개적으로 이런 고민을 가지고 상담실을 찾아 해법을 의뢰한 경우도 있습니다.

이런 경우라면 우리는 어떻게 하는 것이 좋을까요? 이런 어려움을 해결하기 위해서는 먼저 그런 말을 하고 있는 부모의 의식 세계나 가치관을 살펴볼 필요가 있습니다.

우선 부모가 자녀의 결혼을 어떻게 보고 있는가에 대한 관점부터 살펴보는 것입니다. 부모들은 근본적으로 자녀의 결혼을 지원하고 찬성하고 응원하려고 합니다. 부모에게는 자녀를 향한 변하지 않는 조건 없는 사랑이 있어서 자녀 결혼이라고 하면 적극 도우려고 합니다. 그런데 부모가 자녀 결혼을 반대하고 나선 데는 그럴 만한 이유가 있을 것입니다.

이런 경우 부모들이 가장 먼저 들고 나선 이유를 보면 자녀를 사랑하기 때문이라고 합니다. 필자는 이런 말에 당장 의문을 갖고 있습니다. 사랑이라고 할 수 없는데도 부모는 사랑이라는 말로 포장하고 있기 때문입니다.

이유 여하를 막론하고 부모들은 나름 자녀를 사랑하기 때문에 결혼을 반대한다고 합니다. 하지만 객관적인 입장에서 보면 부모의 그런 심리는 사랑이라기보다는 자기 만족을 위해 반대하고 있는 경우가 많습니다.

즉 부모의 사회적인 체면이나 위신, 혹은 집안의 입장 때문에 자녀 결혼에 관여하는 것입니다. 그래서 결혼 상대자의 직업을 챙겨 보거나 사회적인 지위도 따져 보고, 집안 배경을 살펴보거나 소득도 따져 봐서 부모가 정한 기준에 미달한다 싶으면 반대합니다.

또 다른 경우는 부모가 자녀와 함께 살고 싶은 마음이 강해서 반대하기도 합니다. 자녀를 분가시키면 혼자 외롭게 남게 되어 이를 극복할 방법이 없어서 자녀 결혼을 반대하는 것입니다. 그래서 결혼 상대자가 생기면 이런저런 이유를 들어 반대합니다.

말로는 배우자를 얼른 찾아야지 하면서도 정작 혼사가 오가면 은근히 반대합니다. 이런 경우도 부모는 사랑이라는 명분을 내세워 반대합니다. 객관적으로 보면 이는 사랑이라고 할 수 없습니다. 다만 자기 욕심을 실현하기 위해 간섭하는 것입니다.

필자가 상담하면서 만난 부모들 가운데는 이런 부모들이 꽤 있었습니다. 주변 사람들을 만나면 기회가 되는 대로 "우리 아이는 결혼을 해야 하는데―", "우리 아이 중매 좀 서 줘요." 하면서 중매를 부탁하기도 합니다. 그래서 막상 자녀가 이성을 만나게 되면 온갖 조건을 들이대며 제동을 겁니다. 말로는 자녀의 결혼을 지극히 바란다면서도 속으로는 다른 생각을 갖고 있는 것입니다.

이런 부모들이 들고 나서는 반대 이유를 보면 '너무 드세게 생겨서', '키가 너무 작아서', '너무 여리게 생겨서', '너무 남성다워서' 등등 여러 신체적 조건을 들거나 생활 조건이나 직업의 격이 '우리 집안과 혹은 자녀와 맞지 않아서' 혹은 '집안이 건실하지 못해서', '가진 것이 없어서'

선생님이 들려주는 결혼 이야기

등등 다른 여러 조건을 거론합니다.

말로는 "결혼시켜야 한다." 하고 "좋은 사람을 소개시켜 달라."라고 하면서 실제 행동은 은근히 방해하고 있는 것을 봅니다. 이런 사람의 속사정을 들여다보면 대개 남편을 일찍 여의고 자녀들과 함께 오랫동안 살아온 어머니들에게서 잘 나타나는 것을 볼 수 있습니다.

생각으로는 자녀를 결혼시켜야 하는 줄 압니다. 그런데 마음 깊은 곳에서는 자녀를 남편 삼아 그냥 데리고 살고 싶은 마음이 강합니다. 그러면서 내 딸, 내 아들만큼은 아무에게나 보낼 수 없다는 핑계를 댑니다.

필자는 이런 부모들에게는 자녀에 대한 집착을 내려놓으라고 조언합니다. 그러면 "부모가 자녀를 사랑하지 않으면 어떻게 이런 마음을 가질 수 있겠어요?"라고 반문하기도 합니다. 전문가가 아니고 누가 보더라도 이런 상황은 자녀에 대한 집착이 낳은 불편입니다. 그런데 부모는 이를 사랑이라고 우깁니다. 옳지 않은 가공된 잘못된 사랑이라 할 수 있습니다.

이런 문제를 가지고 필자에게 찾아오는 사람들을 만나면 "처방이 간단한데 뭘 그리 고민하느냐."라고 하면서 당장 자녀를 어머니 품에서 떼어 놓을 것을 제안합니다. 그러면 대개 "그렇게 떼어 놓는 것이 부모의 도리라 할 수 있느냐?" 반문하면서 자녀가 혼인을 할 때까지 돌보는 것이 부모 역할이라며 도리어 필자를 책망하려는 눈치입니다. 그러면서 어떤 분은 필자가 이상한 해결책을 일러 준다며 얼굴을 붉히는 분들도 있었습니다.

이런 일들이 벌어질 것을 염려해서 미리 세상의 부모들에게 부탁을 드리고 싶습니다. 자녀가 20세 넘으면, 좀 더 엄격히 말해 우리나라에서 선거권이 주어지는 만 18세 이상이 되면 자녀들을 부모로부터 생활은 물론, 정신적으로 독립시켜 주는 것이 바람직하다고 생각합니다.

부모가 봤을 때에 자녀는 아직 실수가 많고, 어설픈 점이 많다고 하더라도 부모가 이를 인정하고 자녀 스스로 수정하고, 자기 실수는 자기가 책임지도록 독립시켜 주는 것이 좋다고 생각합니다. 그래야 자녀도 성인으로 어엿한 삶을 살아갈 수 있습니다.

그러면 이제 처음 제시되었던 "부모가 반대하는 결혼을 어떻게 하면 좋을까요?"에 대한 답을 찾아보겠습니다. 부모들이 결혼을 반대하면 우선 위에서 필자가 언급한 부분에 해당 여부를 냉정하게 살펴보는 것입니다. 그리고 어느 정도 판단이 서면 자녀로서 일단 부모의 조언을 수용하려고 노력할 필요가 있습니다.

왜냐하면 부모들은 나를 여기, 지금 이 순간까지 존재하도록 물질과 사랑으로, 혹은 정신적으로 울타리가 되어 주신 분들이기 때문입니다. 오랜 세월 동안 나와 함께 살아오면서 많은 경험을 통해 결혼을 앞두고 있는 자녀에게 도움이 될 만한 말을 해 주는 것을 불편하다고 생각할 필요는 없습니다. 행여 그것이 잔소리로 들릴 수 있더라도 자녀로서 부모의 생각이나 의견에 어느 정도 성의와 정성을 보일 필요가 있습니다. 그래야 실수를 줄이거나 부족한 점을 만회할 수 있습니다.

그리고 행여 살면서 어려움을 만나더라도 '부모 말을 듣지 않아서 그런 걸까'라는 자책감에 사로잡히는 것으로부터 벗어날 수 있습니다. 또한 결혼은 어차피 기쁘고 행복하기 위해 하는 일입니다. 복된 결혼을 하면서 부모의 반대로 불편을 만들어 내서는 안 되기 때문입니다.

이렇게 넓은 마음을 가졌다면 결혼에 대한 나름대로 자기 생각을 가지고 있으면 좋습니다. 그러면 부모의 관여가 있더라도 자기가 생각하고 있는 부분까지 부모 견해를 수용하고, 지나치다 싶으면 그럴 수 없는 부분을 말씀드리고 부모에게 양보해 달라고 부탁드릴 수 있기 때문입니다. 그리고 그다음부터 진행되는 일에서는 자기 결정에 따라 자기가 책임을 지고 당당하게 결혼을 진행하면 됩니다.

내 인생은 부모가 대신 살아 줄 수 없을 뿐만 아니라 어려움을 대신 감당해 줄 수도 없는 노릇입니다. 그러니 내 인생은 내가 알아서, 어려우면 어려운 대로, 힘들면 힘든 대로 준비해 가면 됩니다.

이런 경우, 자칫 자기를 책망하는 잘못된 생각으로 이어질 수 있으니, 이것만 주의하면 됩니다. 결혼 생활을 하는 도중에 어려움을 만나면 '부모 말을 듣지 않아서 그런가?'라고 자기를 탓할 수 있다는 말입니다. 사람들이 어려움을 만나면 '부모 말을 듣지 않아서' 혹은 '조상을 잘 모시지 못해서', 기타 여러 조건들을 들어서 연관을 지어 생각하려고 합니다. 결코 그럴 필요는 없습니다.

이 책 곳곳에서 말하고 있는 것처럼 어려움은 언제든지, 누구든지, 수시로 일어나고 만나는 일들이라는 말입니다. 부모의 말을 들어도 생기고 듣지 않아도 생기는 것이 인생사입니다. 그러니 부모 말에 거역했다는 자책감을 가질 필요는 없다고 생각합니다. 다만 내가 내 스스로 고민하고 해결책을 생각해 내고 책임을 지고 당당하게 살아가려는 마음가짐이 중요합니다.

부모가 반대하는 결혼을 결정할 때에는 먼저 부모의 의견을 존중하고 반영하려는 노력을 기울이고, 그런 다음, 그래도 부모의 간섭이 이어지면 나름대로 부모를 설득하려는 노력을 기울여야 합니다. 자기가 가졌던 긍정이나 장점, 좋은 점을 들어서 부모를 설득하는 것입니다. 부모와 자녀 사이는 근본적으로 사업적인 이해득실과 같은 조건에 기반하지 않습니다. 그래서 예로부터 "자녀를 이기는 부모 없다."라는 말이 있습니다. 진심에서 우러나온 설득은 부모들이 대부분 수용하기 마련입니다.

그러고도 만일 부모가 수용하지 않으면 어쩔 수 없는 노릇입니다. 내가 사랑하고 선택한 사람이라면 부모에게 "그래도 결혼하겠습니다." 라고 선언하고 결혼하면 됩니다. 그 대신에 부모로부터 받으려고 했던 금전적인 혜택이나 따뜻한 시선 등은 내가 포기하겠다고 단단히 마음먹으면 됩니다.

이런 경우에도 조심해야 할 부분은 있습니다. 이런 일로 부모를 원망하거나 미워해서는 안 된다는 것입니다. 부모가 결혼을 반대하니 당장 화가 나서 기분이 나빠질 수 있습니다. 그렇더라도 그것은 부모로서, 부모 입장에서는 충분히 표현할 수 있는 생각이라 여기고, 부모 생각은 그냥 그대로 인정하고, 부모를 원망하거나 미워해서는 안 됩니다. 그래야 결혼 후에도 부모의 관심과 사랑을 받을 수 있을 뿐만 아니라 자녀로서 내가 해야 할 도리를 다하는 일이 되기 때문입니다. 그러니 부모를 원망하거나 미워하지 않겠다는 마음가짐만 있으면 당당하게 결

선생님이 들려주는 결혼 이야기

혼하면 됩니다. 부모가 반대한 결혼이라고 꼭 나쁜 것만은 아닙니다. 이런 상황을 증명해 주는 실험이 있습니다.

사회심리학자인 엘리엇 아론슨Elliot Aronson과 저드슨 밀스Judson Mills는 많은 고난을 겪은 다음, 어떤 일을 성취한 사람은 아주 쉽게 최소한의 노력으로 이룩한 사람보다 그 일을 더 가치 있게 생각한다는 가설을 증명해 보였습니다.

대학교 신입생 환영회를 통한 실험이었는데, 몹시 힘들고 고된 신입생 환영회를 거치고 나서 동아리에 가입한 여학생과 비교적 순조롭게 가입한 여학생들 간에 만족도를 비교 조사한 것이었습니다.

실험 결과 어려운 과정을 거쳐 입회한 여학생들은 동아리 활동을 재미있고 지성적이며 바람직하다고 인식했습니다. 그리고 동아리에 대한 만족도 역시 높았습니다. 반면에 쉽게 가입한 학생들은 활동의 가치를 낮게 평가했고, 만족도 또한 낮았습니다.

이러한 결과는 실험이라는 도구를 동원하지 않더라도 우리들이 살면서 수시로 경험할 수 있는 일이기도 합니다. 어떤 물건이나 자격, 이득 등을 어렵고 힘들게 얻은 경우, 우리는 이를 매우 귀하고 여기고 가치 있게 여깁니다. 반면에 쉽고 편하게 얻은 것들은 역시 가볍고 의미없게 다뤄지고 있습니다.

결혼도 마찬가지입니다. 부모의 반대를 무릅쓰고 한 결혼은 스스로 고민하면서 힘들게 얻은 것이라 그 가치나 의미 면에서 더 소중하고 귀하게 여기고 더 좋게 평가하게 됩니다. 따라서 부모가 결혼을 반대하더라도 크게 실망할 필요는 없습니다. 앞에서 제시한 방법을 따라 단계적으로 순차적으로 진행하면 되리라고 생각합니다.

〈이것만은 꼭! 핵심 요약정리〉

- 부모의 반대의 근본 원인을 생각해 봅니다.
- 부모의 입장을 이해하려고 노력하세요.
- 부모가 반대하더라도 적극 설득하려고 노력하세요.
- 설득이 한계에 부딪히더라도 포기하지 말고, 자기 계획대로 결혼을 진행하세요.
- 자기가 선택한 결혼에 책임을 진다는 생각을 가지면 됩니다.

선생님이 들려주는 결혼 이야기

결혼에 대한 이해

결혼을 생각하거나 준비 중인 사람은 즐거움이 넘쳐서 다른 여타의 생각들은 스며들 여지가 없어 보입니다. 무슨 말을 하더라도 관심을 갖거나 귀담아 들으려고 하지 않습니다. 그래서 이런 말을 하는 것 자체가 쓸모없는 일일는지 모르겠습니다.

하지만 결혼식을 올리고, 결혼 생활을 시작하게 되면 여기에서 말하고 있는 내용들이 좀 더 심각하게 다가올 수 있습니다. 그래서 결혼식을 할 때까지는 별 관심이 없었다고 하더라도 이런 이야기를 한 번쯤 읽어 둘 필요가 있다고 생각합니다. 읽고 조금이라도 기억해 둔다면 어느 순간 매우 필요하고 현실적인 이야기가 될 것입니다.

1. 앞으로 변화될 감정을 생각해요

연인懸人과 교제하고 있는 사람들의 표정을 보면 너무 아름답습니다. 또 결혼을 앞두고 있는 사람들의 모습을 보면 너무 행복해 보입니다.

무엇이 그리 좋은지 매일매일 설렘 속에 지내며, 매 시간마다 즐거운 마음으로 보냅니다. 작은 선물일지라도 우주를 가진 것처럼 기뻐하고, 문자 하나에도 하트를 몇 개씩 다는지 모릅니다. 이렇게 행복하고 만족스러워하는 모습을 보면 부럽기까지 합니다.

이들은 결혼이라는 공통된 목적지를 향하고 있어서 서로 상대를 매우 귀하게 여깁니다. 그것도 그럴 것이 이 사람을 얻기 위해 얼마나 기다리고, 따지고, 얼마나 많은 시간을 헤맸는지 모릅니다. 그러니 그 가치를 짐작하고도 남을 일입니다. 게다가 이 사람들은 서로 상대 마음을 다 훔쳐가는 바람에 모두 자기 자신을 잃고 말았습니다. 그래서 흠이 없는 사람으로 이만하면 완벽하다고 생각하고 있는 사람들이 되었습니다. 그래서 입을 귀에 걸고 지냅니다.

이성을 만나 결혼하는 일은 분명 이렇게 좋고 행복한 일임에는 틀림없습니다. 그래서 연인으로 지낼 때면 주변 있는 사람들조차 눈에 들어오지 않게 됩니다. 장소를 불문하고 남의 눈마저 아랑곳하지 않고 손을 잡고 지냅니다. 누가 곁에서 눈총을 주더라도 부끄러워하거나 쑥스러워할 줄도 모릅니다. 주변에 사람들이 많아도 서로 끌어안는 것을 어색하게 여기지 않습니다. 아무 데서나 연인의 몸을 만지면서 애정을 표현하기도 합니다. 이들은 대부분 이런 생각이나 느낌이 앞으로도 영

선생님이 들려주는 결혼 이야기

원히 계속될 줄로 압니다.

하지만 여기에서 필자는 이런 행복감에 찬물을 끼얹어 보려고 합니다. 단도직입적으로 말하면 이것은 모두 자기가 아닌 호르몬의 영향이라는 것입니다. 이런 생각이나 태도는 모두 다 틀렸다고 보면 됩니다. 잠시 호르몬의 노예가 되어 호르몬의 지시에 따라 움직이는 것일 뿐입니다. 이는 길어야 1~2년 남짓 호르몬의 장난이 끝나면 허무하게도 '내가 그때 왜 그랬지?' 하면서 무기력하게 쓸쓸한 표정을 짓게 될 것입니다.

그래서 사랑을 나누는 연인들에게 부탁드리려고 합니다. 먼저 이성에게서 느껴지는 황홀한 감정은 내 몸에서 형성된 호르몬의 영향이구나 생각하고, 영원히 지속되지 않을 일이라는 점을 생각해 두기 바랍니다. 그리고 이후에 다가올 무미건조한 일들에 대해서도 미리 생각해 보기 바랍니다.

극단적으로 말하면 감정이 무디어져 지금의 행동들이 허무해질 것이라는 사실을 생각하라는 말입니다. 결혼을 전후해서 얻은 짜릿한 감정은 시간이 조금 지나면 분명히 퇴색된다는 것입니다. 내가 아무리 지극정성을 들이고 굳은 다짐을 하더라도 결혼식을 하고 나면 감정이 달라지기 시작한다는 말입니다.

그래서 결혼식을 하기 전에 내 배우자는 그냥 내 주변에서 만나는 사람과 다름없는 보통 사람이라고 한 번쯤 생각해 보는 것이 좋을 것입니다. 그러지 않고, 현재의 황홀한 감정이 영원할 것이라고 생각한다면 조만간 헤어지게 될지도 모를 일입니다.

결혼 후에는 지금과 전혀 다른 감정이 다가올 것을 인지하라는 부탁입니다. 결혼 후 감정은 결혼 전 감정과는 확연히 다르다는 점을 미리 짐작하라는 말입니다. 이런 의식이 결혼 생활에서 꿈꾸는 허황된 꿈으로부터 현실을 직시하도록 도와줄 수 있기 때문입니다. 이런 생각은 행복한 결혼 생활에 든든하고 건실한 기초가 될 것입니다.

2. 결혼은 전혀 다른 사람들이 만난 것입니다

연인들이 사랑을 나눌 때는 호르몬 분비로 인해 같은 생각, 같은 마음을 가지게 됩니다. 그래서 서로 천하에 귀한 천생연분임을 확인하게 됩니다. 그러면 대부분 연인들은 천하를 소유한 것처럼 기뻐하고, 즐거워합니다.

하지만 아무리 엄청난 황홀한 경험을 하더라도 결혼하게 되면 당장 과거와는 다른 현실을 맞이하게 됩니다. 그동안 내가 가졌던 생각과 전혀 다른 환경, 연인이 아닌 그야말로 그냥 인간인 사람을 만나게 된다는 말입니다. 기쁘게 시작했던 결혼 생활이 당장 현실에서 생각과 다른 큰 괴리를 느끼게 됩니다.

이것을 미리 짐작하지 못하면 생각과 너무 다르다는 것을 알고 갑자기 공허함을 느끼게 됩니다. 그래서 자주 드리는 말씀이지만, 애초에 결혼을 시작하면서 배우자를 내 주변에서 만나는 보통 사람쯤으로 생각하는 것이 좋다는 말입니다. 지나친 기대는 커다란 실망으로 이어져 불행의 씨앗이 되기 때문입니다. 나아가 이 실망은 괴로움이 되어 치유

선생님이 들려주는 결혼 이야기

되지 않는 상처가 될 수도 있습니다.

결혼해서 둘이 같이 살다 보면 생각지도 못한 사소한 것에서 불편한 상황을 만나게 됩니다. 이유가 있다면 둘이 전혀 다른 사람이기 때문입니다. 생김새가 다르고 성별도 다릅니다. 게다가 태어난 곳도 다르고, 자라 온 환경도 다르고, 다녔던 학교도 다릅니다. 뿐만 아니라 체질이 다르니, 음식도 다르고, 성격적 특성도 다릅니다. 모두가 다 완전히 다르다고 생각해야 할 것입니다.

어? 이상합니다. 그동안 연애하면서 확인해 보니, 우리에게는 분명 같은 점들이 꽤 많았던 것 같습니다. 또한 공감하는 부분도 상당히 많았습니다. 그래서 부부로 살기로 했습니다. 게다가 다른 점이 있다고는 생각했지만 그동안 만나면서 조정할 것은 조정하고, 맞출 것은 거의 다 맞추었다고 생각했습니다. 그런데 이제 와 보니, 그렇게 많아 보이던 우리의 공통점들이 잘 보이지 않습니다.

앞에서 언급했던 것처럼 사람은 '일관성의 법칙'에 따라 자기가 한번 결정한 것의 가능성을 확인한 다음에는 단점이나 결점이 보이더라도 자기 행동에 타당성을 증명하기 위해 거기에 맞는 논리나 행동을 하게 됩니다. 그래서 내가 이 사람을 연인으로 선택한 순간, 상대에게 의도적으로 맞춰 생각하고, 나와 같은 사람처럼, 아니 비슷한 사람처럼 행동한다는 것입니다. 때문에 둘은 같은 점이 상당히 많은 사람으로 여기게 된 것입니다. 그런데 실은 그것들의 대부분은 가짜였다는 것입니다.

막상 따지고 보니 두 사람은 같은 것이 별로 없는 아주 다른 존재들이었습니다. 둘은 전혀 다른 사람이라는 말입니다. 결혼을 염두에 두고 있는 사람이라면 이런 관점을 분명하게 기억해 두면 좋을 것입니다.

그러면 어떻게 다른지 구체적으로 살펴볼까요? 부부는 아침에 일어나는 것부터 다릅니다. 일찍 일어나는 사람, 늦잠을 자는 사람, 하루이틀쯤 씻지 않아도 괜찮다고 생각하는 사람, 세수만 하는 사람, 매일 머리를 감는 사람, 매일 온몸을 씻어야 하는 사람, 피부를 보호해야한다며 비누를 사용하지 않는 사람, 비누만으로도 족하다는 사람, 비누는 저질이라며 고급 액체 비누를 써야 한다는 사람, 보디 클렌저를사용해야 한다는 사람……. 두 사람이 지내는 아침 한두 시간만 살펴보더라도 둘에게는 너무나 다른 점이 많습니다.

또 세면대 사용하는 모습만 봐도 그렇습니다. 세면대를 아무렇게나사용해도 된다는 사람, 머리카락이 덕지덕지 붙어 있어도 아무렇지도않게 여기는 사람, 세면대를 사용하고 나면 다음 사용할 사람을 위해손으로 훔쳐서 깔끔하게 만들어 둬야 된다는 사람, 변기를 사용할 때에는 남자도 소변을 볼 때에 앉아서 봐야 한다는 사람, 물은 자주 내리지 않고 한두번 모아 내려도 괜찮다고 생각하는 사람…….

어때요? 서로 많이 다르지요? 정말 사람은 천차만별입니다. 부부로살다 보면 이들 중 하나라도 서로 다르면 불편을 느끼기 시작합니다. '어떻게 저럴 수 있어?' 하면서 차이나 다름에 대한 충격을 받게 됩니다. 그런데 하루라는 짧은 시간만 놓고 보더라도 따져 보면 둘은 얼마나 많은 부분이 서로 다른지 모릅니다.

낮에는 직장 생활을 하느라 서로 떨어져 지내니까, 그렇다 치고 이제 저녁 상황을 살펴보겠습니다. 업무를 마치면 곧장 일찍 집에 들어

선생님이 들려주는 결혼 이야기

오는 사람, 회식으로 날마다 늦는 사람, 날마다 술자리를 가지는 사람, 밖에서 지내느라 하루가 모자란다는 사람, 하루를 넘겨서 집에 들어와도 괜찮다고 여기는 사람, 등 얼마나 많은 부분에서 다른지 모릅니다.

그렇다면 최소한 잠자리에 드는 시간만이라도 일치된 생각이나 태도를 가질 것 같습니다. 그런데 이것도 그렇지 않습니다.

결혼의 가장 큰 매력은 부부간의 자유로운 성생활에 있는지 모릅니다. 특별히 남자들은 이것이 결혼의 전부인 양 여기기도 합니다. 그래서 결혼하면 남자들은 섹스를 매일, 그것도 수시로 하고 싶어합니다. 남자들은 자기들이 좋아하는 일이다 보니 여자들도 그런 줄로 착각합니다. 그래서 시도 때도 없이 요구하기도 합니다. 그러다가 아내가 거부하면 매우 상심하고, 어린아이처럼 떼를 쓰기도 하고 골을 부리기도 합니다. 이런 면에서 남자는 어린아이만도 못하다는 생각이 듭니다. 그래서 "남자는 섹스를 위해서 관계를 유지하고, 여자는 관계를 위해서 섹스를 참아 낸다."라는 말이 있습니다. 남자들은 수시로 섹스를 원하고, 여자들은 필요할 때만 하려고 합니다. 많이 다르지요? 때문에 남자들은 섹스 욕구가 해결되지 않으면 삐뚤어질 확률도 높습니다.

따라서 부부라면 이런 남녀의 특성을 알고 남자는 자기 욕구를 아내 형편을 헤아려 가면서 조절할 수 있어야 하고, 또 아내는 남자들의 이런 욕구를 적절히 자기 신체적 조건에 맞추어 잘 관리할 필요가 있습니다.

만일 아내들이 남자의 요구에 다 응하지 못할 경우, 자기의 형편을 충분히 말하고 양해를 구하는 것이 지혜로운 일입니다. 남자는 이 욕구가 적절히 해결되지 않으면 몸을 함부로 사용한다든지, 짜증이나 투정으로 표출하기 때문입니다. 그래서 불화의 싹을 만들어 내기도 합니다.

부부들이 성생활에서 수용과 양보가 적절히 관리되지 못하고 과하거나 부족하게 되면 한쪽이 병이 들거나 다른 문제로 이어지기 쉽습니다.

많은 부부들이 이 성적인 문제로 상담하거나 병원을 찾는 것을 보면 그 심각성이 어느 정도인지 짐작할 수 있습니다. 어떤 여성은 시도 때도 없이 달려드는 남편이 동물처럼 느껴져 살 수 없다고 하고, 어떤 부부는 남편이 씻지도 않은 몸으로 덤벼들어 아주 더럽게 느껴져 부부 생활이 힘들다는 분들도 많습니다.

이혼을 하는 사람들이 그 원인으로 성격 차이를 들고 나서는 경우가 많은데, 어떤 사람들은 이 성격 차이가 섹스 불만이라고 말하기도 합니다. 그만큼 부부에게 성생활은 삶에 많은 비중을 차지합니다. 이 점을 꼭 기억해 둘 필요가 있습니다.

사람들은 이런 부부 사이의 일들을 밤에 이뤄지는 개인적인 일이라며 가볍게 취급하려고 합니다. 또 부부만이 아는 은밀한 부분이라 사람들이 세세하게 말하거나 알려고도 하지 않습니다. 또한 함부로 드러낼 수 없는 일이라 덮어 두고 언급을 회피하기도 합니다. 그러다 보니 속으로는 불편을 겪거나 괴로움을 견디고 있으면서도 말을 하지 못하고 있는 부부들도 많습니다. 부부의 성생활도 이렇게 서로 많이 다릅니다.

길게도 말고 단 하루만을 놓고 봐도 부부는 이렇게 엄청난 차이를 보입니다. 부부로 살다 보면 처음 생각과 달리 같은 점이라고는 하나도 없는 것처럼 느껴지기도 합니다. 심하게 말하면 처음부터 억지로 맞춰 가며 사는 것 같습니다. 그런데 이렇게 맞지 않는 삶을 일주일 살고, 1년을 살고, 평생을 살아야 합니다. 그러니 사는 순간마다 갈등이요, 불평이요, 불만을 안고 살아간다고 할 수 있습니다.

그래서 필자는 부부간에 살면서 있게 될 일에 대한 이런 짐작과 예측을, 결혼을 생각하는 초입부터 인지하고 생각하면서 출발하는 것이 좋다고 생각합니다.

부부는 서로 전혀 다른 사람들이 만나 가정을 꾸리고 전혀 다른 사람들이 함께 살아간다는 점을 꼭 기억하면 좋겠습니다. 그래야 결혼 후에 급격하게 달라지는 현실에 어느 정도 적응할 수 있는 면역력이 생길 것입니다. 이러한 준비가 필자는 불행을 줄이고 행복으로 나아가는 지름길이라고 생각합니다.

3. 사람은 변한다는 사실을 알아야 합니다

결혼을 시작하게 되면 가장 먼저 기억해야 할 내용이 있습니다. 그것은 배우자는 변한다는 사실입니다. 사람이 살면서 세월에 따라 변한다는 사실은 당연한 이치입니다. 이를 그대로, 아니 상당한 큰 폭으로 인정하고 수용하더라도 결혼 전후에 달라지는 배우자의 모습을 보면 상당히 충격적인 경우가 많습니다.

이런 변화는 따지고 보면 그 사람이 변하는 것이 아니라 그 사람의 본래 모습을 발견하는 것이라 할 수 있습니다. 그런데 이를 인지하지 못하면 상당히 충격적인 일을 경험하게 됩니다. "결혼 전에는 그러지 않았는데 이렇게 달라질 수 있어요?" 할는지 모르겠습니다. 하지만 배우자의 현재 모습은 그 사람의 진짜 본모습이라 할 수 있습니다. 결혼 전에 봤던 모습은 내가 원하는 모습대로 적당히 포장했던 모습이었습니다.

많은 사람들은 데이트할 때에는 그러지 않았는데, 결혼 후에는 그런 다정다감한 모습이 보이질 않는다고 합니다. 그래서 사람이 변했다고 말합니다. 그래도 이것은 변한 것이 아니라 배우자의 진짜 본모습입니다.

결혼 전에는 욕을 그렇게 잘하는지를 몰랐는데, 이제 보니 욕을 입에 달고 삽니다. 그러면 이 모습이 배우자의 본래 생활 태도입니다. 결혼 전에는 그렇게 절제력이 뛰어난 것 같았는데, 결혼하고 보니 시도 때도 없이 술을 마시고 주정을 부립니다. 결혼하기 전에는 담배를 피우는 줄 몰랐습니다. 그런데 결혼하고 신혼여행 가서 보니, 담배를 들고 다닙니다. 이 경우도 지금 현재 모습이 배우자의 진짜 모습입니다.

결혼 후에는 서로 달라진다는 말을 많이 들었다고 하더라도 이런 변화에 적응하기란 결코 쉬운 일이 아닙니다. 어떤 사람은 저 사람이 나를 속였다고 울면서 억울함을 호소하기도 합니다. 친정에 전화해서 신세타령을 늘어놓는 사람도 있습니다. 남에게 공개하기도 어려운 일들로 혼자 속앓이하느라 안으로 상처를 앓으며 살아가기도 하고, 심지어

선생님이 들려주는 결혼 이야기

병을 얻는 사람도 있습니다.

특별히 연애결혼을 한 사람들은 이런 착각을 하기도 합니다. 그 대표적인 것이 결혼 후에도 배우자가 결혼 전과 같은 일관된 모습을 보여줄 것이라고 기대하는 것입니다. 결혼 후에도 상대가 연애 때와 마찬가지로 똑같은 모습과 생활 태도를 지닐 것이라고 생각하는 것입니다.

하지만 막상 결혼을 하고 보면 삶의 태도, 언행, 감정 등 결혼 전 모습과 많이 다른 것을 발견하게 됩니다. 그래서 실망하게 되고, 언쟁을 벌이고, 가슴앓이를 하게 됩니다.

인생을 미리 살아 본 선배들은 연애 때 모습은 그 사람의 본래 모습이 아니라고 말합니다. 그러니 연애 시절 모습은 상대를 꼬드기기 위한 미끼와 같은 행동들이라는 것입니다.

이런 모습은 동물들 생태를 보면 쉽게 확인할 수 있습니다. 동물들은 짝짓기 할 때, 몸짓이 확연히 달라집니다. 수컷은 암컷을 얻기 위해 현란한 몸짓이나 날갯짓을 합니다. 공작새의 경우에도 보면 화려한 깃들을 활짝 펴서 상대를 유인합니다. 사람들은 공작이 꽁지를 활짝 펼치고 있는 고운 모습을 보고 싶어 합니다. 하지만 수컷 공작은 여간해서 꽁지를 잘 펼치지 않습니다. 암컷에게 사랑을 얻고 싶을 때만 펼치기 때문입니다.

마찬가지로 사람들도 이성을 얻기 위해 갖은 재주를 다 부립니다. 연애할 때, 남자는 마치 예수님 같습니다. 5리를 가자고 하면 10리를 가주고, 겉옷을 달라고 하면 속옷까지 주려고 합니다. 아무리 집이 멀어도, 심지어 차가 끊겨 먼 거리를 걸어가야 하는 힘든 상황일지라도 마다하지 않고 밤을 새워서라도 함께 걸어 데려다주려고 합니다. 여성이 좋아하는 음식이라면 무슨 수를 써서라도 다 먹여 주려 하고, 여성이 갖고 싶은 물건이 있다면 무슨 수를 써서라도 다 구입해 주려고 합니다. 이런 남자는 여성 입장에서 보면 대단한 영웅처럼 보이기도 합니다.

그래서 이런 놀라운 희생과 사랑을 가진 사람이라면, 아니 이런 예수님 같은 성격을 가진 사람이라면 결혼해도, 아니 내 평생의 삶을 맡겨도 좋겠다는 생각을 하게 됩니다. 그래서 대부분 자신 있게 확신을 가지고 결혼합니다.

그런데 웬일일까요? 결혼을 하고 나니, 그 현란한 개인기, 재주들이 잘 보이지 않습니다. 모두 어디로 사라져 버린 걸까요? 여자들은 결혼 후에도 연애하던 때의 남성을 원하고 바랍니다. 하지만 현실에서는 공작이 꽁지를 내리고 지저분한 깃털을 땅에 질질 끌고 다니는 것과 같이 천박한 모습만 보이기 십상입니다.

어떤 경우, 어떤 사람은 심지어 결혼식을 마치고 신혼여행을 가서 당장 완전히 달라지기도 합니다. 그래서 신혼여행을 다녀와서 헤어지는 사람들도 꽤 많습니다. 연애 때와 완전히 달라졌기 때문입니다. 화가 나고 분통이 터질 일입니다. 연애 때 나를 그렇게 완전히 속였다니 도저히 이해할 수 없는 노릇입니다. 참 난감할 일입니다. 이렇게 급속하게 달라지는 부부도 있지만 대부분은 다소 느리게 달라집니다. 속도의 차이는 있을지 모르지만 모든 부부는 분명히 달라집니다. 아니, 완전히 본래 모습을 회복한다는 말입니다.

결혼 전에는 온갖 깨끗함을 추구한 것 같았습니다. 그런데 막상 결혼하고 보니 불결하기 짝이 없습니다. 결혼 전에는 돈이 많은 것 같았습니다. 그런데 막상 결혼하고 보니 가진 것이 별로 없습니다. 연애 때에는 그렇게 말을 재미있게 하는 것 같더니, 결혼 후에는 집에만 들어오면 꿀 먹은 벙어리처럼 조용해집니다. 결혼 후에 달라지지 않는 사람은 없습니다. 앞에서 말했던 것처럼 본래 자기 모습을 회복하지 않은 사람이 없다는 말입니다.

본래 자기 모습을 회복하는 것을 두고 사람들은 상대가 달라졌다고 말합니다. 혹은 상대가 나를 속였다고 성질을 부리며 야단법석을 떨기도 합니다. 모두 결혼의 원리를 잘 몰라서 벌어진 일입니다. 그래서 필자가 계속해서 강조하고 있습니다. 누가 뭐래도 결혼 후에 사람은 달라진다는 것입니다.

결혼을 앞두고 이런 책을 보는 사람들은 이제 충분히 짐작할 수 있을 것입니다. 그러니 당연한 변화를 두고 이렇게 완전히 달라졌다며 기분 나빠하거나 그 사람이 못되었다고 비난할 일은 아닙니다. 더구나 '그 사람이 나를 이렇게 완전히 속일 수 있어?' 하면서 욕하고 야단하면서 못 살겠다고 소동을 피워서도 안 될 일입니다. 결혼 후의 모습이 그 사람의 본래 모습이니까요. 행여 혼인을 빙자해서 간음을 했거나 심지어 나를 왜곡시켜 완전히 못되게 만들었다면 몰라도 그렇지 않다면 비난하기보다는 상대를 이해하는 것이 더 현명한 일입니다.

오히려 좋은 일이라며 감사해야 할 일입니다. 그 사람이 나를 적당히 속여서 내가 결혼할 수 있게 되었으니 말입니다. 만일 그러지 않고 본래 모습만 보여 줬더라면 나는 여전히 처녀나 총각으로 지냈을지 모를 일입니다. 아니면 그보다 더 완전하게 속인 사람을 만나 더 고민하며 괴로움 속에서 살게 되었을지도 모를 일입니다.

필자의 친구 가운데 결혼을 아직 하지 못하고 홀로 사는 친구가 있습니다. 젊었을 때부터 친구들은 물론 가족들이 나서 여성과 만남을 주선했습니다. 그런데 번번이 성사되지 못하고 실패하고 말았습니다.

한번은 친구들이 나서서 좋은 여성이 있다며 소개를 해 주려고 했습니다. 친구들은 좋은 만남을 위해 호수가 보이는 멋진 장소를 정하고, 친구에게 시간에 맞춰 나오도록 했습니다. 드디어 두 사람이 데이트를 하게 되었습니다. 그런데 어렵게 마련된 만남이 그냥 그 한 번으로 끝나고 말았습니다.

그 친구의 결혼관이 문제였습니다. 그는 이성을 얻기 위해 다른 사람들처럼 속이면 안 된다는 신념을 갖고 있었습니다. 그래서 자신의 모습을 있는 그대로 보여 주기 위해 평소에 생활하던 초라한 모습으로 처음 만난 자리에 나왔다는 것입니다.

일반적으로 선을 보겠다고 나선 사람들은 대부분 어떻게 해서든지 상대 마음에 들도록 노력합니다. 쉽게 말하면 앞에서 말했던 것처럼 자기를 잘 포장한다는 말입니다. 좀 더 노골적으로 말하면 상대를 속이려 든다는 말입니다.

그런데 이 친구는 그러지 않았습니다. 선을 보겠다고 나선 사람이 신발은 누렇게 퇴색된 흰색 고무신을 신고, 복장은 일터에 나갈 때 입던 허름한 옷을 입고 나타난 것입니다. 그러니 만남 장소에 나온 여성이 중매쟁이들의 체면을 봐서 같이 식사를 하긴 했지만 이후로 만남이 이어지지 못하고 말았습니다.

나중에 친구에게 "선을 보겠다고 나선 사람이 왜 그런 차림으로 나타났느냐?"라고 물었습니다. 그러자 친구는 "사람들은 여성을 얻어 보겠다고 꾸미고 잘난 체들 하는데, 나는 그런 사람이 제일 싫거든, 여성을 속여서 끌고 오고 싶은 마음은 없어, 그리고 내 순수한 마음을 알아주는 사람이 있으면 그 사람이 진짜 좋은 사람이지 않겠는가? 그런 여자가 제일 좋아. 이런 모습도 좋아한 사람이 배우자로서 합격이지, 화려한 모습만 보고 따라온 사람은 틀어지기 십상이거든. 그래서 나는 그 여성과 대화하면서 '내게는 빚도 얼마 있다'고 말했지." 했습니다.

친구의 의도는 좋은 마음이지만, 처음부터 이런 남자를 좋아할 여성은 별로 없습니다. 그러니 이 친구는 결혼을 하지 못하고 혼자 사는 것이 당연한 일인지 모르겠습니다. 때문에 상대가 결혼을 위해 나를 적당히 속이는 일은 꼭 나쁘게 볼 일만은 아닙니다. 모두가 모자란 구석이 있는 사람인 데다가 그런 일이 없었다면 서로 결혼에 이르지 못했을는지도 모를 일이기 때문입니다.

입장을 바꿔 놓고 생각해 보면 나 또한 배우자를 속였던 점이 한둘이 아니었을 것입니다. 그렇다고 보면 적당히 속고 속임당하는 것이 결혼이라 할 수 있습니다.

중요한 것은 결혼을 하고 나면 연애 때, 혹은 지난날 감췄던 그 사람의 본래 모습들이 드러나기 시작한다는 사실입니다. 그러니 우리는 사람들이 본래 모습을 드러낸다는 사실을 그냥 미리 인정해 버리는 것입니다. 그러고 나면 조금 감췄다고 해도 그리 크게 화내거나 억울해할 일이 줄어들 것입니다. 다만 우리가 먼저 기억해야 할 사항은, 사람은 결혼 전후로 이렇게 달라진다는 것입니다. 아니, 달라진다는 것이 아니라 본래 자기 평상시 생활 습관을 그대로 가감없이 드러낸다는 말입니다. 그런데 사람들은 배우자의 이런 본래 모습을 보고 당황하고 거부감을 느끼고 울분을 토로하기도 합니다.

사실 따지고 보면 이런 모습이나 현상은 어쩌면 당연한 일일는지 모르겠습니다. 선을 보거나 연애를 할 때 정작 봐야 할 것은 보지 않고 곁가지들만 점검했기 때문입니다. 외모를 보고, 재산을 보고, 집안을 따지고, 직업을 보느라 이런 성격적 특성이나 생활 습관은 전혀 보지도 따지지도 않았습니다.

그런데 결혼 생활에서 가장 중요한 것은 배우자의 성격적 특성과 생활 습관입니다. '결혼한다'는 것은 둘이 함께 살아간다는 것을 말하는데, 이것은 배우자의 성격이나 생활 습관과 같이 살아간다고 보면 될 것입니다.

그런데 결혼 전까지는 배우자의 생활 습관이나 성격을 전혀 알아보려고 하지 않았습니다. 결혼하고 나서야 비로소 이제 그 실제 모습을 보게 된 것입니다.

따라서 앞에서 필자가 '변한다'는 말을 사용했지만 이는 사람의 생활 태도를 설명하기 위한 장치이고, 실제 이 사람이 변한 것이 아니라 본래 모습을 보인 것뿐입니다. 그런데도 사람들은 변한다, 혹은 본모습을 보인다는 말을 생각하지도 않고 있다 보니 배우자에게 속은 것으로 생각하게 됩니다. 문제라고 한다면 속인 사람의 잘못이 아니라 안일하

선생님이 들려주는 결혼 이야기

게 생각하고 이런 일을 알려고 노력하지 않은 나의 잘못이라 하겠습니다.

지혜로운 사람은 일기예보를 보고 나서 비가 온다고 하면 우산을 준비하고, 눈이 온다고 하면 제설 장비를 준비합니다. '유비무환有備無患'이라는 말처럼 잘 준비하면 불편한 일을 맞더라도 담담하게 지낼 수 있습니다. 마찬가지로 지혜로운 사람은 미래에 벌어질 이런 일들을 미리 예측하고 거기에 많은 준비를 합니다.

결혼도 마찬가지입니다. 결혼 생활에 대한 일들을 미리 짐작하고 예측하게 되면 어렵고 힘든 일을 만나더라도 무슨 일이 닥칠 것인가를 미리 알고 대비하는 사람처럼 비교적 태연하게 지낼 수 있습니다. 상대가 속였거나, 잘못되었다고 흥분해서 날뛰거나 마음의 상처를 받지 않을 수 있습니다.

사람은 본래 타고난 모습으로 성격대로 살아갑니다. 따라서 이를 변했다고 말하거나 탓할 일은 못 됩니다. 이것이 바로 현실이라는 점을 아는 것이 삶을 지혜롭게 사는 일이 될 것입니다.

〈이것만은 꼭! 핵심 요약정리〉

- 결혼 전과 후의 감정은 분명히 달라집니다.
- 두 사람은 전혀 다른 사람이 만나 결혼한다는 사실을 기억하십시오.
- 사람은 결혼하고 나면 달라집니다.
- 결혼하고 나면 사람은 본래의 자기 성격, 자기 생활 습관을 드러냅니다.
- 이런 변화를 미리 알고 대비하는 사람이 지혜로운 사람일 것입니다.

결혼에 대한 환상

　사람들은 결혼을 흔히 '사랑의 꽃'이라고 말합니다. 혹은 사랑의 결실이라고 말하기도 합니다. 여기에 등장한 꽃이 상징하는 의미는 아름다울 뿐 아니라 열매를 향한 소망을 가지고 있습니다. 또한 열매는 완성을 나타냄과 동시에 또 다른 생명을 간직하고 있다는 의미를 담고 있습니다.

　그런데 결혼해서 살아 본 사람들은 이런 말이나 생각에 의문을 갖기도 합니다. 현실에서 살아 보면 결혼으로 안내했던 짜릿한 감정은 금세 사라질 뿐만 아니라 꽃처럼 아름답거나 열매처럼 완성되거나 또 다른 생명을 잉태하고 있지도 않다는 것입니다. 막상 같이 살아 보면 연애 때와는 전혀 다른 감정들을 만나게 된다는 말입니다.

　왜 그런 걸까요? 연애를 하거나 결혼을 앞둔 사람들의 감정이나 생각이 잘못돼 그런 걸까요? 아니면 기혼자들이 무슨 착각이라도 하고 있는 걸까요? 그렇지 않습니다. 이들의 감정도 맞고, 기혼자들이 느끼

　　　　　　　　　　　　　선생님이 들려주는 결혼 이야기

는 감정도 맞는 이야기입니다.

결혼을 앞두고 있는 사람들은 결혼의 부정적인 부분을 아직 경험해 보지 못했을 뿐 아니라 선배들이 일러 주는 조언들이 들리지 않습니다. 그래서 현재가 그저 마냥 좋게만 느껴져 현재를 누리기 때문입니다. 또한 결혼 생활이라는 가 보지 않은 길에 대한 기대와 호기심만으로 가득해서 미지 세계에 대한 막연한 동경을 가지고 있어서 그렇습니다. 그러니 이런 긍정적인 감정이 틀렸다고 할 수 없습니다.

그래서 필자는 결혼이라는 미지의 세계에 들어가려는 사람들에게 일러 주고 싶습니다. 결혼에는 기대나 기쁨을 갖는 것도 좋은 일이지만 지나친 환상에 대한 생각도 경계할 필요가 있다고 생각합니다. 왜냐하면 이 환상이 사람들의 삶을 힘들게 하거나 괴롭게 만드는 경우가 많기 때문입니다.

그 첫 번째 환상은, '결혼하면 백마 탄 왕자와 함께 행복한 세월을 보낼 것'이라고 생각하는 것입니다. 안타깝게도 이런 것은 환상에 불과합니다.

결혼의 실제는 그 반대인 경우가 훨씬 더 많습니다. 들어서는 길마다 자갈길인 경우가 많고 가시밭길도 많습니다. 그래서 이번에는 방향을 바꿨더니 낭떠러지가 나옵니다. 힘들고 괴로워서 그 너머를 봤더니 이번에는 아예 갈 수 없는 절벽이 나타나기도 합니다. 그래서 못 살겠다고 아우성인 사람들이 많습니다. 그래서 이성을 만나면서 결혼에 대한 막연한 환상을 가지고 있는 사람들이 있다면 이는 한 번쯤 생각해 봐야 할 일이라고 생각합니다.

상담실에 찾아온 한 여성은 남편을 몹시 증오하고 있었습니다. 그래서 "어떻게 해서 그런 못된 남편과 결혼하게 되었느냐?" 하고 물어봤습니다. 그랬더니 그 여성은 지금의 신랑이 백마탄 왕자처럼 느껴졌었답니다. 그래서 저 사람이라면 내 인생을 걸어도 좋겠다고, 저 사람만은 내 삶을 책임져 줄 것 같아서 결혼했다고 했습니다. 그런데 이제 와 보니, 저 사람은 내 삶은 고사하고 자기 삶도 책임지지 못하는 무능한 사람이라는 것입니다. 그래서 억울하고 분하다는 것입니다. 결혼에 대한 환상이 가져온 허망한 결과라고 하겠습니다.

두 번째 환상은, 결혼은 둘이 하나가 되는 고결한 일이라고 생각하는 것입니다. '둘이 한집에 혹은 한방에 산다'는 말은 맞을는지 모르지만, '둘이 하나 된다'는 말은 환상이라고 생각합니다.

결혼은 서로 전혀 다른 두 사람이 만나서 살아가는 일입니다. 따라서 결코 하나가 될 수 없습니다. 혹 영화 속에서나 가공의 어떤 공간에서 일시적으로 하나가 되는 것처럼 보일 수는 있을 것입니다. 그러나 현실에서는 일어나지 않을 일입니다. 그러니 부부가 하나가 된다는 말은 하나가 되기를 바라는 환상이 만들어 낸 마법의 언어라 할 수 있습니다.

부부는 하나라기보다는 극단적으로 말하면 각각의 주체가 가까운 이웃보다 조금 더 가까운 곳에서 친밀한 사이로 살아간다고 생각하면 좋겠습니다. 이렇게 말하면 결혼에 대한 너무 야박한 결론이라고 말할는지 모르겠습니다. 그럴지라도 우리는 현실을 제대로 파악하는 것이 중요합니다. 이런 생각이 우리를 더 행복한 곳으로 안내해 줄 것이기

선생님이 들려주는 결혼 이야기

때문입니다.

또한 상대에게 거는 지나친 기대와 온전하게 의지하게 되는 폐단으로부터 자유로울 수 있기 때문입니다. 부부는 하나라는 생각을 갖고 결혼에 덤벼들었다가 낭패를 보는 경우가 많기 때문입니다.

하나가 된다는 말의 의미를 운동 경기를 예로 들어 생각해 보겠습니다. 하나라고 하면 같은 종목에서 같은 색깔의 유니폼을 입고, 같은 목적을 가지고, 같은 몸짓으로 일사분란하게 움직여야 할 것입니다. 그래야 하나라고 할 수 있습니다.

그런데 부부는 대부분 그렇지 않습니다. 우선 종목이 전혀 다를 수 있습니다. 나는 축구를 하는데, 저 사람은 야구를 합니다. 나는 농구를 하는데 저 사람은 배구를 합니다. 게다가 유니폼도 다릅니다. 저 사람은 반바지를 입고 경기를 하는데, 나는 긴 바지를 입고 경기를 합니다.

이렇게 부부는 서로 전혀 다른 사람들이 모여서 가정을 이룹니다. 그래서 부부 둘이 하나가 된다는 말은 틀렸다고 생각합니다. 하나의 가정을 이루었다는 말은 맞을지 모르지만 둘이 하나 된다는 말은 잘못된 말이라고 생각합니다. 오죽했으면 이런 상황을 두고 존 그레이John Gray는 부부 이야기를 다루는 책 제목을 『화성에서 온 남자 금성에서 온 여자』라고 했겠습니까? 부부는 전혀 다르다는 개념을 이렇게 멀리 설정하고 있는 것입니다.

부부는 하나라는 생각을 가지고 결혼하다 보니까 살면서 예상했던 것과 조금만 달라도 상대가 변했다고 가슴 아파합니다. 생각해 보면 배우자가 변한 것이 아니라 그 사람은 본래 그렇게 나와 다른 사람이었습니다.

교제할 때에는 공부를 좋아하고, 아는 것이 많아 지적知的인 사람인 줄 알았습니다. 그런데 살면서 보니 저 사람은 1년 내내 책 한 권을 보질 않습니다.

음식을 먹을 때는 질서 있고, 정갈하게 먹는 줄 알았습니다. 그런데 막상 결혼하고 보니 음식을 먹을 때는 터프하게 먹습니다. 반찬을 먹을 때도 들었다 놨다를 반복하고, 이 반찬을 집었다 놔 두고 또 저 반찬을 집습니다. 먹으려면 처음 집은 것을 그대로 먹으면 좋겠습니다. 하나를 들었다 놨다 할 뿐만 아니라 뒤집기도 반복합니다. 젓가락이 닿는 반찬마다 좋지 않은 기분이 들어 불편합니다. 그래서 그러지 말아 달라고 신신당부를 해 봅니다. 그런데도 부탁은 전혀 들어주지 않고 자기가 하던 습관 그대로 합니다.

결혼 전에는 내가 하는 말이라면 별이나 달도 다 따다 줄 것처럼 했던 사람이었습니다. 그래서 내 말이라고 하면 다 들어줄 줄로 알았습니다. 그런데 이제 보니 상대는 완전히 나와 다른 사람입니다. 그래서 싸웁니다. 이런 일들로 살겠느니 못 살겠느니 합니다. 이는 모두 결혼하면 하나가 된다는 환상에 사로잡혀서 결혼 생활을 시작한 결과라 할 수 있습니다.

다음은 지금 연애 때 느끼고 있는 감정이 결혼 후에도 계속 이어질 것으로 생각하는 것은 환상입니다. 다른 곳에서도 기회가 주어지는 대로 자주 언급하고 있습니다만 결혼에 대한 지나친 기대는 결혼 생활을

선생님이 들려주는 결혼 이야기

힘들게 할 가능성이 높습니다.

우리 속담에 "소문난 잔치에 먹을 것 없다."라는 말이 있습니다. 기대를 잔뜩 가졌는데 막상 가서 봤더니 먹을 것이나 맛이 별로였다는 말입니다. 일반적으로 기대가 크면 그만큼 그 기대에 버금가는 보상이 있어야 합니다. 그런데 큰 기대를 갖고 잔칫집에 갔는데, 음식이 기대에 미치지 못하니, 실망하게 된다는 말입니다.

살다 보면 인간사에서도 그런 기대를 충족하지 못한 경우가 심심찮게 있습니다. 더욱이 결혼을 시점으로 그런 느낌을 가질 가능성이 매우 높습니다. 연애할 때처럼 짜릿하고 가슴이 뛰는 일은 결혼식 이후에도 계속될 줄 알았다가는 더 비참한 감정을 느끼기 쉽습니다.

왜냐하면 앞에서 언급했던 것처럼 결혼식 이후에는 그런 감정들이 속히 꼬리를 감추기 시작하기 때문입니다. 좋고 짜릿한 감정은 결혼식을 하는 데까지만 도움을 주고 그다음에는 둘이서 알아서 살라고 내버려 둡니다. 그러니 환상이 허무하게 무너져 내리기 시작합니다.

결혼은 인생에서 새로운 길로 들어서는 전혀 새로운 여행입니다. 따라서 누구나 기대가 없을 수는 없습니다. 하지만 필자의 부탁은, 가급적 그 기대치를 너무 높게 가지지 말아 달라는 것입니다. '결혼에는 어려움이 있다'는 말을 참조해서 가급적 낮게 가져 달라는 부탁입니다.

역설적이게도 할 수만 있다면 기대를 갖지 않는 것이 오히려 더 행복한 결혼 생활로 이끌어 줄 수 있습니다. 따라서 지나치게 화려한 결혼식을 위해 돈을 낭비할 필요도 없고 훌륭한 배우자를 얻었다며 지나치게 자랑할 일도 아닙니다. 중요한 것은 결혼을 하고 나서 결혼 생활을 행복하게 살아가는 것입니다.

그다음으로 내가 하는 일이나 부탁이라면 배우자가 연애 때처럼 모두 동의하고 들어줄 것이라고 믿는 것은 환상입니다. 부부로 살다 보면 어떤 때는 남편이나 아내가 친구보다 못하다는 생각이 들기도 합니다.

남편은 거의 주말마다 시댁에 자주 들릅니다. 남편은 자기가 살아왔던 집이라서 편하게 여기고, 또 부모님이 계시는 곳이니까 아무런 생각 없이 자주 가곤 합니다. 그런데 나는 시댁에 가는 것이 불편합니다. 여러 번 자주 가면 익숙해질 법도 한데, 여전히 낯설고 어색합니다. 그런데 남편은 갈 때마다 아내인 나와 같이 가자고 합니다. 그런 일을 지속해도 아내가 동의해 줄 것으로 압니다. 몇 번은 가능할는지 모르겠습니다. 하지만 계속되면 동의는커녕 싸움의 소재가 되기 십상입니다.

아내는 직장 동료들과 어울리느라고 늦게까지 놀다가 집에 들어옵니다. 이런 날이 잦아도 직장 일 때문이라며 남편이 수용하고 이해해 줄 것으로 압니다. 반대로 남편이 직장 일로 늦게 들어오는 날이 잦아도 내 아내는 나를 사랑하는 사람이라 모두 이해하고 동의해 줄 것으로 압니다. 모두 착각입니다. 이런 경우, 남편이나 아내 모두 쉽게 동의하지 않습니다.

그러면 이보다 더 작은 일을 부탁하면 어떨까요? 이번에는 쉽게 동의해 줄 것 같습니다. 그런데 현실에서는 결코 그런 일이 일어나지 않습니다. 한두 번은 들어줄 수 있습니다. 그러나 수용의 범위를 벗어나면 작은 일을 꼬투리 삼아 싸움을 벌이기도 합니다. 남편이나 아내가 서로 상대의 일이나 생각에 결혼 전처럼 동의해 준다고 생각하면 이는

선생님이 들려주는 결혼 이야기

착각이자 환상이라 할 수 있습니다.

다음으로 결혼을 하면 곧바로 행복해질 것으로 아는 환상입니다. 아침에 일어나면 모닝 키스로 하루를 시작해서 하루 종일 상대를 그리워하며 지내다가 퇴근해서는 짜릿하고 황홀한 밤을 보낼 것으로 생각합니다. 모두 영화나 꿈속에서나 벌어지는 일들입니다. 현실에서 결혼 생활은 시작하면서부터 불편이자 어려움이라 할 수 있습니다.

같은 이불을 덮고 자면서도 한 사람은 덥다고 하고, 한 사람은 춥다고 합니다. 한 사람은 집에 들어갈 때 신발은 가지런하게 벗고 들어가야 한다고 생각하는데 다른 사람은 들어갈 때는 아무렇게나 벗어 두었다가 신을 때 찾아서 신으면 된다고 생각합니다. 아침 출근할 때에 같은 시간에 집을 나가야 하는 상황인데, 한 사람은 일찌감치 여유 있게 집을 나서도 괜찮다고 생각하고, 다른 사람은 느릿느릿 미적대다가 출근 시간이 다가와서야 서두릅니다. 기다리다 보면 애간장이 녹습니다. 그러면서 또 가져와야 할 핸드폰이나 지갑 등 물건들을 빠뜨리고 나와서 허둥댑니다. 그래서 생활 속에서 마치 작은 쓰레기 같은 불편들이 쌓여 갑니다. 이렇게 결혼 생활은 내 마음 같지 않습니다.

그래서 결혼을 앞둔 사람이라면 결혼 생활에 대한 환상으로부터 벗어나 현실을 있는 그대로 인정하고 수용하려는 자세를 가지면 좋겠다는 생각입니다. 이런 환상에서 벗어나 현실을 자각하게 되면 부부로 살면서 상대가 내 말을 들어 주지 않아도 그렇게 실망하지 않게 됩니다. 어려움을 만나도 예상된 어려움이라 그런대로 지낼 만 하게 됩니다.

여름에 태풍이 온다고 하면 우리는 염려하고 근심합니다. 하지만 일기예보를 통해 언제, 어떻게, 어떤 진로로 진행된다는 것을 알면 조금 편하게 미리 준비하고 대책을 마련할 수 있습니다. 혹 큰 태풍이 지나가면서 큰 피해를 주더라도 수긍하고 복구에 전력을 다할 수 있습니다. 마음의 준비를 충분히 했기 때문입니다.

마찬가지로 부부 사이에도 이런 글을 통해 예고를 받으면 혹 어려움을 만나더라도 '부부라면 이렇게 어려운 상황들을 만나게 된다더라' 하면서 의연하게 대처할 수 있습니다. 설령 피해가 있더라도 복구하도록 열심히 노력할 수 있습니다. 그러면 편안한 일상으로 쉽게 회복할 수 있습니다.

다음으로는 결혼에는 충분한 물질이 있어야 한다는 환상입니다. 물질적으로 풍족하면 나쁠 리 없지만 부족하더라도 너무 염려하거나 실망할 필요는 없습니다.

어떤 사람들은 부모가 집을 마련해 주고 고급 승용차를 사 주었다고 자랑하기도 합니다. 부모에게 그런 혜택을 입지 못한다고 해서 실망하거나 억울해할 필요도 없습니다.

부모는 나를 현재, 여기까지 공부시켜 주고 생활할 수 있도록 도와준 것만으로 부모 역할을 다 했다고 하겠습니다. 앞으로의 삶은 나의 삶이지 부모가 책임져야 할 일은 아닙니다. 철저히 내 삶은 내가 직접 챙기고 개척해 나가야 한다고 생각하면 좋습니다.

지금 부모 세대 대부분은 결혼하면서 월세방이나 혹은 전세방으로부터 시작했습니다. 그래도 지금 모두 현재와 같은 풍족한 삶을 일궈 냈습니다. 이렇게 말하면 어떤 사람들은 지금은 시대가 달라졌다고 강변할는지 모르겠습니다. 아무리 시대가 달라져도 행복을 얻으려는 마음과 삶은 달라지지 않았다고 생각합니다.

따라서 결혼 후에는 내 스스로 자립하려는 생각을 가지는 것이 좋습니다. 집을 마련할 수 있어야 결혼할 수 있다는 생각은 결혼을 하지 못하는 사람들의 핑계이거나 사랑을 해 보지 못한 사람들의 변명에 불과하다고 생각합니다.

필자는 자녀에게 큰돈을 들여 집을 마련해 주고 후회한 사람을 알고 있습니다. 부모가 평생 벌어서 마련한 돈으로 자녀 신혼집을 마련해 주었답니다. 그런데 얼마 살지 못하고 이혼하는 바람에 재산을 나눠 가지게 되었답니다. 서로 반씩 나눠 가지게 됨으로 재산이 반 토막이 되었다는 것입니다. 가족 모두에게 아픔을 주는 일이 되고 말았습니다.

때문에 결혼을 하려는 사람은 처음부터 부모가 집을 마련해 주고 물질적인 도움을 줘야 한다는 생각을 하지 않는 것이 좋습니다. 이런 생각보다는 '어떻게 결혼을 준비하고 어떻게 삶을 공부하고, 어떻게 아름다운 사랑을 나눌까?' 등을 생각하고 실천하는 것이 더 바람직하다고 생각합니다.

결혼을 앞두고 아무런 의식이나 생각이 없거나, 혹은 결혼에 대한 공부를 하지 않은 사람은 커다란 태풍이 오는 줄도 모르고 가만히 앉아 있다가 엄청난 피해를 당하는 어리석은 사람과 비슷합니다. 아니 이것보다 훨씬 더 못합니다. 태풍 피해는 조금 노력하면 복구가 가능하지만 가정은 한번 파괴되면 영원히 복구하는 것이 어렵기 때문입니다.

결혼의 현실을 예상하고 준비하면 결혼 생활 중에 어려움을 만나더라도 마음의 상처가 적거나 가볍게 치유될 수 있습니다. 반대로 만일 부부가 서로 달라 다투는 일이 잦을 것이라고 생각했는데, 그렇지 않은 현실을 만나면 '어, 살 만한데, 행복한데' 하고 만족하고 행복을 얻을 수 있을 것입니다. 그래서 결혼을 앞두고 있는 사람들이라면 먼저 이런 환상으로부터 벗어날 것과 현실을 직시하는 혜안이 필요하다고 생각합니다.

〈이것만은 꼭! 핵심 요약정리〉

- 결혼은 백마 타고 나타난 사람이나 백설공주와 같은 사람과 결혼하는 것이 아닙니다.
- 연애 때 감정이 결혼 이후에도 계속된다고 생각하는 것은 환상입니다.
- 결혼은 둘이 하나가 되는 것이 아니라 각자가 남보다 더 가까운 거리에서 살아가는 것입니다.
- 배우자가 연애 때처럼 내 부탁을 모두 들어줄 것이라고 생각하는 것은 환상입니다.
- 결혼은 충분한 재정이 있어야 행복하게 된다는 것은 환상입니다.
- 결혼은 외적인 조건보다는 고운 사랑을 어떻게 이어 갈 것인가를 생각하는 것이 가치 있는 것입니다.

선생님이 들려주는 결혼 이야기

제3장

어떻게 하면
행복한 결혼 생활을
할 수 있을까요?

결혼식에 대한 단상斷想

  사람들이 가지고 있는 원초적 생존 본능은 남자와 여자를 만나게 하고, 결국에는 결혼에 이르도록 도와줍니다. 아마 우리에게 이런 능력이 없었더라면 인류는 오래전에 사라졌을지도 모를 일입니다.

  그래서 예로부터 결혼은 인생사나 인류사에서 매우 중요하게 다루어져 왔습니다. 인류의 대를 이어 줄 뿐만 아니라 생명을 대대로 연장해 주는 꿈을 이뤄 주기 때문입니다. 그래서 결혼이라는 제도와 의식은 지역이나 인종을 떠나 모든 인류들에게 매우 중요한 일로 여겨지고 있습니다.

  이런 마음과 생각이 지배적이어서 그런 걸까요? '결혼식' 하면 사람들은 화려하고 거창하고, 낭만적인 모습을 떠올립니다. 요즘에는 이러한 마음을 잘 이용하는 사업가들도 있어서 결혼식의 규모가 점점 더 커지고, 화려해져 비용 역시 늘어나고 있습니다. 그래서 이 책에서는

      선생님이 들려주는 결혼 이야기

인생사에서 중요하게 취급되고 있는 결혼을 다루면서 결혼식에 대한 필자의 생각을 정리해 보려고 합니다.

먼저 결혼식에 대한 의의意義라고 할 수 있습니다. 결혼식은 두 사람이 여러 사람들 앞에서 부부로 살아가겠다고 선포하는 의식입니다.

남녀가 결혼식을 하지 않고 한집에서 살면 도덕적으로나 윤리적으로 비난이나 질타를 받을 수 있습니다. 하지만 결혼식을 한 다음에는 떨어져 지내면 오히려 비난이나 의심을 사게 됩니다. 따라서 결혼식의 의의는 남녀가 함께 살아가겠노라고 주변 사람들에게 선언하는 데 있습니다.

또한 여기에 참여한 사람들로부터 그런 삶을 인정받고 확인하는 데 있습니다. 그래서 결혼식을 하고 나면 함께 지내고, 동행하는 것을 수용하고 아름답게 여깁니다. 이것이 결혼식에 대한 가장 기본적인 가치이자 의미라고 하겠습니다.

부부로서 삶을 선포하고 인정받았으면 그다음으로는 부부로서 감당해야 할 의무와 지켜야 할 법도를 실천하겠다고 사람들 앞에서 공적公的으로 약속하는 데 있습니다.

사람의 의지는 본래적으로 나약하고 연약합니다. 따라서 그저 둘만의 다짐만으로는 너무 부족합니다. 때에 따라 마음을 바꾸고 훼손할 여지가 많습니다. 그래서 결혼식을 통해 여러 사람 앞에서 약속하면 공적인 약속과 공적인 의무가 됩니다. 따라서 함께 살아가는 것이 결코 가볍지 않고, 쉽게 훼손할 수 없다는 엄숙한 일이 됩니다. 그래서 결혼식은 여러 사람 앞에서 부부의 도를 이루겠다는 선언이자 자신들의 약속과 다짐을 하는 데 의의가 있습니다. 따라서 주례자도 이런 관점에서 주례사를 하고 식을 진행하게 됩니다.

요즘 결혼 예식 중에는 주례사를 해 주시는 분을 따로 두지 않고 서약과 선포는 사회자가 대신하고, 양가 부모들이 나서서 덕담을 주고받는 형태로 진행된 예식도 많습니다. 그래서 주례자 선택에 대한 고민이나 부담을 덜 수도 있습니다.

그러지 않고 주례사를 해 주실 분을 모실 경우에도 앞에서 다루었던 공적인 선포와 약속, 덕담을 나눌 수 있는 분이라면 충분하다고 생각합니다. 양가 부모 중에 한 분이 해도 좋고, 신앙을 가진 사람이라면 성직자에게 부탁드려도 좋고, 직장의 장이나 선배에게 부탁드려도 좋을 것입니다. 꼭 국회의원이나 국무위원인 장관, 장군, 사회적으로 평판이 있는 사람을 찾느라 수고를 들이지 않아도 된다고 생각합니다.

그런데 오늘날 결혼식 모습을 보면 아쉬운 점들이 있습니다. 그것은 사람들이 결혼식이 갖는 일반적인 가치와 의미를 더 확장시켜서 부풀리려고 한다는 점입니다.

그 대표적인 예로 결혼식을 가문이나 개인의 세 과시용으로 생각한다는 것입니다. '우리 집안이 어떤 집안인데' 하면서 체면과 집안의 위상을 생각하고 그것들을 훼손할까 봐 전전긍긍합니다. 그러다 보니 결혼식을 준비하면서부터 주례자는 상당한 지위를 가진 사람을 물색합니다. 그리고 거기에 걸맞는 장소를 찾다 보니 크고 웅장해야 하며, 화려하고, 거창해야 된다고 생각합니다. 여기에 주변에서 보내온 화환들 역시 마치 개업 장소처럼 즐비하고 많아야 된다고 생각합니다.

선생님이 들려주는 결혼 이야기

또 예단은 얼마나 준비해야 하고, 답례는 어느 정도 해야 하며, 그 범위는 어느 정도까지 미쳐야 된다고 말합니다. 이런 의식이 다분하다 보니, 결혼식이 거대해지고, 화려해집니다.

대부분 부모들이 나서서 세상 물정을 잘 모르는 젊은 남녀들에게 갖은 주문을 하면서 불편을 만들어 내기도 합니다. 그래서 결혼을 하는 당사자들이나 상대 집안사람들에게 무한한 부담을 주기도 합니다. 이로 인해 결혼식의 주인공인 신랑 신부가 고생하는 경우가 많습니다. 그것도 이러한 의식意識들이 결혼식 후에도 잘 정리가 되지 않아 조마조마하면서 지내는 부부들도 자주 봅니다.

결혼식을 마치 부모의 체면이나 위신을 뒷받침해 주는 것쯤으로 생각하다 보니, 결혼식장에 찾아오는 하객들 역시 많아야 한다고 생각합니다. 그래서 청첩장을 보내는 것부터 결혼의 본래 의미와 달라지기 시작합니다.

10년 전에 한번 보고, 연락 한 번 없었던 사람들에게까지 청첩장을 보내기도 합니다. 어쩌다가 길을 지나다가 만난 사람이나 어쩌다가 얼굴 한번 본 사람에게도 청첩장을 건넵니다. 요즘은 디지털 시대라 조금만 관련된 사람들이라면 SNS로 대량 뿌리기도 합니다. 동창회나 끈끈한 모임에서는 그런대로 수용할 수 있는 일이지만 핸드폰 속에 있는 저장된 모든 사람에게 보내는 경우도 있습니다.

청첩장이라는 것은 정말 자녀의 결혼을 축하해 줄 사람을 초대하는 정중한 예의禮儀여야 한다고 생각합니다. 마음을 나누는 사람들이 모여서 자녀의 결혼을 진정으로 축하하고 잔칫상을 함께 나누는 것이 바른 모습이라 하겠습니다.

또 어떤 사람들은 청첩장을 결혼식에 드는 비용을 어느 정도 마련해 주는 수입원쯤으로 여기고 보내기도 합니다. 부모들이 이런 확장된 생각을 갖고 있으면 결혼 당사자들도 별생각 없이 그런 의식을 갖기도 합니다. 그래서 직장 생활을 하고 있는 경우 청첩장을 자기 부서 주변에만 보내도 될 것을 회사 전체로 확장시켜 보냅니다. 나와 친밀도가 있는 분들에게만 보내도 될 것을 얼굴만 알고 지내는 사람에게까지 보냅니다. 앞으로 자기가 보답해야 할 것을 생각조차 못 하고, 아니 안하고 그냥 보냅니다. 결혼과 청첩장의 가치를 저급하게 만드는 일이라고 생각합니다.

축의금이라는 것도 원래는 순수한 마음에서 축하하기 위해서 자기 마음을 표현하던 것이었습니다. 그래서 축의금은 특별히 많이 하지 않아도 된다고 생각합니다. 잔칫날이니까 가서 참여한 것만으로도 그 예식을 빛내 주는 일이 되니까 말입니다. 그런데 이것을 세 과시용으로 사용하거나, 답례용으로 이용하다 보니 자금 회수를 위한 도구로 전락시킵니다. 그래서 오늘날 청첩장은 마치 관공서에서 발부하는 납입 고지서같은 인상을 주기도 합니다.

그래서 필자는 순수하고 의미 있는 결혼식이 되기 위해서는 청첩장은 꼭 보내야 할 분들에게 제한적으로, 진정한 마음에서 축하를 해 줄 수 있는 분들에게만 보내져야 한다고 생각합니다. 이해관계에 있는 사람에게 어쩔 수 없는 상황에서 참여하도록 보낸다든지, 어떤 일의 대가對價를 받기 위해서라든지, 혹은 보답의 대가를 받기 위해 보내져서

선생님이 들려주는 결혼 이야기

는 안 된다고 생각합니다.

결혼식에서 신부가 하얀 드레스를 입은 이유 가운데 하나는 '순수하고 깨끗하다'는 의미를 담고 있기 때문입니다. 마찬가지로 결혼식에 보내는 축의금 성격도 웨딩드레스처럼 투명하고 깨끗해야 그 의미가 살아난다고 생각합니다. 따라서 사업 거래처라서 모두에게 보낸다든지, 관심도 없는 단체에 모두 일괄 보내는 일은 결혼식의 순수를 훼손하는 일이라고 생각합니다.

굳이 청첩장을 보내야 하는 범위에 대해 말해 본다면 청첩장을 받는 사람이 내 자녀의 성장 과정을 알고 있고, 자녀가 지금 몇 살이며, 어디에 살고 있으면서, 무엇을 하고 있는지 정도는 알고 있는 사람이라면 족하다고 생각합니다. 그러니까 어떤 사람을 만나면 그 사람이 내 자녀의 안부를 물어 올 정도의 관계라면 좋다고 하겠습니다. 이런 사람들에게는 반드시 청첩장을 보내야 합니다. 세상을 살아가면서 인생의 단계마다 내 주변에서 일어난 일을 서로 공유하는 것은 바람직하고 중요한 일이기 때문입니다. 이 또한 세상을 살아가는 의미가 되기 때문입니다.

또 다른 면에서 청첩장을 보내는 범위라 한다면, 우리 집의 개혼—우리 집에서 처음으로 결혼식을 하는 경우—이라면 앞에서 말했던 것처럼 나와 친밀한 인간관계로 지내면서 친하다며 초대장을 보내 준 사람이라면 보내는 것도 좋다고 생각합니다.

이런 범위가 아닌 사람에게 청첩장을 보낸다는 것은 결례이자 청첩장이 지닌 그 의미를 벗어난 것이라고 생각합니다. 자녀의 고귀한 결혼식이 부모의 체면을 세워 주는 상업적인 도구가 되어서는 안 되기 때문입니다.

그런데 오늘날 사람들을 보면 자녀가 결혼식을 하게 되면 그냥 아무런 생각 없이, 혹은 그 범위나 영역에 대한 고려 없이 머리에 떠오르는 사람들에게 보내는 경우가 많습니다. 그 사람이 내 자녀 수나, 나이, 형편이나 사정 등을 알지 못하더라도 그냥 보냅니다. 낯이 두껍다고 해야 할까요? 아니면 부끄러움을 모르는 사람이라고 해야 할까요? 아니면 철이 없다고나 해야 할까요? 스스로 무언가 어색하다는 생각이 들지 않은지 모르겠습니다.

이와 관련해 또 다른 이야기는 결혼식에 하객들이 많아야 된다고 생각하는 사고입니다. 축하객이 많아야 많은 축하를 받을 수 있고 그러면 보다 더 많은 행복과 만족도가 올라간다고 생각하는 것입니다.

필자 생각은 앞에서 말한 것처럼 결혼이 주변 사람들 앞에서 부부의 도리를 다할 것을 약속하고, 또 공적으로 선포하는 것이 결혼식의 가치와 의미라고 본다면 참여한 사람들의 수는 그리 중요하지 않다고 생각합니다. 이유가 있다면 결혼식은 많은 사람들이 축복을 빌어 주고, 또한 많은 축하를 받는다고 해서 꼭 행복을 보장해 주지 않기 때문입니다.

온 국민적 관심과 축복을 받았던 배우들 중에는 우리가 생각한 것만큼 그렇게 행복하지 않은 부부들도 상당합니다. 우리가 알고 있는 것처럼 전 국민이 축하하고 축복해 주었던 배우들이 불행을 겪고 있는 것을 봅니다. 이를 보면 결혼식에서 많은 사람들로부터 축하를 받는

선생님이 들려주는 결혼 이야기

것이 행복을 보장받는 것이 아니라는 증거입니다.

따라서 결혼식은 깨끗하고 순수하고, 간단하더라도, 또 하객들이 많지 않아도 괜찮다고 생각합니다. 결혼식의 의미와 가치를 충분히 알고 그것이 잘 담긴 결혼식이라면 나머지 것들은 부수적인 것들이라 별로 중요하지 않다고 생각합니다.

또 결혼식을 하면서 일어나는 미미한 감정들 가운데 하나는 축의금에 대한 관점과 생각입니다. 축의금을 놓고 정리하는 과정에서 일어나는 미묘한 감정들입니다.

신랑 신부의 친구들이 보낸 것은 신랑 신부의 것이고 나머지는 부모의 것이라든지, 아니면 신랑 친구들이 보내온 것은 신랑의 것이고, 신부 친구들이 보내온 것은 신부의 것이라는 생각, 또한 내가 친척들에게 베풀어서 받은 축의금은 모두 내 것이라는 생각들이 부딪치는 일 등이 그것들입니다.

필자가 본 사례 가운데 하나는 부모 중 한 분이 계시지 않는 가정에서 이루어진 혼사에서 축의금은 혼인 당사자의 것이라고 주장하는 일로 얼굴을 붉히는 경우를 봤습니다. 부모나 자녀 모두 서운한 감정을 가진 것을 봤습니다.

이러한 일들은 모두 근본적으로 축의금의 의미와 가치를 잘 몰라서 벌어진 일이라고 생각합니다. 원론적으로 따져 보면 축의금의 소유는 혼주인 부모입니다. 친구들이 보내왔든, 직장 동료들이 보내왔든 아니면 내가 전에 보냈던 곳에서 답례 차원에서 보내 왔든, 혹은 부모 중한 분이 안 계셔서 주로 내 주변 분들이 보내온 축의금이라도 모두 혼

주인 부모의 소유라고 생각합니다.

왜냐하면 결혼식의 형태를 보면 쉽게 알 수 있습니다. 결혼식은 부모가 혼주가 되고 자녀들은 예식의 주인공이 되는 구조로 되어 있습니다. 따라서 혼인에 관계된 모든 금품은 혼주 소관이라 할 수 있습니다. 물론 각 가정의 사정과 형편에 따라 조금씩 달라질 수는 있겠지만—사전에 협의된 내용이 있는 경우 제외하고—근본적으로 축의금은 혼주의 관할이라고 하겠습니다. 그러니 부모가 나서서 축의금을 네가 알아서 정리하라는 말이 없는 이상, 여기에 예식의 주인공들이 관여할 일은 아니라고 생각합니다.

설령 신랑 신부 친구들이 보내왔거나, 부모 중 한 분이 안 계셔서 자수성가하다시피 해서 부모와 관련된 주변 분들이 보내온 축의금은 얼마 되지 않고, 당일 당사자 본인의 직장 동료들이 보내온 금품이라도 그것은 모두 부모의 것이어야 한다고 생각합니다.

동료들이 보내온 축하금은 내가 앞으로 보답해야 하는 일이니까 모두 내가 가져가야 한다고 주장하는 사람들이 있습니다. 어쩌면 맞는 말인 것처럼 보입니다. 앞으로 신랑 신부가 살면서 보답해야 하는 것은 맞는 말이기 때문입니다. 하지만 앞으로의 보답은 본인의 책무이고 결혼식에 보내온 금품은 부모의 것이어야 합니다. 이때 보내온 축하금은 결혼 예식을 위한 것입니다. 그러니 우선적으로 결혼식에 사용되어야 할 돈입니다. 조금 더 넓게 생각한다면 신랑 신부가 성장해 오는 동안 곁에서 삶을 돕고 응원하고 격려해 준 부모 마음의 가치를 생각해 보면 자녀로서 부모 곁을 떠나는 결혼식을 치르면서 최소한으로 보답으로서

선생님이 들려주는 결혼 이야기

부모에게 드려야 한다는 의식을 가지는 것이 혼인 당사자들의 바른 마음가짐이라고 생각합니다.

자녀들이 이렇게 부모에게 예를 표하고 나면 자녀로서 부모에게 도리를 다하는 일일 뿐만 아니라 부모에 대한 예우를 챙겨 드리는 일이라고 생각합니다. 이런 자녀를 두고 아마 가만히 있을 부모는 없을 것입니다. 더 챙겨 주었으면 주었지, 자녀 것을 가지려고 하는 부모는 없을 것입니다.

여러분은 결혼식에 대해 어떤 생각을 갖고 있으며, 또 어떤 가치관이 의미가 있다고 생각하는지요? 여기에는 다양한 견해와 생각이 있을 수 있습니다. 하지만 여기에서는 어디까지나 필자의 관점에서 정리해 보았습니다. 필자의 생각도 여러 시각 중 하나라는 생각을 가지고 여기에 빗대어 필요에 따라 자기 생각을 정리하면 좋겠다는 생각입니다.

〈이것만은 꼭! 핵심 요약정리〉

- 결혼식의 의의意義는 선포와 인정, 부부의 도를 지키겠다는 약속이자 다짐입니다.
- 덕망이 있는 주례 선생님을 모시려고 신경 쓰지 않아도 됩니다.
- 결혼식은 가문이나 부모의 체면을 세우는 일로 생각해서는 안 됩니다.
- 청첩장은 제한적으로 보내져야 하고 자금 회수용으로 사용되어서는 안 될 것입니다.
- 축의금은 본질적으로 혼주 소관이어야 한다고 생각합니다.

사소하지만 중요한 당부들

우리는 과학이 최첨단으로 발달한 시대에 살고 있습니다. 그러면서도 우리 사회에는 오랜 역사 속에서 얻어 낸 지워지지 않은 뿌리 깊은 사고들이 있습니다. 그중 하나는 남자들이 지니고 있는 가부장적 사고라 할 수 있습니다.

요즘 남자들은 이를 부인하려고 하지만 집안에 가면 자기가 최고이며 자기가 중심이라는 사고를 여전히 가지고 있습니다. 그래서 집에서 무슨 일을 하든지 간에 자기가 최고이자 중심자 역할을 하려고 합니다. 이런 삶의 태도나 방식은 가정생활에서 도움이 되는 경우도 있지만 부작용으로 나타난 경우도 많습니다.

남편이 어떤 일을 결정했습니다. 그런데 아내가 보니 그 방법이 잘못된 것으로 보였습니다. 그래서 남편에게 말을 합니다. 그러면 남자들은 사안에 따라 그 일이 잘못되었다는 사실을 인정하면서도 자기 권위나 체면을 생각하고는 아내 말을 듣지 않고 자기 결정을 따라 일을 밀어

선생님이 들려주는 결혼 이야기

붙입니다. 그 일이 나중에 결과적으로 잘못된 것으로 판명납니다. 차라리 가부장의 체면을 내려놓고 아내 말을 들을 것을— 그러면 아내의 핀잔이 쏟아집니다. 아내의 무너진 자존심 때문에 아내는 상처를 입기도 합니다. 때로는 부부 싸움을 벌이기도 합니다. 이런 일이 잦아지면 부부 관계에 흠이 되기도 합니다. 그래서 남성들의 절대 권력을 행사하려는 가부장적 태도와 사고는 문제라고 생각합니다.

남자들 중에는 가부장적 사고가 무너지면 힘을 잃거나 세상을 잃은 것 같은 비참함을 느끼는 사람들이 있습니다. 어떤 사람은 자기 존재 가치나 의미를 잃어버리기도 합니다. 그렇게 되면 남자들은 세상을 비관적으로 보거나 자기를 학대하는 일을 벌이기도 합니다. 매일 술을 먹는다든지, 한숨을 자주 쉰다든지, 그렇지 않으면 가정 밖에서 늦게까지 방황한다든지, 아니면 연인을 만드는 형태로 표출하게 됩니다.

그래서 결혼을 앞두고 있는 남자들에게 부탁드립니다. 아내의 말이 옳다고 여겨지면 자기 체면을 내려놓고 아내 말을 좀 들어 달라는 부탁입니다. 다소 자존심이 상하거나 기분이 나쁠 수 있습니다. 그렇더라도 아내 말을 무시하거나 업신여기지 말고 존중해 주십시오. 이것이 남성 상위로부터 평등으로, 또는 존중으로 서로를 위하는 길이 됩니다. 부부 사이에서 남편이 자기 체면을 앞세우다 보면 자칫 싸움으로 이어지기 쉽고, 또한 아내의 자존심에 상처를 주기도 쉽습니다. 따라서 남편 본인의 체면과 더 큰 잘못을 방지하기 위해서라도 아내 말을 잘 수용하는 지혜를 발휘해 주기 바랍니다.

가부장적 사고가 손상을 입으면 남자들은 어찌할 줄을 몰라 합니다. 그래서 배우자에게 싸움을 걸거나 골을 부리기도 합니다. 만일 남자의 자존심에 상처를 입으면 골을 속으로 삭이지 말고 남자들이 부지불식간에 가지고 있는 일반적인 가부장적 사고를 인정하고, 아내에게 그런 사고가 내게도 있음을 솔직히 시인하고 또한 이 사고思考가 손상을 입었다고 협조를 구하십시오. 그리고 이것이 더 진행되면 화를 내거나 부정적인 생각을 갖게 된다는 점도 말해 두십시오.

이 말은 매우 단순한 조언처럼 보이지만 실천하기에 쉽지 않은 일입니다. 이 단순한 것을 남자들은 어렵게 여기거나 자존심이 손상될 것으로 여겨 하지 않으려고 합니다. 때문에 이를 다짐하고 실천하는 일은 가정의 행복을 위해 매우 중요한 처신이라 하겠습니다.

또 남자들 중에는 결혼하고 나면 아내 얻은 것을 완성된 일로 여기고 자기 성질대로 함부로 살려고 하는 사람들이 있습니다. 그렇다고 하더라도 마음대로 사는 것을 누가 막을 수는 없는 노릇입니다. 하지만 그러면 그 결과에 따른 책임을 자기가 반드시 져야 한다는 사실입니다. 이것이 계속되면 생애 견디기 힘든 고통이 따릅니다. 그러다가는 결과적으로 남자만 초라하게 된 경우가 많습니다.

여기에서 아내들에게 조심스럽게 부탁드려 봅니다. 남편이 실수를 인정하고 자존심의 상처를 입었다고 말합니다. 그러면 아내들은 남편에게 "거봐, 내 말이 맞잖아." 하며 핀잔을 주거나 남편이 실수를 더 분명하게 인정하도록 추궁하려 들지 마십시오. 실수를 인정하는 것으로써 남편은 이미 자존심의 상처를 입었습니다. 때문에 그러지 말고, 도리어 그런 말을 해 주는 것에 대한 감사와 격려의 말을 해 주면 좋겠습

선생님이 들려주는 결혼 이야기

니다.

아내들이 남편을 볼 때, 하는 일이 엉성하고 실수가 잦고, 혹은 어떤 일을 결정하고 판단하는 일에서 서툰 경우가 있을 수 있습니다. 그런 연장선상에서 나와 상의 없이 어떤 일을 결정해서 좋지 못한 결과를 얻은 경우가 있을 수 있습니다. 그래도 "내가 그럴 줄 알았어.", "당신이 하는 일은 언제나 그래.", "저러니 학교에 다닐 때 공부는 했겠어?"라는 형태의 남편을 무시하거나 업신여기는 말을 사용하지 마십시오. 그런 경우라도 가급적 대화를 통해 자기 의견을 제시하십시오. 그런 사정을 물어보고 앞으로는 함께 의논해 달라는 요청을 분명하게 말하는 것이 좋습니다. 그러는 것이 지혜로운 아내의 처신이라 할 수 있습니다.

그리고 또 다른 부탁은 남편의 사소한 일에 대해서는 못 본 척 눈을 감아 주는 지혜를 발휘해 주기 바랍니다. 이런 말을 하면 "어찌 실수를 뻔히 알고도 못 본 체할 수 있겠어요?" 할 수 있습니다. 분명 이는 정말 어려운 일이이라 할 수 있습니다. 그래서 지혜라고 한 것입니다. 그냥 넘어갈 수 있는 일을 두고 사사건건 따지지 말고 그냥 그렇게 슬그머니 넘어가 달라는 말입니다.

만일 남편이 어떤 일을 혼자 결정하는 바람에 결과가 좋지 않게 되었습니다. 그래서 감정이 상해서 남편에게 꾸중을 늘어놓을 상황이 되었습니다. 이런 경우 아내는 불편한 마음을 남편에게 털어놓을 수 있습니다. 불편한 마음을 말하기는 하되 이런 점에 유의하면 좋겠습니다.

먼저 남편의 오래된 일이나 다른 잘못까지 가져와 꾸지람해서는 안 됩니다. 이런 경우에도 반드시 지금 일어난 잘못된 부분만을 가지고 말하는 것입니다. 그리고 마지막 말은 "당신은 이런 부분만 빼고는 참 괜찮은 남자여요."처럼 남편의 잘하는 부분을 가지고 격려하거나 칭찬하는 것으로 훼손된 자존심을 만회해 주면 좋습니다. 그러면 남자는 이런 아내의 말에 힘을 얻고 꺾인 자존심을 회복하게 됩니다.

그리고 그 일을 가지고 반복해서 말하지 말아 달라는 부탁입니다. 오전에 하고 또 오후에 하고, 저녁에 또 하면 남편은 "이제 그만 하라니까, 그만 하라고—" 하면서 불편한 기색을 드러내기 십상입니다. 이런 말이 나오면 '내가 너무 심했구나' 파악하고, 멈춘 다음, 분위기를 바꿔 주십시오. 할 수만 있다면 여기에 이르지 않도록 한두 번으로 끝내 주기 바랍니다.

그러면 남편은 이미 자기가 인지하고 있는 일이라 반성하고 잘해 보겠다는 다짐을 하게 됩니다. 그러니 할 수 있다면 반복적으로 하지 말고 격려해 주십시오. 그러면 남편은 삶의 의욕을 얻어서 집에서 남편의 역할을 더 잘 수행하게 될 것입니다.

아내들에게 하나 더 부탁드립니다. 남편의 부족한 부분이나 미진한 부분을 들어 남자가 하려는 일에 태클을 걸거나 시비를 자제해 주십시오.

이런 말을 들으면 남자는 스스로 초라하다는 생각을 하게 됩니다. 그래서 어린아이들처럼 삐지고 토라지고, 골을 내기도 합니다. 그러면 집에 들어오는 시간이 늦어지고, 술을 먹는 횟수가 늘어납니다.

이런 생활을 염두에 두었으면 이제 편안한 마음으로 남편이나 아내

선생님이 들려주는 결혼 이야기

는 서로 권리와 사생활을 존중해 주는 것이 좋습니다. 부부라고 할지라도 서로의 권리가 존중받고, 사생활이 침해되지 않아야 합니다. 가장 편안하고 가까운 사이라고 해서 이를 무시하거나 업신여겨서는 안 됩니다. 부부로 살아가더라도 한 인간으로서 존중 받음과 개인의 생활이 있다는 점을 기억하면 좋습니다. 부부간에 사소한 개인 생활까지 간섭하고 관여하는 일은 서로에게 피곤을 주는 일이 됩니다.

이와 같은 점을 생각하고 생활 속에서 이해하고 서로 존중하는 일을 적용하면 남편은 아내를, 아내는 남편을 서로 위하는 일이 될 것입니다. 행복이 뭐 별것인가요? 바로 이런 일련의 과정이 곧 행복입니다.

〈이것만은 꼭! 핵심 요약정리〉

- 아내들은 할 수만 있다면 남자의 가부장적 심리를 인정해 주세요.
- 남편들은 이런 심리를 아내에게 지나치게 적용하는 일을 자제해 주세요.
- 남편들은 아내의 조언을 잔소리로 듣지 말고 인정하고 수용해 주세요.
- 아내들은 남편의 미진하거나 부족한 점을 꾸짖으려거든 남편의 다른 잘하는 부분을 들어 자존심의 손상을 만회해 주세요.
- 남자들은 자기 부족한 점에 대해서는 인정할 부분은 인정하고 도움을 구하세요.
- 부부는 서로 상대의 사생활과 권리를 인정하고 존중해 주세요.

정보를 서로 나누고 확인해요

　　사람들이 실수하기 쉬운 것 가운데 하나는 부지불식간에 타인의 마음도 내 마음과 같을 것이라고 생각하는 것입니다. 그래서 타인에게 내 생각이나 의도를 말하지 않아도 상대가 내 마음을 충분히 알아서 의도한 대로 그렇게 잘 움직여 줄 것으로 압니다. 더욱이 이런 일들은 가정에서 식구들 간에 더 빈번하게 일어나는 것을 볼 수 있습니다. 결론부터 말씀드리면 이는 완전히 잘못된 착각입니다.

　　아무리 친하고, 같이 생활하고 있는 사람이라고 할지라도 상대는 내 마음을 전혀 모릅니다. 설령 무엇을 조금 안다고 해도 그것은 지엽적이고 매우 작은 것 중 일부일 것입니다. 어떤 사람은 "저 사람은 눈치가 9단이라 모를 리 없다."라는 말을 하기도 합니다. 그런데 아무리 눈치가 좋은 사람이라고 할지라도 내 마음을, 내가 생각한 것을 다른 사람이 아는 것은 불가능합니다.

　　현실이 이러함에도 어떤 사람들은 남편은 아내를, 아내는 남편을 잘

선생님이 들려주는 결혼 이야기

안다고 생각합니다. 또 부모는 자녀를, 자녀는 부모를 잘 안다고 생각합니다. '가족으로 사는데 무슨 더 긴 설명이 필요하겠느냐?' 하면서 가족 구성원들의 마음을 매우 잘 아는 것처럼 말하기도 합니다.

하지만 구체적인 사안을 들여다보면 그렇지 못한 경우가 태반입니다. 그런 사례로 부모와 자녀 간의 일을 들 수 있습니다. 부모들은 대개 자녀들이 알아서 공부를 잘해 줄 것으로 압니다. 구체적인 말을 하지 않더라도 자녀들이 부모의 바람을 알아서 스스로 열심히 공부해 줄 것으로 압니다. 그런데 자녀들은 이런 부모 마음을 잘 모릅니다.

현실이 이렇다고 하면 부모들은 "그것은 자녀들에게 말하지 않아도 아이들 스스로 아는 것이 기본이 아니냐?"라고 되묻기도 합니다. 하지만 부모가 공부에 대한 구체적인 말을 하지 않으면 자녀는 공부를 어떻게 해야 하는지, 혹은 어느 정도까지 해야 하는지 잘 모릅니다. 자녀들이 잘 알 것이라고 생각하는 것은 부모의 착각일 뿐입니다.

부부의 경우도 마찬가지입니다. 같은 공간에서 지내고, 함께 밥을 먹고, 같은 이불을 덮고 잔다고 해서 남편은 아내를, 아내는 남편을 누구보다 더 잘 이해하고, 잘 알 것으로 생각합니다. 그래서 남편과 아내는 서로에게 말을 하지 않아도 상대가 내 생각을 알고 저절로 내 마음처럼 움직여 줄 것으로 압니다. 모두 모두 착각입니다. 어느 순간 보면 부부라고 해도 친구들이나 친척, 이웃들보다 더 잘 모르는 경우가 많습니다.

그래서 필자는 부부로 살면서 무슨 일이든 사소한 일로부터 큰일에 이르기까지 서로 묻고, 말로 표현하라는 부탁을 드리고 싶습니다. 가정에서 있는 큰일이라고 하면 당연히 드러내 놓고 부부간 대화를 나누게 되니까 강조하지 않겠습니다만 아주 사소한 일까지라도 부부간에 서로 말로 표현하라는 부탁입니다.

부부의 행복한 삶의 여부는 커다란 일이나 값비싼 선물에 있지 않습니다. 간단한 일이나 아무것도 아닌 일들을 서로 어떻게 소통하느냐, 혹은 그러지 않느냐에 따라 달려 있습니다. 소통이 되지 않으면 작은 싸움들이 잦아지고, 나중에는 이것이 큰 싸움으로 연결됩니다. 그러다가 회복할 수 없는 단계에 이르곤 합니다.

그래서 필자는 아주 작고 사소한 일일지라도 부부가 서로 상대에게 물어봐 주고, 물으면 하찮은 질문이라도 무시하지 말고 자기 생각을 간단한 말로나마 꼭 표현해 달라는 부탁입니다.

부부로 살다 보면 사소한 일들로 황당한 일이 벌어지기도 합니다. 너무 사소한 일이어서 상대가 당연히 알 것으로 알았는데, 정작 어느 시점에 가서 보면 상대가 몰라 난감하게 된 경우가 많습니다. 그러니 신혼 초부터 사소한 일이나 정보들을 서로 나누는 습관을 들이면 좋겠습니다.

심리학자들은 뉴욕시티 해변에서 재미나는 실험을 했습니다. 피실험자가 해변에서 휴대용 라디오로 음악을 들으며 누워 있다가 자리에서 일어나 라디오를 두고 해변으로 걸어갔습니다.

이때 도둑으로 가장한 다른 실험 참여자가 라디오를 가지고 달아났습니다. 실험자는 이때 이 모습을 지켜본 사람들의 반응을 살폈습니다. 스무 번 실시했는데 도둑을 저지한 경우는 네 번, 네 사람에 불과

선생님이 들려주는 결혼 이야기

했습니다. 나머지는 모두 방관하거나 저지하는 것을 매우 망설이는 모습을 보였습니다.

그런데 이번에는 음악을 듣고 있던 사람이 자리를 뜨면서 주변 사람들에게 "제 물건을 지켜봐 주십시오."라는 부탁을 했습니다. 이후에 도둑이 라디오를 가져가려고 하자 부탁을 받았던 사람들은 스무 번 중 열아홉 번, 열아홉 명의 사람이 강하게 도둑을 제지하면서 해명을 요구했다는 것입니다.

숫자적으로만 봐도 많은 차이를 보이지만 부탁을 받은 사람들은 강하게 제지하고 적극 해명을 요구했다는 것입니다. 자기 의사를 표현한 것과 그렇지 않은 것의 차이가 이렇게 엄청나게 크다는 것입니다.

남의 물건을 가져가는 일은 해서는 안 될 범죄 행위입니다. 그래서 일반적으로 누구든지 보면 저지하고 막아야 하는 일입니다. 그런데 말을 하지 않았더니, 사람들은 불의한 일을 보고도 방관자가 되었습니다. 반대로 부탁을 했더니 사람들은 거의 다 분명한 태도를 취했다는 것입니다.

부부 사이도 이와 비슷합니다. 아무리 사소한 일이라고 할지라도 서로에게 말하지 않으면 몸은 같은 공간에서 살고 있을지라도 누구든지 방관자가 되기 쉽습니다. 방관자로 살아가는 부부, 즉 의사소통이 이루어지지 않은 부부는 어떤 결과에 이를지 충분히 짐작해 볼 수 있는 일입니다. 이와 관련된 우스운 이야기가 있습니다.

황혼에 이혼을 결심한 부부가 있었습니다. 할아버지는 할머니와 헤어지기 전에 마지막으로 식사를 함께 하기로 했습니다. 그래서 둘은 마지막 식사로 닭백숙을 먹게 되었답니다.

할아버지는 마지막 식사 자리라서 그동안 할머니에게 서운하게 해 드렸던 일을 떠올리며 잘 챙겨 드려야겠다는 생각을 했습니다. 그렇게 마음먹고 할아버지는 할머니를 위한다며 맛있게 생긴 닭 다리를 뜯어 할머니에게 권했답니다. 그러자 할머니는 푸념처럼 "저렇게 몰라주다니 평생을 같이 살아온 사람이 어쩌면 이럴 수 있어? 나는 닭 날개를 좋아하는데, 내가 무엇을 좋아하는지조차 몰라주다니." 하면서 마지막까지 서운한 감정을 피력했다는 이야기입니다.

우스운 이야기처럼 들릴지 모르지만 이런 일은 실제로 우리 생활에서 다반사로 일어나고 있습니다. 아내가 무엇을 좋아하는지, 남편이 무엇을 좋아하는지, 혹은 싫어하는지, 아내나 남편이 어느 계절을 좋아하고 싫어하는지, 어떤 색깔을 좋아하고 싫어하는지, 또 어떤 향을, 어떤 음식을, 어떤 맛이나 냄새를 좋아하고 싫어하는지, 신발이나 속옷, 외투 사이즈가 어떻게 되는지, 모르거나 혹은 관심 없이 사는 부부들이 태반입니다.

종종 남편이나 아내가 해외여행을 다녀오거나 어떤 모임에 참석했다가 배우자의 선물이라며 혹은 생활에 요긴한 용품이라며 물건을 사 오는 경우가 있습니다. 사 오는 사람은 심사숙고해서 돈을 들여 사 옵니다. 하지만 칭찬보다는 "이것은 내가 별로 좋아하지 않는 것인데—" 하거나 "이것은 생활에 별로 필요하지 않은 물건인데—" 같은 대화를 주고받는 경우가 많습니다. 이유가 있다면 모두 사소한 정보를 잘 몰라서 벌어진 일입니다.

선생님이 들려주는 결혼 이야기

부부들은 대개 배우자에 대한 정보를 어느 정도 알고 있다고 생각합니다. 하지만 이러한 정보들이 피상적인 일에 머무는 경우가 많습니다. 예를 들어 배우자가 음악이나 미술을 좋아하는 줄은 압니다. 그런데 그 하위 장르까지 아는 사람은 적습니다.

음악이라고 하면 음악 중에서 노래를 좋아하는지, 경음악을 좋아하는지, 혹은 클래식을 좋아하는지, 아니면 재즈 음악을 좋아하는지, 그런 부분까지는 잘 모른다는 말입니다. 또 노래를 좋아한다면 팝송을 좋아하는지, 트로트를 좋아하는지, 발라드를 좋아하는지, 또 발라드를 좋아한다는 사실을 안다면 어떤 노래나 어느 가수를 좋아하는지 등 이런 세세한 부분까지 알지 못한다는 말입니다.

또 배우자가 어떤 모임에 참여하는지, 그중에서 어떤 모임에 애착을 갖고 있는지, 그 모임의 임원들은 누구인지, 그런 이유와 상황 등을 잘 모릅니다. 그리고 배우자의 친구들이 누구인지, 그중에서 누구와 마음을 잘 주고받는지, 또 어떤 유형의 친구를 좋아하고 싫어하는지 등도 잘 모릅니다. 또 자녀가 태어나면 자녀의 친구들은 어떤 아이들이 있는지, 그 아이들 이름은 어떻게 되는지 잘 모릅니다.

그래서 필자는 강조하고 부탁드립니다. 배우자나 가족들이 가지고 있는 주변 정보들에 대해 보통 수준을 넘어서 한 단계 더 깊게 들어가 공유해 달라는 것입니다.

예를 들어 남편의 취미가 낚시라고 한다면 남편의 취미가 낚시라는 것쯤에서 머물지 말고 조금 더 나아가 민물낚시를 좋아하는지, 바다낚시를 좋아하는지, 또 낚시를 하면 어떤 어종을 공략하는지, 낚시 도구는 어떤 것들이 좋은지, 계절적으로는 어떤 계절이 좋은지 등으로 보통 상식으로부터 한발 더 나가 달라는 것입니다.

또 남편이 스포츠를 좋아합니다. 그러면 그중에서 어떤 운동을 좋아하는지, 좋아한다는 표현은 어떤 형식으로 하는지, 또 그 운동에 대한 실력은 어느 정도 되는지, 그리고 좋아하는 운동선수는 누구인지, 왜 그를 좋아하는지까지 확장시켜 알아달라는 것입니다.

아내가 영화를 좋아합니다. 그러면 영화를 좋아한다는 정도에 머물지 말고, 어떤 장르의 영화를 좋아하는지, 판타지 영화를 좋아하는지, 사실적인 영화를 좋아하는지, 다큐멘터리 같은 영화를, 혹은 에로영화를 좋아하는지, 그리고 좋아하는 배우가 있다면 누구인지, 왜 그러는지 등도 알아 두는 것입니다.

또 아내가 싫어하는 내 행동이나 태도는 어떤 것인지, 나는 그런 행동이나 태도가 어떤 때 일어나는지 알리고 파악하고 있는 것이 좋습니다. 이로 인해 배우자에게 요청사항이 있으면 "내가 조절하려고 하지만 마음대로 되지 않아요. 당신도 좀 도와주세요."처럼 말하는 것입니다.

이렇게 부부간에 서로 정보를 잘 교환하는 일은 사소한 것처럼 보이지만 행복을 쌓아 가는 벽돌과 같은 도구들이 됩니다. 이런 노력과 활동을 통해 부부의 대화가 늘어 가고 친밀감이 높아지게 됩니다.

우리는 친한 친구일수록 그 친구에 대한 정보를 많이 알고 있습니다. 마찬가지로 부부도 서로 많은 정보를 알고 있으면 더 친해질 수 있습니다. 뿐만 아니라 좋아하거나 관심 있는 부분은 격려하고 응원할 수 있어서 무슨 일을 더 잘할 수 있도록 도와줄 수도 있습니다.

선생님이 들려주는 결혼 이야기

이렇게 서로의 정보에 민감하면 수시로 만나게 되는 불편도 줄일 수 있습니다. 만일 상대가 싫어하는 부분에 대해서 충분히 알고 있다면 그런 부분은 서로 피할 수 있습니다. 그러면 서로 불편한 일을 줄일 수 있습니다. 이는 배우자에게 큰 힘을 실어 주는 것이나 다름없습니다. 이것들을 모르고 있다면 위에서 예로 들었던 노부부처럼 서로 위한다고 하는 일이 도리어 불편을 초래하거나 싫어하는 일이 될 수도 있습니다. 그러면 싸움의 단초가 되거나 부부 사이를 힘들게 만들어 놓기도 합니다.

정보공유의 다른 매력은 부부의 공통된 대화 소재를 풍성하게 제공해 준다는 점입니다. 뿐만 아니라 부부간의 대화 양을 늘려 준다는 것입니다. 그래서 자연스럽게 부부가 친밀하게 됩니다.

어떤 부부들은 부부간에 대화를 나누려고 해도 대화거리가 없어서할 수 없다며 하소연하는 사람들이 있습니다. 이는 모두 가족들의 사소한 정보들을 교환하지 않아서 벌어진 일들이라 할 수 있습니다.

배우자의 친구들 이야기만 하더라도, 소상히 알고 있다면 무한한 대화 소재거리가 될 수 있습니다. 음식을 먹을 때라면 친구 중에 누가 이런 음식을 좋아하는지, 혹은 싫어하는지, 같은 음식이라도 여기에 무엇을 넣으면 누가 좋아하는지, 무엇이 들어가면 누구는 싫어하는지 등과 같은 이야기들로 대화거리를 삼을 수 있습니다.

그러니 배우자에 대한 작은 정보들을 가볍게 여기거나 우습게 여겨서는 안 됩니다. 부부로 살아가니까 그저 막연히 아내나 남편이 내 사정을 잘 알고 있겠지, 혹은 당연한 일인데 뭘—, 아니면 앞으로 알아가겠지, 하는 식으로 가볍게 여겨서는 안 됩니다. 가장 잘 알 것 같은 사람들끼리 실은 가장 잘 모르는 경우가 많기 때문입니다.

이런 정보 교환이 주는 또 다른 유익은 사람들의 일관된 행동이나 생각들을 유지하도록 도와줍니다. 사람들은 어떤 선택을 하거나 혹은 입장을 말하거나 또는 행동으로 옮기게 되면 그러한 일에 일치된 말이나 행동을 해야 한다는 생각을 합니다. 그래서 일관되게 행동하려고 합니다.

우리는 생활하면서 말에 따른 일관성을 지닌 사람을 보면 흔히 지적_{知的}이며 논리적이고, 정직하다는 평가를 합니다. 또한 만일 자기가 했던 말과 내용이 다르거나 자기가 한 말을 자주 바꾸는 사람은 변덕쟁이 혹은 신용이 떨어진 사람으로 간주합니다.

따라서 부부 사이에서 말로 표현하고 확인하는 일은 우선은 삶을 자기가 한 말의 테두리 안에서 살아가도록 이끌 뿐만 아니라 삶의 규격이나 표준으로부터 벗어나지 않도록 도와줍니다. 사람들은 모두 자기 말에 책임지려는 기본적인 생각이나 의지를 갖고 있기 때문입니다.

또한 부부 사이에서 배우자에 대한 정보 파악은 유사성을 찾아 가도록 돕는 좋은 일이 됩니다. 사람들은 유사성의 요소들을 통해 상대에게서 더 많은 호감을 가지고 친밀도를 높여나갑니다.

어떤 물건을 팔거나 영업을 하는 사람들의 모습을 보면 이같은 사실을 실감나게 느낄 수 있습니다. 그들은 만나는 사람에게서 어떤 형태로든 나와 비슷한 유사성을 찾으려고 노력합니다.

고향을 물어보거나, 혹은 어떤 학교를 다녔는지, 아니면 취미가 같

선생님이 들려주는 결혼 이야기

은지, 종교, 혹은 좋아하는 정치적 성향, 즐기는 스포츠 등을 통해 유사성을 찾으려고 노력합니다. 조금이라도 같은 점을 찾아 일치시키면 그 사람을 잠재적 고객에서 진짜 고객으로 만들 수 있다고 합니다. 그래서 영업 사원들을 교육하는 사람들은 그 사람이 가지고 있는 분위기, 스타일, 말하는 어감 등 여러 분야에서 마치 거울을 보는 것처럼 똑같이 따라 하도록 지도한다고 합니다.

마찬가지로 부부 사이에도 이런 노력이 필요합니다. 서로 대화를 통해서 상대의 정보를 알고, 나누고, 수용하고, 공유함으로써 서로 유사성을 찾아가는 것입니다. 부부 사이에서도 유사성의 요소가 많으면 많을수록 서로 친밀감이 높아지고, 애정도 깊어지게 됩니다.

이러한 정보 교환의 가장 큰 장점이라고 하면 무엇보다 이런 관심들을 통해서 부부간에 좋은 감정의 깊이가 더해지고, 생각을 공유하게 된다는 점입니다.

사람은 일반적으로 감정적으로 좋은 기분을 느끼고, 생각이 같은 방향으로 흘러가는 사람들끼리는 어려움을 만나면 함께 뭉치고, 서로 힘을 합하려는 성질을 갖고 있습니다. 그래서 어려움을 만나더라도 대처를 잘하게 되고, 힘든 일을 만나더라도 비교적 쉽게 넘어갈 수 있습니다.

그렇지 못한 부부는 어려움이 생기면 먼저 상대를 탓하고, 그다음에는 상대의 허물을 들춰냅니다. 그러면서 문제 해결법에 관심을 갖는 것이 아니라 누가 더 잘못했는가에 비중을 둡니다. 그래서 문제 해결을 위해 힘을 쏟는 것이 아니라 서로 잘못의 경중을 따지느라 에너지를 소모합니다. 그러다가 서로 심한 상처를 입기도 합니다.

그래서 부부로 사는 사람들은 자기 생각이나 정보를 상대에게 말하고, 더 나아가 상대가 자기 정보를 말을 할 수 있도록 환경을 만들고 배려해서 서로의 정보를 공유하도록 노력하는 것이 좋습니다.

그러한 정보들은 위에서 말했던 것처럼 큰 것이 아니라 사소한 일들로 생각이나 느낌 등 다른 사람들이 봤을 때는 시시콜콜한 이야기들이라 할 수 있습니다.

요즘 부부들은 대부분 둘 다 밖에 나가서 일을 하는 사람들이 많습니다. 그래서 일로 인해 분주하고 챙겨야 할 것들이 많습니다. 때문에 가정 주변에서 벌어지고 있는 일이라든지, 아니면 가족과 관련된 일들을 가볍게 여기는 사람들이 많습니다. 그래서 이런 무관심 정도야 당연한 것으로 여기거나 서로 충분히 이해해 줄 것으로 압니다. 그러다 보니 여기에서 중요하게 다루고 있는 사소한 정보들을 놓치며 사는 경우가 많습니다. 그래서 문제가 되기도 합니다.

반대로 행복을 누리는 부부들은 이런 사소한 일들에 관심을 기울이고 실천합니다. 서로에게서 얻은 정보를 통해 서로의 이해의 폭을 넓히고, 좋은 감정의 깊이를 더해 갑니다. 이러한 감정을 바탕으로 어려움을 만나면 함께 지혜롭게 풀어 갈 수 있는 동력을 얻습니다. 그래서 나이가 들어 갈수록 싸움은 줄어들고, 갈등 상황을 만나면 상대를 탓하기 보다는 해결점을 찾는 데 주력하게 됩니다. 그래서 늘 행복을 향해 나갑니다.

부부들이 나누는 사소한 정보들은 부부들이 맞기 쉬운 위기상황으

선생님이 들려주는 결혼 이야기

로부터 건져 내 주는 밧줄과 같은 요소라 할 수 있습니다. 따라서 현대를 살아가는 부부들은 이런 점을 기억하고 부부 사이에 많은 정보들을 서로 공유하면 좋겠다고 생각합니다. 이런 노력들이 곧 '어떻게 살아야 행복할 수 있는가?'에 대한 어느 정도 답이 될 것이라고 생각합니다.

〈이것만은 꼭! 핵심 요약정리〉

- 배우자에게 자기 사소한 일을 알리고 배우자의 관한 정보를 많이 알도록 노력합니다.
- 배우자와 가족에 관한 작은 정보를 소홀히 여기기 마십시오.
- 서로 상대가 자기 정보를 알릴 수 있는 환경이나 여건을 조성하십시오.
- 상대에게서 얻은 정보는 삶의 활력소가 된다는 점을 기억하십시오.
- 부부 사이에서도 상대에게서 많은 유사성의 요소를 찾으려고 노력하십시오.
- 부부간의 사소한 정보들이 행복의 요소임을 꼭 기억하십시오.

상대 모자람을 채워 줘요

일반적으로 결혼이라고 하면 사람들은 자기를 기준으로 즐겁고 재미나고, 어떤 이득을 보는 것 정도로 가볍게 생각합니다. 그래서 자녀들이 결혼한다고 하면 사람들은 "새 자식을 하나 더 얻어서 좋겠다."라는 덕담을 나눕니다. 아들인 경우, "딸 같은 며느리를 하나 더 얻어서 좋겠다." 하고, 딸인 경우 "건장한 아들을 하나 더 얻어서 좋겠다."라고 축하합니다.

물론 이 말은 결혼을 시키는 부모에게 덕담으로 건네는 말이지만 여기에는 알게 모르게 이해득실의 마음이 담겨 있어서 좋은 말은 아니라고 생각합니다.

사람들이 이런 관점에서 결혼을 생각하다 보니까 결혼하면 자꾸 어떤 이득을 보는 것으로 생각하게 됩니다. 그래서 결혼을 떠올리면 좀 괜찮은 녀석을 얻어야 하겠다 생각하고, 며느리는 좀 예쁘고 가치 있는 여자를 얻어야겠다고 생각합니다. 그래서 학벌을 따지고, 좋은 직장을

선생님이 들려주는 결혼 이야기

생각하고, 좋은 집안의 사람을 찾게 됩니다. 모두 결혼을 통해 이득이나 재미를 좀 보겠다는 계산에서 생겨나는 모습들이라 하겠습니다.

이런 관점에서 결혼을 생각하다 보니 결혼 상대를 구할 때부터 어려움을 겪게 됩니다. 우선 그렇게 많은 이득을 가져다 줄 사람이 많지 않습니다. 나는 저 사람이 이득이 될 것 같아서 선택합니다. 하지만 상대도 그렇게 생각하다 보니 나를 선택해 주지 않습니다. 상대는 내게서 이득을 볼 만한 것이 별로 없기 때문입니다.

이렇게 어려운 관문을 통과해서 어쩌다가 적당히 이로움을 줄 만한 사람을 만났습니다. 그래서 즐거운 표정으로 만족하면서 결혼을 하게 됩니다.

그런데 결혼하고 보니 처음 계산했던 이득과는 상당히 차이가 있는 것을 발견하게 됩니다. 이익이 좀 많을 것처럼 보였는데, 소득이 별로 없습니다. 재산이 많은 것 같아서 곧장 좋은 집을 마련해 줄 것으로 알았습니다. 그런데 결혼하고 보니, 재산은 작은아버지 재산이고, 빌딩은 큰아버지의 것이고 남편의 부모는 겨우 살고 있는 집 정도 재산을 가지고 있었습니다.

또 결혼 전에는 그럴싸한 모습이나 사회적인 지위를 가지고 있는 사람처럼 보였습니다. 결혼하고 보니 사회적 지위는 아버지가 가지고 있고, 괜찮은 직업은 형이 가지고 있고, 내 남편은 빈껍데기 같습니다. 결혼 전 모습은 호가호위狐假虎威처럼 뒤에 호랑이가 있는 것뿐이었습니다.

그러다 보니 결혼을 준비하면서부터 어긋나기 시작합니다. 혼수품은 이 정도 해야 하고, 인사는 이 정도 해야 하고, 이 정도 예물은 준비해야 한다고 합니다. 그러니 생각부터 달라지기 시작합니다. '이 사람이 나를 재산 증식의 도구로 생각했나' 하면서 불평불만이 쌓이기 시작합니다. 그렇지만 이왕 시작한 결혼 준비라서 달갑지 않고 불만이 있지만 그래도 어느 정도 참아 가며 진행합니다. 이렇게 결혼 준비를 해서 이제 결혼 생활을 시작합니다.

결혼하자마자 남편은 늦은 귀가를 자기 맘대로 밥먹듯이 하고 신혼집에 대한 생각은 별로 하지 않은 것 같습니다. 나는 하루 종일 남편을 생각하고 회삿일을 하면서도 집안일을 생각하는데 남편은 그렇지 않은 것 같습니다. 결혼 전부터 상당한 희생을 감내하며 지금까지 버텨왔는데 결혼 생활은 내가 생각했던 것과는 많이 다릅니다.

이렇게 되면 결혼하면서부터 결혼 생활에서 별 이득이 없다는 것을 깨닫고 따지기 시작하고, 사소한 일로 다투기 시작합니다. 결혼식을 할 때까지만 하더라도 결혼하면 상당한 이득이 될 것이라고 생각했습니다. 그런데 이제 그런 것들이 깨지기 시작하면서 싸움이 격렬해지고 힘들어집니다. 많은 부부들이 이런 경험들을 합니다. 그러다가 남편과 생각이 전혀 다르면 더러는 파경을 맞기도 하고, 마음의 큰 상처를 입고 살아가기도 합니다.

이런 일들은 모두 결혼이라는 것을 무엇을 얻거나 무슨 이익을 얻겠다는 관점에서 출발해서 얻어진 결과들이라 할 수 있습니다. 모두 잘못된 생각이 낳은 그릇된 결과입니다. 그러면 결혼을 어떤 관점에서, 어떤 가치관으로 접근하는 것이 좋을까요?

아주 혁명적이고 이상적인 이야기를 해 보려고 합니다. 결혼은 내가 무슨 이득을 얻기 위해 하는 것이라고 생각해서는 안 됩니다. 도리어 배우자에게 보탬이나 이득을 주기 위해 하는 것이라고 생각해야 합니다. 이런 관점은 보통 생각과 달라서 아주 이상한 이야기로 들릴 수도 있습니다. 하지만 이런 생각을 가져야 결혼 생활을 행복하게 가꿔 나갈 수 있습니다.

우리는 결혼 생활을 왜 이런 관점에서 시작해야 할까요? 앞에서도 말씀을 드렸습니다만 결혼이라고 하면 사람들은 대부분 환상적인 꿈을 꿉니다. 그런데 결혼의 실상을 들여다보면 생각했던 것과는 너무 다르다는 것입니다. 그래서 상당한 실망을 하게 됩니다. 그런데 이런 생각은 우선 결혼 생활에서 실망감이나 상실감을 줄여 줍니다. 반대로 말하면 결혼 생활에서 만족감을 늘려 줍니다.

우리의 결혼의 목적은 행복을 얻는 데 있습니다. 그런데 결혼을 함으로써 오히려 실망하게 되면 그 의미나 가치를 상실했다고 할 수 있습니다. 때문에 결혼의 본래 가치를 얻고, 우리가 행복을 얻으려면 이런 방법을 사용해야 합니다. 결혼에 대한 이런 생각이 행복으로 안내하기 때문입니다.

결혼이라고 하면 모두가 나의 유익을 위해 한다고 생각하는데 나만 이런 생각을 한다면 성자가 아닌 이상, 참으로 어색하고 불편한 생각이라고 할는지 모르겠습니다. 그래도 다시 한번 말씀드리자면 이런 생각으로 결혼 생활을 시작해야 행복으로 가는 길에 들어서게 된다는 말입니다.

우리는 자연의 일부입니다. 때문에 우리 역시 자연의 원리를 따라 사는 것이 편안하고 부작용이 없습니다. 자연 생태계가 파괴되지 않고 이렇게 유지되는 근본적인 요인은 자연의 원리가 잘 적용되고 작동되고 있기 때문입니다.

자연의 모습을 보면 자연은 모두 남에게 주는 원리 속에서 질서를 유지해 나갑니다. 꽃들의 경우를 한번 보겠습니다. 꽃은 제철이 되면 매우 화려하고 예쁜 모습으로 피어납니다. 하지만 스스로 사랑할 수 없는 결점을 가지고 있어서 모든 사물들이 좋아하는 꿀과 고운 향기를 뿜어 냅니다. 그러면 벌들이 이를 보고 다가와 사랑을 완성시켜 줍니다. 꽃은 자기 몫을 다하기 위해 먼저 상대에게 줍니다. 이로써 자기의 결점과 사랑을 이루는 결과를 얻게 됩니다.

동물들도 마찬가지입니다. 동물들은 화려한 모습이나 우아한 태도, 혹은 매우 강한 모습을 보여 줍니다. 그러면 암컷들이 몸을 허용합니다. 우리는 이를 유인 유혹이라고 말하지만 출발점은 상대에게 무엇인가를 주는 것으로부터 시작한다는 사실을 알 수 있습니다. 그런 원리가 사랑이 되고 끊어지지 않는 생명을 만들어 냅니다. 그러면 사랑이 되고 생명이 대대로 이어지게 됩니다.

마찬가지로 사람들도 이런 자연의 원리를 바로 알고 적용할 필요가 있습니다. 대부분 사람들은 결혼을 하면 상대에게서 내가 무엇을 얻음으로써 내가 어떤 이익을 얻을 것이라고 생각합니다. 얼른 보면 이런 접근이 내게 많은 유익이 될 것 같습니다.

하지만 실제 삶에서는 그 반대인 경우가 많습니다. 우선 실망이 크기 때문입니다. 그래서 오히려 내가 상대에게 무엇인가를 베풀어 줄 것

선생님이 들려주는 결혼 이야기

인가를 생각하는 것이 내게 훨씬 더 이롭다는 말입니다. 이것이 자연의 원리에 부합하는 일이 됩니다. 여기에서 행복의 싹이 트고 자라나게 됩니다.

우리들이 자동차를 운전하기 위해서는 먼저 기름을 넣거나 충전을 해 주어야 합니다. 기름을 넣지 않고 운전하려는 사람은 어리석은 사람입니다. 우리는 이런 원리 속에서 살아가고 있습니다. 그런데도 우리는 내가 상대에게 베풀지 않으면서 내 결핍이 채워지지 않는다며 야단하고 골을 냅니다. 그러다가 큰 싸움을 하고 헤어지는 결과에 이르게 됩니다.

그러니 행복한 삶을 위해서는 세상의 원리나 이치를 따르는 것이 좋습니다. 내가 먼저 베풀어 상대의 결핍을 채워 주는 것입니다. 그러면 더불어 내 결핍도 채워진다는 사실입니다.

왜 이런 생각을 가져야 하느냐 하면, 이런 가치관은 앞에서 살펴봤던 것처럼 결혼 생활에서 오는 실망감, 혹은 상실감을 줄일 수 있도록 도와주기 때문입니다. 반대로 우리가 얻고자 하는 생활의 만족도가 올라가도록 도와줍니다. 결혼 생활을 조금 더 나아지고 행복하도록 안내해 주기 때문입니다.

우리가 여행을 떠난다고 생각해 보겠습니다. 그래서 여행 전에 먼저 여행을 다녀온 사람으로부터 그 여행지는 별로라는 말을 들었습니다. 그래서 여행에 대한 별다른 기대를 하지 않았습니다. 그런데 막상 내가 그 여행지에 가 보니, 이것도 볼 만하고, 저것도 경험해 볼 만한 것들이었습니다. 그러면서 '이 정도면 괜찮은데—'라는 생각을 하게 됩니다.

여행의 만족도가 올라가는 요인이 됩니다.

결혼 생활도 마찬가지입니다. 받을 것에 대한 기대를 별로 하지 않았습니다. 그런데 같이 살면서 보니 어느 순간 상대로부터 내가 더 많은 도움을 받고 있는 것을 발견하게 됩니다. 그러면 만족감과 함께 감사함과 행복을 느끼게 됩니다.

우리들이 착각하는 것 가운데 하나는 행복은 내가 무엇인가를 얻음으로써 주어진다고 생각하는 것입니다. 여자들은 결혼하면서 대개 이런 기대를 많이 하는 것 같습니다. 남편들이 연애할 때처럼 잘 대해 줄 것으로 아는 것입니다. 결혼을 하면 남편이 각종 기념일을 잘 챙겨 줄 것으로 압니다. 뿐만 아니라 주기적으로 해외여행을 함께 가자고 권하고, 주말이면 매번 재미있는 일들을 마련해서 내가 즐겁도록 만들어 줄 것이라고 생각합니다. TV에서 보는 최수종과 하희라 부부가 편지를 교환하고 멋진 레스토랑에서 빅 이벤트를 하는 일들이 내게도 일어날 것으로 압니다.

하지만 현실에서는 결혼을 하고 몇 년이 지나도록 이런 유형의 일들은 일어나지 않습니다. 대부분 부부들은 이벤트가 거의 없이 살아갑니다. 사실 재밌는 이벤트는 텔레비전에나 나오는 이야기라고 보면 됩니다. 현실에서는 거의 일어나지 않은 일입니다. 그럼에도 이런 일이 내게 없다고 불평하는 것은 모두 내가 무엇을 바라고 이득을 얻으려는 데서 생겨난 불행한 일들이라 할 수 있습니다.

따라서 이제 결혼을 생각할 때에는 그 관점을 조금 바꾸는 것이 좋겠다고 생각합니다. 행복한 결혼 생활은 내가 무엇을 얻음으로써 주어

선생님이 들려주는 결혼 이야기

지는 것이 아니라 바라는 만큼 상대에게 베푼 데서 이뤄진다는 사실을 아는 것입니다. 이러한 원리를 성서에서는 이렇게 말하고 있습니다. "내가 대접을 받고자 하는 대로 남에게 대접하라" 하는 황금률입니다. 논어에서는 이 말을 뒤집은 형태로 말하고 있습니다. "기소불욕을 물시어인己所不欲 勿施於人" 하라는 말입니다. 내가 하고 싶지 않은 바를 남에게 시키지 말라는 말입니다. 내가 받고 누리고 싶은 일이 있다면 먼저 남에게 베풀라는 말입니다. 이는 연구자들의 실험에서도 증명되었습니다.

오웨인 서비스Owain Service와 로리 갤러거Rory Gallagher는 『씽크 스몰Think Small』이란 책에서 이런 실험을 소개하고 있습니다. 산책 중인 사람에게 낯선 여성이 다가가 20달러가 들어 있는 봉투를 주면서 오후 5시까지 이 돈을 당신 위해 사용하라는 제안을 했습니다. 또 다른 실험자에게는 역시 20달러를 주면서 타인을 위해 쓰거나 기부하라는 부탁을 했습니다.

그랬더니 이들은 받은 돈으로 자신을 위해 사용하라는 사람들은 귀걸이나 커피, 스시 등을 구입하고, 다른 사람을 위해 사용하라는 사람들은 조카를 위한 장난감을 구입하거나 노숙자들에게 돈을 주거나 친구들을 위해 음식과 커피를 샀습니다.

실험을 마치고 난 다음, 이들이 느끼는 행복 지수를 조사했습니다. 그랬더니, 타인을 위해 돈을 사용한 사람들은 자신을 위해 돈을 쓴 사람보다 훨씬 더 행복감을 느꼈다는 결과입니다. 게다가 행복감은 5달러든 20달러든 금액과 전혀 상관없다는 사실도 알아냈습니다.

이 실험에 참가한 사람들에게 사전에 행복에 대한 추측을 조사했습니다. 여기에서 사람들은 대부분 스스로를 위해 돈을 쓰는 것이 더 행복할 것이라고 대답했습니다. 그런데 실험 결과는 그 정반대였습니다. 사람들은 보통 내가 어떤 유익을 얻고 나를 위해 무엇을 하는 것이 더 행복해 질 것이라고 생각합니다. 그런데 실제는 그렇지 않다는 것입니다.

결혼에 대한 원리도 이와 같습니다. 나의 결핍만 채우려다 보면 채워지지 않을 뿐더러 상대에게도 만족을 주지 못한다는 사실입니다. 게다가 이런 생각은 삶을 행복하게 만들어 줄 것 같지만 반대로 불평불만을 만들어 내 곧 불행의 원인이 된다는 말입니다.

결혼을 생각할 때에는 반복되는 이야기지만 결혼을 통해 내가 어떤 이득이나 유익, 덕을 보겠다고 생각하는 것은 위험한 생각입니다. 결혼은 이익을 추구하는 단체나 회사가 아닙니다. 결혼 생활에서는 상대의 결핍을 채워 주면 곧 내게 행복이 찾아온다는 사실을 기억하면 좋겠습니다. 나의 만족이나 행복은 무엇을 얻음보다는 가족에게 주는 것에서 비롯된다는 것입니다.

이런 생각을 갖기로 다짐한다면 여러분은 이미 행복의 문에 들어선 것이나 다름 없습니다. 축하하고 축복을 기원합니다.

〈이것만은 꼭! 핵심 요약정리〉

- 결혼은 나의 이익이나 유익을 위해 하는 것이 아닙니다.
- 배우자의 결핍을 채워 주고 가족의 부족을 메꿔 주는 것입니다.
- 결혼은 배우자나 가족의 만족을 통해 내 만족을 채워 나가는 것입니다.

칭찬과 감사를 실천해요

　　우리 몸이 성장하고 유지하기 위해서는 최소한의 영양물질인 즉 탄수화물, 단백질, 지방과 같은 3대 영양소가 필요합니다. 탄수화물은 에너지원으로 우리 몸에서 55퍼센트 정도를 차지하는데, 이것이 없으면 사람들은 힘을 쓸 수 없게 됩니다. 뿐만 아니라 뇌, 심장세포, 적혈구, 백혈구 등을 활성화시켜 주고 지방과 단백질의 신진대사를 조절해 주는 일을 합니다.

　　단백질은 우리 몸에서 25~30퍼센트 비중을 차지하는데, 신체조직의 형성, 호르몬, 항체, 체액의 균형을 유지시켜 주면서 근육을 만드는데 사용됩니다.

　　지방은 우리 몸에서 15퍼센트 정도 비중을 차지하는데 몸의 체온 유지는 물론 장기를 보호해 주는 역할을 하며 체내 지용성비타민을 운반해 주는 일을 합니다.

　　우리 몸이 건강한 육체를 유지하기 위해서는 이 3대 영양소 외에도 각종 비타민과 칼슘, 마그네슘, 인, 칼륨, 아연 등의 무기질까지 5대 영양소가 있어야 건강한 육체를 유지할 수 있습니다. 모두 몸을 유지하는 데 반드시 필요한 소중한 영양소들이라 하겠습니다.

예전 우리들이 살기 어려웠을 적에는 이런 영양소들의 결핍으로 인한 질병이 많았습니다. 그런데 오늘날에는 결핍보다는 영양의 과대로 인한 질병이 더 많아졌습니다. 그래서 현대인들은 영양소 결핍이 아니라 대부분 과식으로 인한 영양 과다가 질병의 원인이라고 합니다. 그러니 우리 생활은 참 좋아졌다고 하겠습니다. 더욱이 우리나라 사람들의 평균수명은 해마다 조금씩 올라가고 있습니다. 그러니까 육체의 건강은 어느 정도 잘 관리되고 있다고 할 수 있습니다.

그럼에도 불구하고 우리나라 사람들의 마음은 육체에 비해 건강하지 못한 것 같습니다. 2021년 우리나라 행복 지수는 149개국 중 62위로 비교적 낮은 성적을 보이고 있습니다. 여기에는 여러 유형의 원인들이 있겠지만 필자는 우선 마음이 건강하지 않기 때문이라고 생각합니다. 마음이 건강하지 않아 사소한 일에 만족하지 못하고 불행을 느끼게 된다는 말입니다.

우리들이 삶의 질을 말할때에는 육체적인 건강 못지않게 마음의 건강도 중요하게 여깁니다. 그런데 오늘날 우리는 육체의 질병에는 민감하면서도 마음의 건강은 비교적 가볍게 다루는 경향이 있습니다. 잘 따져 보면 몸의 질병은 마음에서 시작되는 경우가 많은데 그저 단순하게 몸만 관리하려 든다는 말입니다.

육체의 병을 치료하는 사람들의 말을 들어 보면 질병 치료의 가장

선생님이 들려주는 결혼 이야기

좋은 방법은 예방에 있다고 합니다. 평상시에 적당한 운동을 하고, 적당량의 음식을 먹고, 음주나 흡연을 하지 않는 것입니다. 그리고 편안한 마음을 유지하는 것입니다. 그러면 어떤 약보다 좋은 건강 유지 방법이 된다고 합니다.

마음의 건강 역시 이런 조언이 상당한 도움이 된다고 생각합니다. 몸이나 마음이 아프기 전에 미리 마음의 건강을 생각하고 예방하고 관리하는 것입니다. 그 대표적인 것으로는 스트레스를 적게 받도록 노력하는 것입니다. 뿐만 아니라 스트레스를 받는 상황이라면 여기에서 빨리 벗어나거나 받은 스트레스를 적절한 방법으로 얼른 해소하는 것입니다. 그리고 마음에 필요한 영양소를 잘 공급해 주는 것입니다.

여기에서 우리가 알아 두어야 할 것은 육체에 필요한 영양소는 많이 공급되어 넘치면 또 다른 질병을 가져오지만 마음에 필요한 영양소는 지나쳐도 해가 되지 않는다는 점입니다.

필자가 생각한 3대 마음의 영양소로는 먼저 마음의 탄수화물과 같은 '육체적인 건강'을 들겠습니다. 그다음으로는 단백질과 같은 '마음의 안정감', 그리고 지방과 같은 역할을 하는 '무엇인가 할 수 있는 능력'입니다. 우리 마음이 건강하기 위해서는 이런 3대 영양소가 잘 공급되어야 한다고 생각합니다.

우리들이 건강한 육체를 유지하기 위해서는 3대 영양소 외에 비타민이나 무기질과 같은 영양소들이 있어야 되는 것처럼 마음에도 비타민과 같은 영양소들이 있습니다. 바로 그것은 '칭찬'이라고 할 수 있습니다.

또 무기질과 같은 영양소는 '스트레스를 처리하는 능력'이라고 생각합니다. 마음도 이런 영양소나 비타민, 무기질들이 결핍되면 병이 생깁니다.

그래서 우선 여기에서는 마음의 비타민이라 할 수 있는 '칭찬'에 대한 이야기를 해 보려고 합니다. 비타민이 부족하면 몸에 여러 증상들이 나타납니다. 그중에 비타민 C를 예로 들어 보겠습니다.

우리가 잘 알고 있는 것처럼 비타민 C가 부족하면 빈혈이 생기고, 상처가 잘 낫지 않고, 머릿결이나 손톱도 잘 손상됩니다. 여러 다른 유형의 비타민도 마찬가지로 부족하면 모두 질병의 원인이 됩니다.

마찬가지로 마음도, 마음의 비타민인 이 칭찬이 부족하면 병이 생기기 쉽습니다. 무기력하고 의욕이 없고, 무슨 일을 하더라도 자신감이 떨어집니다. 그래서 모든 사람에게 누구도 예외 없이 마음의 비타민인 칭찬이 필요하다고 생각합니다.

특별히 부부로 사는 사람들에게는 반드시 꾸준히 공급되어야 할 영양소가 칭찬이라 하겠습니다. 부부들에게 이것이 결핍되면 욕을 하거나 비난하고, 나중에는 싸우게 되고, 관계를 훼손하는 데까지 이르게 됩니다.

사실 오늘을 살아가고 있는 사람들은 마음의 병을 많이 앓고 있습니다. 이런 모습을 보면 우리에게 이 칭찬이라는 영양소가 너무 결핍돼 있다는 사실을 알 수 있습니다. 그러다 보니 마음에 상처를 입어 심리적으로 허약해서 사소한 말만 들어도 마음 아파하고, 심지어 농담으로 주고받는 말 가운데서도 상처를 받습니다. 작은 지적이라도 받으면 위축되고, 매우 작아지기도 합니다. 또는 사소한 말에도 화를 내고 역정을 냅니다. 모두 칭찬이라는 마음의 영양소가 결핍되어 일어난 현상이라고 할 수 있습니다.

반대로 이 영양소를 충분히 공급받은 사람은 생기가 돌고, 자신감이 있고, 웬만한 불편한 말을 듣더라도 수용하는 여유가 있습니다. 그래서 마음의 윤기가 돌고 행복감을 느낍니다. 때문에 삶을 여유있게 즐길 수 있습니다. 그래서 필자는 사람들에게, 특별히 부부들에게 이 칭찬이라는 영양소가 늘, 자주 수시로 공급되어져야 한다고 생각합니다. 그래야 마음이 건강해질 수 있기 때문입니다.

사람들은 작은 칭찬만 듣더라도 활기를 얻고, 설령 그 칭찬이 거짓인 줄 알면서도 마법과 같이 생기를 얻게 됩니다. 건강하게 사는 사람들은 칭찬 한마디에 인생이 달라졌다고 말하는 사람들이 많습니다. 그래서 칭찬은 과장되거나 농담이어도 좋습니다. 그 말이 사탕발림이라는 사실을 뻔히 알면서도 사람들은 에너지를 얻기 때문입니다. 그냥 그것 자체만으로도 큰 힘이 됩니다.

예를 들어 보면 "당신은 클레오파트라보다 훨씬 더 아름다워요.", "당신은 나폴레옹보다 훨씬 더 매력적인 남자예요." 같은 말들입니다. 여기에서는 고전적인 클레오파트라나 나폴레옹과 같은 사람을 끌어왔습니다만 부부 사이에서는 지금 현재 가장 인기 있고 멋있는 남자나 예쁜 여자 배우를 끌어다 사용하면 됩니다. 칭찬을 하면 굳었던 마음도 찐빵을 만들 때 사용하는 반죽처럼 말랑말랑해져 유연하게 됩니다.

텍사스 대학교 테드 휴스턴은 펜실베이니아주에서 혼인 신고를 한 145명을 대상으로 부부관계 상태를 13년 동안 추적 조사한 적이 있습니다. 어떤 부부들이 행복한 가정생활을 꾸리는지, 그리고 어떤 부부가 이혼에 이르게 되는지를 조사한 것입니다.

행복한 부부는 상대방에게 애정을 잘 표현하거나 서로 칭찬하는 부부였답니다. 반대로 이혼하는 부부들은 서로 비난하고 욕을 하는 부부들이었답니다. 칭찬이 얼마나 중요한지 그 가치를 확인할 수 있는 대목입니다. 칭찬은 분명 부부의 마음을 건강하도록 도와주는 비타민과 같은 영양소라 할 수 있습니다. 또한 우리를 행복으로 이끌어 줄 강력한 힘을 가지고 있습니다.

이런 말은 어때요?

"당신은 알아갈수록 진국이에요. 어쩌면 이렇게 솜씨가 좋아요."

(냉장고에서 성에를 제거하는 남편을 보고) "당신은 밤낮으로 참 쓸모 있는 사람이에요."

"남들은 제가 부러울 거예요. 나를 이렇게 편하게 도와주는 사람이 있다는 것을 알면요."

"당신은 말을 참 따뜻하게 해요. 제 마음이 따뜻해지네요."

"여보, 내가 설거지 도와줄게." 하니까 "당신은 참 좋아요, 내가 듣고 싶은 말만 하네요. 고마워요."

"당신은 내게 참 따뜻한 말을 해 주세요. 감사해요."

어떻습니까? 부부 사이를 끈끈하게 만들어 줄 만한 칭찬이라고 생각되지 않나요? 이런 말을 주고받는 부부는 분명 행복할 수밖에 없겠다는 생각이 듭니다. 그래서 필자는 부부들에게 반드시 필요한 것은 바로 이 칭찬이라고 강조하고 싶습니다.

이런 제안을 하면 사람들은 "칭찬이 좋은 줄 알지만 배우자에게 칭찬거리가 있어야 칭찬을 하지요."라고 반문하기도 합니다. 칭찬의 가치와 의미를 알고 있어서 칭찬을 하고 싶은데 칭찬거리가 없다는 것입니다. 맞는 말입니다.

우리는 칭찬의 원리나 방법을 배우거나 다루지 않아서 칭찬하는 방법을 잘 모릅니다. 심지어 칭찬을 하려면 어색한 느낌마저 들기도 합니다. 이것이 우리 사람들의 실제 삶의 모습입니다.

이제 다시 생각해 보겠습니다. 사람들이 배우자에게 칭찬거리가 없다고 변명하지만 사실은 부부에게 칭찬거리가 없는 것이 아닙니다. 없다면 칭찬을 보는 눈이 없거나 관심이 없어서 그럴 것입니다. 아니면 칭찬의 원리를 잘 몰라서 그렇다는 생각입니다. 그래서 여기에서 칭찬의 방법과 원리를 쉽게 설명해 보려고 합니다.

칭찬을 어렵게 느끼는 이유 가운데 하나는 칭찬의 관점을 결과에 두고 있어서 그럽니다. 그래서 사람들은 어떤 일에서 좋은 결과를 얻어야, 혹은 멋진 광경을 연출해야 칭찬을 하게 됩니다. 그런데 우리 삶을 보면 이런 일이 쉽게 일어나지 않습니다. 그러니 칭찬거리가 보이지 않습니다. 어쩌다 한번 승진이나 해야 칭찬하게 되고, 어떤 사업을 따내야 칭찬을 하게 되고, 좋은 선물이나 돈을 많이 벌어야 칭찬을 하게 됩니다. 그러다 보니 칭찬을 1년에 한번 할까 말까 합니다. 그러니 칭찬거리가 없다고 말하는 것은 어쩌면 당연한 일일는지 모르겠습니다.

그러니 이제 우리는 우리의 관점을 조금 돌려서 필자의 제안에 주목하면 달라질 수 있습니다. 다음 세 가지만 알고 적용하면 칭찬을 쉽고 편하게, 늘 할 수 있게 될 것입니다.

그 첫 번째 방법으로는 '결과 중심'의 칭찬이 아니라 '과정 중심'의 칭찬을 하는 것입니다. 승진한 결과를 두고 칭찬하는 것이 아니라 그 전에 있었던 과정, 즉 일을 꼼꼼하게 처리한다든지, 가정보다는 회사를 먼저 생각한다든지, 주변 사람들을 잘 챙긴다든지, 상사나 부하 직원을 잘 모시거나 관리한다든지, 상황 파악 능력이 뛰어나다든지, 즉 과정에서 있었던 일을 들어 칭찬으로 사용하는 것입니다.

부부의 일과를 두고 생각해 보겠습니다. 아침에 일어나 가족 아침 식사를 부지런히 마련한다든지, 사용했던 이불을 터는 일이라든지, 아침 운동을 하는 일이라든지, 먹을 것을 잘 준비한다든지, 양념을 빠지지 않고 넣어서 음식을 맛나게 한다든지, 운전하는 모습 속에서, 혹은 함께 출근하는 일, 등 진행되는 과정 속에서 칭찬거리를 찾는 것입니다. 그러면 너무나 많습니다. 아침에 일어나면서부터 잠자리에 들 때까지 온통 칭찬거리뿐이라 하겠습니다.

다음으로는 칭찬을 '발견 즉시' 하는 것입니다. 칭찬은 미뤄뒀다가 나중에 하면 그 효과가 떨어집니다. 배우자의 칭찬거리를 보고 발견한 즉시 칭찬해 주는 것입니다. 그러면 하루 종일 칭찬할 수 있습니다. 마음의 건강을 유지시켜 주는 비타민을 온종일 복용하는 것과 같습니다. 부부애를 더 두텁게 할 수 있는 묘약이 됩니다.

마지막으로 칭찬을 잘하는 방법은 '과장 없이 있는 그대로' 하는 것

선생님이 들려주는 결혼 이야기

입니다. 이 말은 다르게 말하면 단순하면서도 선명하게 칭찬하는 것과 같습니다. 칭찬은 단순하고, 간단하고, 선명하게 하는 것입니다. 눈에 보이는 대로 행동이면 행동, 말이면 말, 감정이면 감정, 등을 있는 그 대로 표현해 주는 것입니다.

이렇게 칭찬하는 방법만 알고 있으면 칭찬거리는 하루만 놓고 보더라도 너무나 많습니다. 그래서 배우자와 살아가는 동안 내내 아니 하루 종일, 하는 일마다 칭찬할 수 있습니다.

칭찬은 상대의 행동에만 국한되지 않습니다. 상대가 듣고 싶은 말을 해 주는 것도 칭찬이 됩니다. 어느 남편의 이야기를 들어 보겠습니다.

어느 날 아내가 몸이 아프다고 했답니다. 그래서 조금 쉬면 괜찮아질 줄 알고 쉬게 했답니다. 하지만 여전히 좋아지지 않았답니다. 그래서 이번에는 운동을 하면 좋아지려나 싶어서 운동을 하도록 도왔답니다. 그런데 역시 수월해지지 않았다고 합니다. 그래서 이번에는 음식이 문제인가 싶어서 음식 조절에 들어갔답니다. 그래도 몸이 쉽게 나아지지 않았답니다.

이를 안타깝게 여긴 남편이 민간요법에서 좋다고 하는 약을 구해 와서 먹게 했답니다. 그래서 남편이 구해 온 약을 하루 이틀 복용했답니다. 그동안 해 오던 운동과 음식 조절을 하면서 남편이 가져온 약까지 복용한 것입니다. 그러는 동안 아내 몸은 조금씩 좋아졌습니다. 완전히 나은 것은 아니지만 처음보다는 훨씬 수월해져 상당히 편안해지게 되었답니다.

이때 남편은 아내에게 "몸은 좀 어때?"라고 물었답니다. 이러한 남편의 물음에 아내가 대답을 해야 할 상황이 되었습니다. 사실 아내는 이번 아픔에서 어떤 노력이 혹은 어느 처방이 효험이 있었는지 잘 짐작이 되지 않은 상황이었습니다. 여러분이 여기에 나온 아내라면 남편의 물음에 어떤 대답을 하시겠습니까?

그러면 여기에서 읽는 것을 잠시 중단하고 여러분의 대답을 한번 표현해 보면 좋겠습니다.

남편: 몸은 좀 어때요?

여러분의 답: _____

네, 감사합니다. 잘 해 보셨습니다.

여기에 등장한 아내는 이런 대답을 했답니다.

"조금 좋아진 것 같아. 쉬면서 운동도 하고 음식을 잘 조절했더니 상당한 효과가 있었나 봐."

여러분이 표현했던 반응과 여기 아내의 대답에는 어떤 차이가 있는지 모르겠습니다. 여기의 남편은 이런 아내 말을 듣고서 매우 실망했다고 합니다. 남편이 아내 건강을 물었던 것은 호전을 확인하고 싶은 마음은 물론 아내로부터 듣고 싶은 말이 있었기 때문입니다. 그 말의 핵심은 "당신이 구해다 준 약이 효험이 있었나 봐."입니다. 이보다 더 에너지를 주는 말이라고 하면 "당신은 참 내게 필요한 사람이에요. 당신 덕분에 이렇게 좋아졌어요. 고마워요."라는 형태의 말입니다. 그런데 아내는 남편이 듣고 싶은 말은 안중에도 없고 그냥 아무런 생각도 없이

선생님이 들려주는 결혼 이야기

자기 생각만 말하고 있었습니다.

그러면 이제 남편의 마음을 생각해 보겠습니다. 이런 아내의 말을 들은 남편은 어떤 느낌이 들었을까요? 아내가 좋아졌다는 말에 기분이 좋아졌을까요? 아니면 오히려 다운된 느낌을 받았을까요?

남편은 매우 서운했다고 했습니다. 아내의 몸이 좋아진 것에 대한 긍정은 수용하겠는데 아내의 말이 자기 마음을 서운하게 만들었기 때문이라고 했습니다. 남편이 아내 몸 상태를 물었던 것은 좋아지기를 기대하는 마음도 있었지만 남편이 아내의 호전에 기여했다는 노력을 알아주는 그런 표현을 듣고 싶었던 것입니다.

남편은 아내의 몸이 좋아지도록 나름대로 곁에서 역할을 했습니다. 고민 끝에 민간에서 처방하는 약을 마련해 와 먹도록 도왔습니다. 남편에게는 이런 자기 역할을 아내가 알아줬으면 하는 마음이 있었습니다. 그래서 아내 몸 상태를 물었던 것입니다.

물론 아내의 몸이 좋아진 것은 휴식을 비롯한 아내의 노력이 많은 비중을 차지했을 것입니다. 하지만 남편이 듣고 싶은 말은 남편으로서 역할을 다한 것에 대한, 그러니까 아내에게 신경 써 준 남편의 노력을 좀 알아달라는 마음이 있었습니다. 그래서 남편이 듣고 싶었던 말은 "당신이 가져다준 약이 참 좋았나 봐요. 어디서 그런 약을 구했어요? 당신이 나를 이렇게 사랑하고 챙겨 주는 줄 몰랐어요. 고마워요."라는 형태의 말입니다. 남편은 지금 아내에게 보인 자기 노력을 고맙게 여기는 아내의 반응을 보거나 그런 말을 듣고 싶었던 것입니다. 꼭 이렇게 표현하지 않더라도 "당신이 곁에 있어서 잘 이겨 낼 수 있었던 같아요."

라는 정도의 말을 듣고 싶었던 것입니다.

그런데 아내는 남편의 수고나 노력에 대해서는 전혀 생각지 않고 그 저 단순히 휴식과 운동, 식이요법의 효험을 말한 것입니다. 그것도 남 편의 노력에 대한 고마움은 전혀 생각지도 못하고 있었습니다. 결국 아 내는 남편이 듣고 싶은 말을 해 주지 못하고 엉뚱한 말을 했던 것입니 다. 그러니 남편의 감정이 다운되었던 것입니다. 자기 마음을 몰라준 아내에게 서운한 감정을 느꼈던 것입니다. 그래서 이런 말을 들은 남편 은 '챙겨 줘도 소용이 없다니까, 자기가 알아서 하도록 내버려 둘걸' 하 는 마음이 들었다고 했습니다.

이런 아내라면 사랑받을 만한 아내일까요? 아니면 그저 그런 아내가 될까요? 아내는 부부간에 애정을 깊어지고, 감동의 깊이를 더해 줄 수 있는 좋은 기회를 놓치고 말았습니다.

여기에서 이런 사례를 들었지만 이런 일은 아내에게만 있는 일이 아 닙니다. 남편도 마찬가지입니다. 아내가 어떤 모임에 갔다가 남편을 위 해 물건을 사 왔습니다. 그러면 남편은 고마운 아내 마음을 알아주면 좋을 텐데 "이런 것을 뭐 하러 사 왔어? 그리고 이건 내가 좋아하는 게 아니잖아. 아이구, 안목이라고는—" 하는 형태의 말을 합니다. 성의를 보인 아내에게 도리어 무참함을 주고 있는 상황입니다. 이런 태도는 부 부 사이에 애정의 두께를 두껍게 만들 수 있는 기회를 도리어 얇게 깎 아내리고 있는 것이나 다름 없습니다.

부부 사이가 좋아지는 데는 칭찬만이 아닙니다. 여기에서 본 것처럼 상대가 듣고 싶은 말을 해 주는 것, 또는 상대의 존재를 인정해 주는

선생님이 들려주는 결혼 이야기

것, 또한 좋은 칭찬이 된다는 사실입니다.

부부 사이에서 애정과 좋은 감정은 꼭 크고 거창한 일에서만 생겨나지 않습니다. 큰 선물이나 커다란 이벤트가 좋은 관계에 기여하지 않은 것은 아니지만 이런 것들보다는 생활 속에서 아주 사소한 것들에서 커다란 감동을 주고 사소한 것들에서 행복이 늘어 간다는 사실입니다.

배우자가 관심을 갖고 어떤 사소한 선한 것을 베풀 때에는 듣고 싶어하는 말을 해 주는 것도 칭찬이 된다는 사실입니다. 이런 일은 1년에 크게 한두 번 하는 선물보다 훨씬 더 효과적입니다.

칭찬하는 일 외에 부부로 살면서 또 잃어버리기 쉬운 말이 있습니다. 그것은 배우자에게 건네는 '감사'라는 말입니다. 상담을 받으러 오는 사람들이나 강연에 참여하는 부부들에게 "최근 배우자에게 감사하다는 표현을 한 적이 있느냐? 했다면 그것을 언제, 어떻게 했느냐?"라고 물어봅니다. 그러면 대부분 "감사라는 말을 사용해 본적이 얼른 생각나지 않는다."라고 말합니다. 가장 가깝고 편하게 지내는 부부들이 왜 이런 태도를 보이는 걸까요?

이유가 있다면 감사를 실천하는 방법을 몰라서, 혹은 관심을 두고 있지 않아서, 혹은 너무 가까운 사이라서 매사에 주어진 일을 당연한 것으로 여기고 감사를 잊고 지내기 때문이라고 생각합니다.

부부 사이에서 사용하는 '감사'라는 말은 칭찬처럼 배우자에게 커다란 용기와 힘을 줍니다. 때로는 듣는 상대에게 어떤 일이든 잘할 수 있다는 자신감을 불어넣어 주기도 합니다. 칭찬이 주는 긍정처럼 감사 역시 사람에게 강력한 영양소로 에너지원이 됩니다. 그래서 감사란 칭찬의 다른 언어라 할 수 있습니다.

이렇게 말하면 사람들은 칭찬과 마찬가지로 "감사를 표현하고 싶은데, 배우자에게 감사할 거리가 있어야 하지요?"라고 합니다. 그런데 따지고 보면 우리들이 조금만 관심을 갖고 주변을 둘러보면 배우자에게 감사하고 고마운 일이 너무 많다는 것을 알 수 있습니다. 그저 감사할수 있는 순간을 발견하지 못하거나, 아니면 감사하는 방법을 몰라서 그런 것뿐입니다. 혹은 우리의 눈이 그것을 보지 않고 외면하거나 배우지 못해서 그렇다고 생각합니다.

그래도 감사거리가 보이지 않거나 찾기 어렵다면 서울대학교 심리학과 최인철 교수가 일러준 감사의 정의를 보면 도움이 될 것입니다. 그는 감사感謝의 정의를 "우리에게 늘 주어진 일상을 그렇지 않게 보는 것"이라고 합니다. 그러니까 감사란 "평범한 우리의 삶을 보통의 일상으로 보지 않는다는 것"이라는 말입니다.

이에 대해 성서에서도 "항상 기뻐하라, 쉬지 말고 기도하라, 범사에 감사하라" 이렇게 말하고 있습니다. 이 말은 범사凡事, 모든 일에 그러니까 일상의 모든 일, 기쁜 일, 슬픈 일, 숨을 쉬는 일, 편한 일, 힘든 일, 그냥 걸어갈 수 있는 일, 편하게 잠을 잘 수 있는 일, 직장에 나갈수 있는 일, 등 모든 일에 감사하라는 말입니다. 최 교수의 말과 같은 의미라고 하겠습니다.

이런 관점에서 배우자의 일상을 살펴보겠습니다. 그러면 일상 가운데 행동 하나하나, 움직임 하나하나 어느 것 하나, 감사가 아닌 것이 없습니다. 축약해서 말하면 우리들의 생활이나 삶 자체가 모두 감사

선생님이 들려주는 결혼 이야기

덩어리라 할 수 있습니다.

　가수 이선희의 노래 「그중에 그대를 만나」라는 노래에는 "별처럼 수 많은 사람들 그중에 그대를 만나 꿈을 꾸듯 서로를 알아보고, 주는 것 만으로 벅찼던 내가 또 사랑을 받고, 그 모든 건 기적이었음을—"이라 는 가사가 있습니다. 여기에서 말한 대로라면 배우자를 만난 그 자체 가 바로 '기적'이라는 것입니다. 정말 그렇다고 생각합니다. 기적이 아 니라면 별처럼 그렇게 수 많은 사람들 중에 어떻게 지금 이 배우자를 만날 수 있었겠느냐는 말입니다. 누가 봐도 지금 내가 살고 있는 것은 아니 사랑하고 있는 것은 기적 중에 기적이라 할 수 있습니다.

　그러면 이제 생각해 보겠습니다. 배우자로서 그냥 곁에 있는 것, 그 냥 바라볼 수 있는 것, 그 자체만으로도 기적이라 할 수 있습니다. 기 적을 보고도 감사하지 않은 사람이 있다면 이것이 오히려 이상한 일입 니다.

　김종환의 노래 「사랑을 위하여」 첫 소절에는 이런 가사가 나옵니다. "이른 아침에 잠에서 깨어 너를 바라볼 수 있다면" 함께 일어나는 것 자체가 감사이자 사랑이 된다는 말입니다.

　그런데 우리는 함께 밥을 먹고, 함께 출근하고, 돈을 벌어오고, 함 께 잠을 잡니다. 그러니까 우리에게 주어진 순간순간이 기적이라 할 수 있습니다. 그러니 감사하지 않을 수 없습니다. 그러니 이제 우리는 우 리가 누리는 순간순간의 기적을 배우자에게 감사로 표현하는 것입니 다. 이것이 바로 부부가 행복을 누리는 비결입니다.

　그래도 감사를 표현하는 방법을 구체적으로 잘 모르겠다면 토마스 고든Thomas Gordon 박사의 제안을 참고하면 많은 도움이 될 것입니다. 그는 감사하는 표현 방법을 3단계로 구분해서 설명하고 있는데요, 그의 제안을 필자가 이해한 대로 단계적으로 소개해 보겠습니다. 먼저 첫 번째 단계로 '구체적인 행동'을 있는 그대로 가감 없이 말하는 것입니다.

"당신이 내 가방을 챙겨 주셨네요."
"당신이 내 옷 선택을 도와주니"
"당신이 그렇게 너그럽게 봐 주니"

두 번째 단계는 배우자의 행동이 '내게 미친 영향'을 말합니다.

"내가 실수를 면하게 돼서"
"예쁘게 입게 돼서"
"내 마음이 편하게 되어"

다음 세 번째 단계는 그것으로 인한 '내 감정 상태'를 말합니다.

"편안해서 기분이 좋습니다. 감사합니다."
"기분이 좋습니다. 감사합니다."
"행복합니다. 감사합니다."

이 과정을 하나로 묶어서 표현해 보겠습니다.

선생님이 들려주는 결혼 이야기

"당신이 내 가방을 챙겨 줘서 내가 실수를 면하게 되었습니다. 마음이 편안합니다. 감사해요."

"당신이 내 옷 선택을 도와줘서 내가 예쁘게 입게 되었습니다. 기분이 참 좋습니다. 감사해요."

"당신이 그렇게 너그럽게 봐 주니, 내 마음이 편안해져 행복합니다. 감사해요."

배우자에게 이렇게 표현하면 감사함에 대한 행동이나 느낌을 분명하고 선명하게 전달할 수 있습니다.

배우자는 늘 가까이에서 지내다 보니 늘 쉽고 편하게 느낄 수 있는 존재입니다. 그러다 보니 이를 핑계로 배우자에게 감사를 표현하지 않거나 그냥 지나치는 경우가 많습니다. 그러지 말고 평상시에 생활하면서 감사를 염두에 두고 몸에 배어들도록 자주 연습하면 좋겠습니다. 그러면 나도 모르게 감사를 실천할 수 있게 될 것입니다. 그러면 삶 속에서 에너지가 넘쳐 생활이 즐겁게 될 것입니다.

여기에도 주의해야 할 점이 있긴 합니다. 고마움을 표현할 때, 마치 입에 발린 습관처럼 가볍게 해서는 안 된다는 것입니다. 진정성을 담아 진실되게 배우자에게 말하면 이런 말을 배우자는 긍정의 힘으로 수용할 것입니다.

또 다른 주의해야 할 점으로는 배우자가 어떻게 해 줬으면 하는 바람을 담아 상대의 행동을 조정할 목적으로 이런 말을 사용해서는 안 된다는 것입니다.

감사를 표현할 때에 그저 단순하게 배우자의 행동으로 인해 내가 느낀 고마움을 있는 그대로 진심을 담아 표현하는 것입니다. 그러면 배우자는 그것을 칭찬으로 알아듣고 에너지를 얻게 될 것입니다.

삶 속에서 감사하는 일을 찾아 말하고 표현하고, 느끼는 일은 부부 사이에서 매우 중요한 일입니다. 이런 노력은 부부 사이에서 상존할 수 있는 불평을 줄여 주고, 비난이나 비판을 줄여 줍니다. 또한 결혼 생활에서 일어나는 부정적인 요인들을 줄여 줍니다. 그래서 칭찬과 감사는 부부가 행복으로 나아가는 데 큰 길이 된다는 사실을 알면 좋겠습니다.

우리는 지금까지 칭찬과 감사라는 마음의 영양소를 알게 되었습니다. 이제 우리에게는 이를 실천하는 일만 남았습니다.

〈이것만은 꼭! 핵심 요약정리〉

- 배우자에게 칭찬을 하십시오.
- 칭찬은 결과가 아니라 일상이나 과정 속에 있습니다.
- 칭찬은 크고 멋있는 데만 있는 것이 아니라 사소한 데 있습니다.
- 칭찬은 발견 즉시, 그리고 과장 없이 진실되게 표현하는 것입니다.
- 배우자에게 감사를 표현하십시오.
- 감사, 역시 특별한 것이 아니라 일상의 일입니다.
- 감사를 표현할 때에는 구체적인 행동, 그것이 내게 일으킨 감정, 그리고 그 고마운 마음을 배우자에게 표현하십시오.

선생님이 들려주는 결혼 이야기

결혼을 위한 준비와 공부가 필요해요

사람은 태어나서 시간의 흐름에 따라 몸이 자라고 성장하면서 한 생을 완성해 갑니다. 한 생이 알차고 값이 있으려면 몸이 자라는 것만큼 정서적인 성장과 더불어 지식의 성장도 함께 이루어져야 합니다. 이를 위해 사람들은 교육이라는 제도를 만들어 놓고 모든 사람들이 교육의 혜택을 받을 수 있도록 돕고 있습니다.

이를 통해 사람들은 자기가 지녀야 할 기본적인 도덕과 윤리, 사물에 대한 지식과 지혜, 또 사람들과 어울려 사는 방법, 혹은 교양이나 취미를 얻기 위한 여러 요소들을 익히게 됩니다.

우리나라 신식 교육은 다른 선진국에 비해 비교적 늦었습니다. 게다가 국가에서 일정한 틀을 마련하고 교육을 시작한 때는 그리 오래되지 않았습니다. 그러다 보니 그동안 우리는 서양식 교육 방법을 따라가느라 정신이 없었습니다. 그래서 학교 교육이라고 하면 단지 지식 전달과 익힘을 전부인 것으로 여겼습니다.

그러다 보니 사람들이 서로 관계를 맺고, 교제를 나누고, 어울리는 방법은 언제나 뒷전으로 밀렸습니다. 그래서 말하는 방법, 교제하는 방법, 사회생활을 하는 방법 등은 학교 교육에서 거의 소외되다시피 했습니다. 더구나 삶의 기초적인 생활이나 생활 태도 등은 동급생들끼리 알아서 배우고, 느끼도록 거의 방치하다시피 했습니다.

그래도 요즘에는 학교에서 그나마 성교육도 하고, 위기 대처 능력도 다루고, 가정 폭력이나 사회 폭력에 대처하는 방법, 생존을 위한 수영 같은 유의 교육도 진행하고 있습니다. 하지만 여전히 삶의 기초를 다지는 삶을 위한 교육, 보건, 생체리듬, 결혼, 성장, 노후에 대한 교육은 미흡한 편입니다.

우리들이 삶을 살아가기 위해서는 지식 외에도 여타의 많은 내용들이 필요합니다. 더욱이 인륜지대사라고 여기는 결혼에 대한 교육은 더욱 필요한 내용이라고 생각합니다.

하지만 우리 현실 속에서는 그 누구도 결혼에 대한 강좌를 개설해 주거나 가르쳐 주는 사람이나, 기관은 없습니다. 고작 해 봐야 몇몇 대학에서 교양으로 조금 다뤄지고 있을 뿐입니다. 그래서 필자는 이 시대 젊은이들의 결혼관이나 결혼에 대한 지식, 혹은 인식 자체에 대한 이야기가 필요하다고 생각합니다.

사람이라면 누구나 성장하게 되면 결혼에 대한 생각을 한 번쯤 해 보기 마련입니다. 하지만 생각만 해 볼 뿐, 결혼에 대해 공부를 하거나 선배들에게 묻는 노력조차 하지 않은 것 같습니다. 그저 이성을 만나 그냥 좋은 감정을 느끼고 이를 바탕으로 결혼하는 형국입니다. 그러니

선생님이 들려주는 결혼 이야기

졸속으로 이뤄지거나 단순한 감정에 치우치게 되어 가벼운 결혼을 하게 된다고 생각합니다.

러시아 속담에는 "싸움터에 나갈 때는 한 번 기도하고, 바다에 나갈 때는 두 번 기도하고, 결혼할 때는 세 번 기도하라."라는 말이 있습니다.

전쟁에 나가는 일은 언제 목숨을 잃을지 모르는 위험한 일입니다. 그래서 사고가 없기를 엄숙하게 기도해야 할 것입니다. 매우 의미 있는 일이라 하겠습니다.

바다 역시 마찬가지입니다. 오늘날은 여러 기관에서 바다의 상태를 알려 주고, 수시로 날씨를 알려 주고 있습니다. 그리고 배의 성능이 좋을 뿐 아니라 배에는 여러 좋은 장비들이 갖춰져 있어서 안전하다고 할 수 있습니다만 그래도 바다에 나가는 일은 여전히 두려운 일입니다. 그래서 바다에 나갈 때에는 위험하니까 두 번 기도하라는 말입니다. 그 이유를 충분히 짐작할 만합니다.

그런데 결혼할 때에는 세 번 기도하라고 합니다. 횟수로 따져 보면 가장 많은 기도를 하라는 부탁입니다. 이는 결혼의 위험도가 그만큼 만만치 않다는 것을 말해 주고 있습니다. 결혼이 그만큼 엄하고 중요하다는 말일 것입니다.

그렇습니다. 결혼은 분명 중요하고 위험한 일입니다. 곳곳에 어려움과 힘겨움과 고달픔이 있습니다. 그런데도 우리 교육과 현실은 결혼을 가볍게 여기고 별다른 교육을 하지 않고 있습니다. 안타까운 일이라 하겠습니다.

그래서 필자는 젊은이들에게 결혼에 대한 이야기를 들려주고 하려고 합니다. 다행히 많은 제자들이 결혼에 대해 물어 오면서 필자에게 답을 부탁했습니다. 그래서 러시아 속담에서 세 번 기도하라는 금언처럼 결혼을 신중하게 생각하고 준비하고 공부할 수 있도록 글로 정리하게 되었습니다.

결혼을 이야기 할 때에는 여기에 정리된 내용 외에도 공부하고 배워야 할 것들이 참으로 많습니다만 우선 급한 대로 이 책의 내용에 주목하면 좋겠다는 생각입니다.

그 내용으로는 자주 강조하는 것처럼 결혼에 대해 관심을 갖고 노력하고 공부를 해야 한다는 것입니다. 결혼으로 인해 일어나는 남편과 아내의 관계, 가족과 가족의 관계, 가족과 사회 그리고 개인의 관계 등에 대해서도 공부를 충분히 해서 알고 난 다음에 결혼하는 것이 좋다고 생각합니다.

뿐만 아니라 상대에게 말하는 방법, 배려하는 방법, 성생활에 필요한 예절과 방법, 남녀의 차이와 특성 등도 배워야 한다고 생각합니다. 막연하게 '결혼하게 되면 알게 되겠지' 하거나 결혼이라는 것이 '그저 그렇고 그렇겠지'라며 안일하게 생각하는 것은 문제입니다. 이런 태도는 나중에 큰 어려움을 만날 수 있기 때문입니다.

벌써 오래전에 조사된 내용이기는 합니다만 그 결과는 지금도 별반 다르지 않으리라고 생각합니다. 2013년 한 결혼 업체는 우리나라 부부들의 초혼 실패의 근본 원인에 대한 설문 조사를 실시했습니다. 전국의 남자 275명, 여자 275명을 대상으로 한 조사에서 결혼 생활의 실패

선생님이 들려주는 결혼 이야기

원인으로 남자는 '결혼 전에 상대 파악이 부족했다'가 42.2퍼센트였고, 여자는 '살면서 서로 이해하려는 자세가 부족했다' 34.9퍼센트를 꼽았습니다.

모두 결혼에 앞서 이해와 공부가 부족했다는 점을 말하고 있습니다. 우리는 학교에 다니면서 충분한 경험을 했습니다. 공부는 해도 해도 부족하고 끝이 없을 뿐만 아니라 충분치 않다는 것입니다.

그런데 결혼에 대해서는 공부는커녕 생각조차 하지 않고 결혼 적령기를 맞고, 또 책 한 권을 보지 않고 결혼하려는 모습을 보게 됩니다. 그러니 결혼 생활에서 만나는 어려움이나 위험이 어느 정도인지 충분히 짐작할 수 있습니다.

그래서 필자는 결혼을 원하고 생각하고 있는 사람이라면 반드시 사전에 공부를 해야 한다고 강조합니다. 최소한 이 책과 같은 책들을 읽는 노력이라도 기울여야 한다는 말입니다. 아니면 선배들의 진솔한 이야기라도 경청해 들어야 한다고 생각합니다. 어떤 형태로든 결혼에 대한 공부는 꼭 필요하다고 하겠습니다.

그 내용들로는 우선 결혼에 대한 각각의 용어와 범위에 대해 생각해 보고 이들 개념부터 정리할 수 있어야 합니다. 이렇게 말하면 독자들은 당장에 무엇을, 언제, 어떻게, 누구에게서 배워야 하는지 몰라 당황하기 쉽습니다. 이런 사람들을 위해 필자가 몇 가지 제시해 드리려고 합니다.

물론 이런 내용은 이 책 곳곳에서 깊게 다루고 있습니다만 그런 경우 다른 내용에 집중하느라 놓치기 쉬울 것 같아서 여기에 개조식으로 정리해 놓겠습니다. 이런 내용들이 정리되지 않으면 결혼 후에 상당한 충격을 경험하게 되거나 커다란 장벽을 만나게 되기도 할 것입니다. 그러니 젊은이라면 모두 결혼에 대한 정확한 정의와 이에 따른 자기 나름대로 설정한 기준과 가치를 설정해 두면 좋겠습니다.

예를 들어 보겠습니다. 필자는 자신의 결혼 생활이 몹시 불행하다며 힘들게 살아가고 있는 사람을 알고 있습니다. 사연을 들어 보니, 이 사람은 처음 만난 이성에게서 금세 호감을 느꼈답니다. 그래서 다음 만남으로 이어졌는데 두 번째 만나서 입맞춤을 했다고 합니다. 이성과 입맞춤을 하면 도의적으로, 혹은 그 사람에 대한 예의로 결혼을 꼭 해야 하는 줄로 알았답니다. 그래서 쉽게 결혼을 하게 되었는데, 그것이 불행의 시초였다고 합니다. 그러면서 잘 몰라서 그랬다고 핑계를 댔습니다. 매우 단순한 일이라 모를 리 없었을 것입니다. 그런데 그 사람은 몰라서 그랬다며 무지가 불행을 불렀다고 말했습니다.

때문에 우리는 우리의 행복한 삶을 위해서 필자가 여기에서 제시하고 있는 결혼의 과제들에 대해 답을 해 볼 필요가 있습니다. 그러면 결혼을 알고, 이해하고 접근해 가는 데 많은 도움이 될 것입니다.

간단하게 말하면 우선 다음과 같은 생각들을 정리하고 공부하는 것입니다. 여기에서는 결혼공부를 무엇부터 해야 하는지, 혹은 공부라고 하면 막연해서 뜬구름 잡는 것과 같은 기분이 들거나, "그러면 무엇을 해야 하는데요?"라고 묻는 성질이 좀 급한 사람들을 위해 간단하게 정리한 내용입니다. 일종의 시험 준비할 때에 하는 요약정리 하는 것쯤으로 생각하면 좋겠습니다.

선생님이 들려주는 결혼 이야기

우선 남녀 교제의 범위와 관점을 어떻게 가질 것인가에 대한 그 개념과 정의입니다. 그다음은 혼전 성관계를 어떻게 생각할 것인가에 대한 개념과 정의, 그 비밀 간직과 관련된 생각입니다. 그다음으로는 이성 교제와 이별에 대한 생각과 정의를 공부하는 것입니다.

그다음으로는 자기 장점과 단점을 이성 교제에 어떻게 적용하고 극복할 것인가에 대한 점검과 공부하는 일입니다. 이런 부분에서 결혼에 대한 관점을 정확히 해 둘 필요가 있습니다. 그다음으로는 결혼 생활을 어떤 관점에서, 어떤 가치관을 가지고 살아갈 것인가에 대한 생각도 정리해 두는 것입니다.

우리들이 어떤 곳을 가려고 마음먹으면 그 곳이 낯선 곳일지라도 장소만 분명하게 정해지고 나면 물어서 가든지 요즘은 좋은 내비게이션 같은 것이 있으니까 이를 이용해서 가든지 어떻게 해서든 잘 찾아갈 수 있습니다.

결혼 준비와 생활도 이와 비슷합니다. 어떻게 할 것인가를 생각하고 목적지를 정확하게 정하면 비교적 안전하고 편안하게 목적지에 도달할 수 있을 것입니다.

이제 위에서 언급했던 결혼을 생각하고 있는 사람들이 공부해야 할 것들에 대해 필자의 생각들을 간략하게 정리해 보려고 합니다. 물론 이 내용은 이 책의 큰 흐름 속에 모두 담겨져 있는 내용들입니다. 그래서 중복된 내용이 될 수도 있습니다. 그렇더라도 여기에서 간략하게 정리하는 것은 핵심을 쉽게 일목요연하게 알 수 있다는 장점이 있어서 간단하게 이야기해 보려고 합니다.

먼저 이성 교제의 범위와 관점에 대해 생각해 보려고 합니다. 어떤 사람은 결혼을 위해서는 딱 한 사람을 만나 사귀는 것이 좋다고 생각하고, 또 어떤 사람은 두세 사람 정도와 교제하는 것이 좋다고 생각합니다. 또 어떤 사람은 여러 사람 다양한 계층의 사람과 사귀는 것도 좋다고 말합니다. 여러분은 어떤 사귐이 좋다고 생각하는지 모르겠습니다.

필자는 얼마나 많은 이성과 사귐을 하든지, 혹은 어떤 형태의 사귐이든 그 숫자에는 크게 상관할 것이 없다고 생각합니다. 선택하라고 한다면 한 사람보다는 다수가 더 낫다는 생각입니다. 이성 친구를 수용할 수 있는 범위에서 만족하거나 감당할 수 있다면 어떤 형태의 사귐이라도 좋다고 생각합니다.

다만 우리가 여기에서 기억해 할 점은 내가 어떤 관점을 가졌다고 해서 다른 사람들의 교제 형태를 비난하거나 혹은 우등·열등한 것으로 평가해서는 안 된다는 것입니다. 여기에서 중요한 것은 자기의 감당 역량입니다. 스스로 수용 가능한 형태라면 어느 형태라도 무방하다는 생각입니다.

여기에서 더 중요한 것은 여러 유형의 사람과 교제하는 경우, 이를 스스로 죄악으로 여기거나 자기 못남이나 열등의식으로 연결시켜서는 안 된다고 생각합니다. 내가 자질이 부족하기 때문에 한 사람으로부터 사랑을 받지 못한다고 생각하거나, 혹은 교제 기술이 모자라 교제를 길게 끌고 가지 못한다는 자책감으로 이어져서는 곤란하다는 말입니다.

선생님이 들려주는 결혼 이야기

여기에서 말하는 교제관에 대해서 알아야 할 점은 결혼 전에 여러 사람과 교제하면서 얻은 감정, 즉 좋은 것이든 좋지 않은 것이든 이들을 결혼 이후까지 끌고 가서는 안 된다는 것입니다. 그러니까 과거에 집착해서 현재 결혼 생활을 불편하게 만들어서는 안 된다는 말입니다.

결혼을 하고 나면 결혼 전에 있었던 이성과의 모든 일들은 모두 무심無心으로 돌려야 합니다. 지난날 모든 교제와 교제 방식은 결혼 후에는 마치 핸드폰이나 컴퓨터를 다시 원위치시킬 때 하는 리셋처럼 다시 원래대로 리셋해야 한다는 말입니다.

그다음은 혼전 성관계에 대한 생각입니다. 교제를 하다 보면 성관계를 하게 되거나 원치 않은 임신을 하는 경우도 있을 수 있습니다. 지금의 할머니 할아버지들 중에는 남녀 간에 손만 잡아도 임신하게 된다는 소박한 생각을 가졌던 분들도 있었습니다. 그래서 이성과 손을 잡거나 입맞춤만 해도 꼭 결혼을 해야 한다는 마음을 가졌던 때도 있었습니다.

그때에 비하면 지금은 상당히 개방이 되어 이와 관련된 많은 지식들을 공유하고 있습니다. 이렇게 첨단 시대를 살아가는 사람들 중에는 아이러니하게도 아직 이런 수준의 생각을 하고 있는 사람들이 더러 있다는 것입니다. 이렇게 발달한 시대에 도저히 이해할 수 없는 일들이 종종 있다는 말입니다. 하룻밤을 같이 자고 나서 결혼의 의무감을 느껴 결혼했다는 사람들이 있습니다. 또 "아이만 갖지 않았어도 저 사람과 결혼하지 않았을 텐데."라고 말하는 사람들이 그런 경우입니다.

하룻밤 일이나 임신하는 일이 있었다고 해서 내 일생을 그 사람과 함께하는 일이 좋은 일인지는 생각해 볼 필요가 있습니다. 필자는 한 두 번의 원치 않은 일이 있었다고 해서 이로 인해 맘에 들지도 않은 사람에게 내 일생을, 혹은 인생을 맡겨도 된다는 생각은 문제가 있다고 생각합니다.

누구든지 실수를 할 수 있고, 잘못을 할 수 있습니다. 그것이 올무가 되어 죄책감을 느껴 자기 삶을 스스로 망가뜨려서는 안 된다고 생각합니다. 잘못된 일이라고 하면 얼른 돌이키면 됩니다. 거기에 코를 꿰어 한 생을 한스럽게 살아서는 안 되기 때문입니다. 정말 그래서는 절대 안 됩니다. 몹시 창피하고 체면을 구기는 일이 있어도 거기에 머물러서는 안 된다고 생각합니다.

만약 실수를 한 경우라면 더 유념해야 할 일이 있습니다. 실수를 잘못으로 여기고 마음에 부담을 갖거나 죄책감을 가져서는 안 됩니다. 어떤 사람들은 결혼 후에도 이런 생각을 짐으로 늘 가지고 있어서 행복을 해치는 사람들이 있는 것을 봤습니다. 결코 바람직한 일이라 할 수 없습니다. 결혼 생활이 힘들고 괴로워질 뿐 아니라 몸에 병까지 얻는 일이 벌어지기도 합니다. 따라서 젊은 날에 원치 않은 일이 있었다면 그 시점에 내려 두고 늘 새로운 삶을 살아가도록 노력해야 합니다.

내 몸이나 시간은 늘 예전처럼 똑같다는 느낌이 들지만 실은 시간이 지남에 따라 새로운 몸이 되고 전혀 새로운 날이 됩니다. 과학적으로나 물리적으로 현재의 나는 과거의 나와 전혀 다른 사람이자 새로운 환경에서 살아가는 새 사람입니다. 시간도 전혀 새로운 시간, 내 몸도 전혀 새로운 몸이 됩니다. 과거는 이미 지나갔으니, 다시 맞이하는 오

선생님이 들려주는 결혼 이야기

늘과 내일은 전혀 다른 새로운 시간이 됩니다. 그러니 과거 잘못이나 순간에 있었던 그릇된 일에 얽매일 필요가 없다고 생각합니다.

그리고 어떤 분들은 결혼 후에 자기 과거 일을 배우자에게 말하는 사람들이 있습니다. 또 어떤 배우자는 상대의 과거를 억지로, 혹은 유도 질문 같은 것을 통해 캐물으려고 하는 사람들이 있습니다. 물으면서 지난 일은 다 지나간 이야기라며 괜찮다고 하면서 이야기해 보라고 하기도 합니다. 그러면 여기에 넘어가 과거를 말하는 사람들이 있습니다. 정말 어리석은 물음이자 멍청한 반응이라고 할 수 있습니다.

오늘날 우리 사회가 개방되고 자유로운 사고를 지닌 사회가 되었다고 하더라도 아직까지는 이성과 관련된 과거 일을 긍정적으로 여기지 않습니다. 개인은 더더욱 그러는 경향이 있습니다. 따라서 결혼을 하게 되면 과거 이성과 있었던 흔적들은 모두 지워야 합니다. 그리고 이와 관련해 어떤 말도 해서는 안 됩니다.

혹 어떤 사람들은 배우자의 과거 교제 경력을 병적으로 집요하게 알아내려는 사람들이 있습니다. 그런 일이 있어서는 안 되겠지만 혹 배우자가 그렇게 요구하더라도 과거 이야기는 절대 말해서는 안 됩니다. 필자 생각으로는 평생 죽을 때까지 비밀로 간직하는 것이 좋겠다고 생각합니다.

이번에는 이성 교제와 이별에 대한 생각입니다. 이성 교제를 시작하기 전에는 여러 가지 경우의 수를 생각하고, 또 이성에 대한 평가나 계산을 하게 됩니다. 하지만 막상 이성 교제가 시작되면 모든 것을 잊고 온전히 교제에 전념하게 됩니다. 지극히 당연한 일이라 하겠습니다. 그래서 지금 만나고 있는 이성이 세상에서 가장 좋고, 제일 아름답게 느껴져 여타 다른 생각을 하지 않게 됩니다.

이런 경우일지라도 필자는 이별에 대한 생각을 한 번쯤 해 보는 것이 좋다고 생각합니다. 일반적으로 사람들은 교제를 하고 있는 동안에는 내게 헤어짐이란 결코 일어나지 않을 것이라고 생각합니다.

그런데 대개 이런 착한 생각과 달리 교제에는 이별이 찾아오기도 합니다. 이럴 때 아무런 준비가 없는 상태에서 이별을 하게 되면 그동안 나누었던 사랑의 크기만큼이나 마음의 상처가 크게 됩니다. 어떤 경우는 삶이 통째로 흔들릴 수 있는 큰 충격이 되기도 합니다. 그래서 어떤 사람들은 정신이 나간 사람처럼 지내기도 하고, 또 어떤 사람들은 생을 포기하려는 생각을 갖기도 합니다. 어떤 사람들은 마음의 상처가 곧 몸의 아픔으로 나타나기도 합니다. 그래서 상사병이라는 말이 생겨났습니다.

이별로 인한 아픔에는 약이 없습니다. 다만 하나의 약이 있다면 그것은 많은 시간이 흐르는 것입니다. 상당히 고약한 괴로움이라 할 수 있습니다. 그렇지 않고 이별의 괴로움을 만회하기 위해 새로운 약을 찾아 나섰다가 도리어 몸에 해로운 약을 얻은 경우가 많습니다. 대체 약품을 구하다가 아주 못된 악수惡手를 두기도 한다는 말입니다.

그래서 교제를 할 때에는 이별에 대한 생각이나 아픔을 생각해 보는 것도 괜찮겠다고 생각합니다. 어느 순간 갑자기 이별이 찾아왔을 때, 그 괴로움이나 아픔을 어느 정도 줄일 수 있는 지혜가 될 것이기 때문입니다.

선생님이 들려주는 결혼 이야기

다음으로는 이성 교제를 할 때에 자기의 장점과 단점을 어떻게 적용하고 극복할 것인가에 대한 점검과 공부입니다. 이성 교제에서는 특별히 단점에 대한 관점과 관리가 중요하다고 생각합니다. 그러기 위해서는 자기 단점에 대한 긍정을 만들 수 있어야 합니다.

사람은 누구나 열등의식을 갖고 있습니다. 우리들이 1장 성격을 다루는 부분에서 살펴보았던 것처럼 아무리 뛰어나고 훌륭한 사람이라고 할지라도 누구나 모두 단점, 즉 부족한 점을 가지고 있습니다. 따라서 누구든지 자신 없는 부분이 있기 마련입니다. 그러니 이성 교제를 할 때에 자기 단점을 너무 크게 생각할 필요가 없습니다.

이성 교제를 할 때에는 이성에게 잘 보이고 싶은 마음이 강하면 도리어 자신의 단점이 크게 부각될 가능성이 있습니다. 설령 상대는 나를 그렇게 여기지 않더라도 내 스스로 그렇게 생각할 수 있습니다. 따라서 나의 단점 관리가 상당히 중요합니다.

그리고 외모에 대한 콤플렉스를 가지고 있는 사람, 역시 이를 너무 심각하게 고민할 필요가 없다고 생각합니다. 어떻게 보면 잘생기고 예쁘게 생긴 사람이 더 많은 사랑을 받을 것 같고 더 많은 우대를 받을 것 같습니다. 하지만 세상은 공평하게도 꼭 그렇지 않습니다. 우리가 보고 들어서 아는 것처럼 예쁘거나 잘생긴 사람들도 이혼하고 이성에게 버림받은 사람들이 많습니다. 설령 아무리 못 생기고 어색하다고 하더라도 함께 일주일만 살다 보면 추녀나 미녀, 핸섬한 사람이나 그렇지 않은 사람이나 모두 다 똑같다는 것을 알 수 있습니다. 그러니 부부에게 외모는 그렇게 중요한 가치라고 할 수 없습니다.

남편과 함께 거리에 나섰다가 남편이 다른 여자들에게 눈길을 주는 일로 질투나 다툼을 벌이는 부부들이 있습니다. 내가 곁에 있음에도 불구하고 남편이 다른 예쁜 여자들에게 눈길을 준다는 것입니다. 이런 현상을 보면 예쁜 여자들은 다른 사람들의 관심거리이지 부부에게는 별로 중요하지 않다고 하겠습니다. 미모는 다른 사람들이 보고 좋아하니까 나보다는 다른 사람에게 즐거움과 만족을 주는 요소라 할 수 있습니다.

다만 주의할 것이 있습니다. 외모에 자신이 없는 사람들은 스스로 위축되거나 자신감이 결여되어 자기에게 조금만 관심을 보이는 이성을 만나면 금방 마음을 내주어 자기 방어벽을 쉽게 허물어 버리는 일입니다. 그러다가 여성인 경우 자칫 스스로 자기 몸을 망가뜨리는 지경에 이르기도 합니다.

때문에 자신의 외모에 대한 콤플렉스를 가지고 있는 사람들은 우선 이 콤플렉스를 극복하는 것이 첫째요, 둘째는 방어벽을 쉽게 허물지지 않도록 자기 관리를 잘하는 것입니다. 이런 점을 생각해 두고, 이성 교제를 하면 언제나 당당하고 의젓하고 적극적인 사랑을 할 수 있을 것입니다.

다음으로는 결혼에 대한 관점을 선명하게 정리해 두는 것이 필요합니다. 결혼이라고 하면 건전한 생각을 가진 남자와 여자가 생물학적 결합은 물론 함께 기대고 의지하면서 더불어 살아가는 것을 기본 골격으로 합니다. 그러면서 가정을 꾸밀 수 있는 환경이나 여건을 가꾸고 꾸미는 것입니다.

선생님이 들려주는 결혼 이야기

그리고 자녀가 태어날 경우 이들을 양육할 수 있는 부모로서 교양과 지식을 갖추고, 좋은 환경을 조성해 줄 수 있어야 합니다. 따라서 이와 같이 건전한 결혼관으로부터 벗어난 결혼관은 불행을 잉태하고 있다고 할 수 있습니다.

결혼관이 바르지 못하면 결혼 역시 잘못되기 쉽습니다. 평소에는 취업만을 생각하느라 결혼이라고는 생각해 보지도 않았습니다. 그러다가 취업이 마음대로 되지 않습니다. 그러면 슬그머니 "그냥 결혼이나 할까?"라는 생각을 합니다. 결혼을 취업의 도피처 정도로 생각하는 것입니다.

또 이런 경우도 있습니다. 객지에서 혹은 부모와 멀리 떨어져 혼자 지내면서 심한 외로움을 겪었습니다. 그래서 외로움으로부터 벗어나고 싶은 마음이 들어서 결혼을 떠올리는 것입니다.

또 반대로 서른 살이 넘도록 부모와 함께 살면서 여러 불편한 일들을 경험하게 되었습니다. 그래서 이제는 부모로부터 독립하고 싶은 마음이 생겨서 결혼을 선택하는 경우입니다.

또 다른 경우는 이성과 교제를 하다가 뜻밖에 이별을 맞이하게 되었습니다. 이별의 아픔을 달래기 위해 서둘러 다른 이성을 찾아 만나게 되는 경우입니다. 이런 일들은 모두 불행을 품고 있어 결혼을 향한 좋은 출발이라 할 수 없습니다.

그다음으로는 결혼 생활에 대한 관점을 어떻게 가질 것인가? 혹은 결혼에 대한 어떤 가치관을 가지고 결혼을 준비해야 할 것인가에 대한 생각을 정리하는 것입니다. 여기에서 계속 다루고 있는 내용입니다만 우선 결혼에 대한 공부를 하는 것입니다.

시중에는 결혼 생활을 다루는 책들이 많이 나와 있습니다. 결혼 생활에 대한 이론을 다루는 책이 아닌 현실에서 만나게 되는 사소한 어려운 일들을 어떻게 풀어 나갈 것인가에 대한 방법과 지혜를 도와주는 책들이 많습니다. 이런 책들을 통해 결혼에 대해 미리 공부하는 것입니다. 그러면 결혼 생활에서 미리 일어날 일과 예측되는 상황들을 생각할 수 있습니다. 이를 통해 결혼 생활에서 만나게 되는 여러 불편한 요소들을 미리 대비를 해서 갈등을 잠재우고, 불필요한 에너지 소비를 막는 것이 지혜로운 일입니다. 자질구레한 일에 신경쓰다 보면 진정 큰일을 만났을 때 당황하게 되고 허둥지둥하는 바람에 삶을 망가뜨릴 수 있습니다. 공부를 통해 작은 사소한 트러블을 잘 극복하는 방법을 배우면 힘든 일을 만났을 때 의연하게 대처할 수 있는 여유가 생깁니다.

다른 장에서 다루긴 했습니다만 결혼은 근본적으로 상대의 부족함을 내가 채워 주는 것이라는 관점을 가지면 좋습니다. 그래서 서로 주고, 도와야 관계가 원만해질 수 있습니다. 상대의 장점으로 내가 이득이나 덕을 볼 것으로 생각하는 것이 아니라 내가 가진 것으로 배우자의 부족함을 채워 주려고 노력하는 것입니다.

이런 관점에서 본다면 상대의 장점이 별로 눈에 띄지 않으면 불평할 것이 아니라 오히려 감사해야 할 일이라고 생각합니다. 도리어 내가 채워 줄 수 있는 부분이 많기 때문입니다. 게다가 배우자가 단점이나 부족한 점을 많이 갖고 있다면 그만큼 내가 도와줘야 할 부분이 많다는 것을 의미합니다. 그러면 내가 도와주기 쉽다는 의미도 될 것입니다.

선생님이 들려주는 결혼 이야기

초등학생에게 만족을 주려면 몇천 원의 돈이면 욕구를 채워 줄 수 있습니다. 그러나 어른의 욕구를 채워 주려면 이런 돈으로는 어림도 없습니다. 따라서 초등학생처럼 상대에게 부족함이나 단점이 많으면 조금만 도와줘도 만족도가 높습니다. 때문에 내 배우자에게 부족한 부분이 많다면 안타깝게 여기거나 서운함을 느낄 필요가 없습니다. 작은 것으로 많은 도움을 줄 수 있기 때문입니다. 그러니 불평보다는 오히려 감사해야 할 일이라고 생각합니다. 그래서 결혼이란 서로에게 도움을 주는 일이라고 보는 관점은 매우 좋은 관觀입니다. 내게 더 유익한 일일 뿐만 아니라 행복의 거름이 되기 때문입니다.

이렇게 큰 틀에서 결혼에 대한 중요한 단서들을 간단하게 정리해 봤습니다. 이런 사소하면서도 중요한 관점들을 잘 정리해 두면 행복한 결혼 생활을 영유해 나갈 수 있는 지혜가 생겨날 것입니다.

부디 결혼에 대한 공부를 통해 여러분이 생각하고 있는 삶이 결실을 맺어 복되고 행복한 결혼으로 이어지길 기원합니다.

〈이것만은 꼭! 핵심 요약정리〉

* 이성 교제와 결혼을 위한 공부를 해요.
* 교제와 결혼에 대한 올바른 가치관을 가져요.
* 결혼 전에는 여러 유형의 사람들과 만나고 교제해요.
* 이성과 교제하면서 잘못된 경우, 부담을 털고 얼른 돌아서요.
* 결혼하게 되면 결혼 전에 있었던 이성 관계는 모두 정리해야 해요.
* 이성과 교제할 때에는 이별도 생각해 보기 바랍니다.

제4장

결혼 후에는 어떻게
살아가는 것이
좋을까요?

상대를 소유하려 들지 말아요

우리에게는 소유욕이라는 강한 욕구가 있습니다. 더욱이 내가 바라고 원하는 것이라면 한층 더 그런 마음이 강한 것을 볼 수 있습니다. 동물들은 배만 부르면 다른 것을 탐하지 않는다는 이야기를 들었습니다. 그런데 사람들은 배부른 것과 상관없이, 배가 부른 삶을 넘어서 부요함이 넘쳐도 욕심을 내기도 합니다. 이런 욕구를 일찍이 잘 간파한 사람들은 사람의 성품이 본래적으로 악하다는 성악설性惡說을 꺼내들기도 했습니다.

이런 욕구는 작은 모임에만 가 보더라도 쉽게 발견할 수 있습니다. 어떤 모임에 가더라도 감투를 쓰려는 사람이 많습니다. 그 정도라면 괜찮은 감투를 쓴 것 같은데도 더 화려하고 더 큰 감투를 얻으려고 기를 쓰는 사람들이 많습니다. 이런 욕구들 때문에 아마 사회적인 규약이나 법규가 없다면 세상은 온통 난장판이 되는지도 모를 일입니다.

우리들의 주변을 둘러보면 세상에는 온통 불의와 다툼, 싸움, 사고

선생님이 들려주는 결혼 이야기

들이 끊임없이 일어나고 있습니다. 그 밑바탕을 보면 사람들의 지나친 욕구가 자리하고 있는 것을 알 수 있습니다. 수많은 사람의 생명을 앗아 가는 전쟁도 이런 욕구의 발로라 할 수 있습니다. 더 많은 것을 얻고 싶고, 더 넓은 땅을 차지하고 싶은 욕심이 원인이라 할 수 있습니다.

한 개인의 모습만 놓고 보더라도 더 많은 것을 갖고 싶어서 불의를 저지르고, 빼앗고, 범죄를 저지릅니다. 어쩌면 사람의 욕구는 만 가지 악의 근원인지 모릅니다. 그래서 성서는 이를 경계하라는 의미에서 "욕심이 잉태한 즉 죄를 낳고, 죄가 장성한 즉 사망을 낳느니라" 하고 있습니다.

사람의 소유욕에는 꼭 이렇게 부정적인 면만 있는 것이 아닙니다. 여기에는 동전의 양면처럼 긍정적인 면도 있습니다. 이 욕구는 과학이나 사회, 그리고 나라를 발전시키는 원동력이 되기 때문입니다. 보다 더 편리한 것, 보다 좋은 것을 갖고, 얻고 싶은 욕망으로 인해 더 좋은 것을 만들어 내기 때문입니다.

그래서 이런 욕구를 잘 활용하기만 하면 매우 긍정적인 곳에 사용할 수 있습니다. 일반적으로 사람들은 돈을 더 많이 가지고 싶은 욕망을 가지고 있습니다. 이 욕구를 잘 활용하면 무슨 일이든지 보다 쉽게 이룰 수 있습니다. 돈을 더 많이 준다고 하면 사람들은 의나 불의에 상관없이 목숨을 내놓고 덤벼드는 것을 볼 수 있습니다. 이런 욕구를 잘 이용하는 것은 사람의 마음을 움직이게 하는, 긍정적인 원동력을 활용한 것이라 할 수 있습니다.

이렇게 사람의 욕구는 긍정적인 면과 부정적인 면을 동시에 가지고 있습니다. 이것들이 부정적인 면이 더 부각되는 일이 있더라도 이것이 한 개인에게 국한된 일이라면 그런대로 괜찮은 일이라고 할 수 있습니다. 또한 사회나 나라의 발전의 원동력이 된다면 더할 나위 없이 좋을 것입니다. 그런데 이것이 개인의 범주나 사회적인 유익을 벗어나면 문제가 됩니다.

예를 들어 내가 어떤 사물을 좋아하고 아끼고 사랑하는 것, 어떤 운동을 취미로 좋아해서 열심히 하는 것, 봉사하는 일이 좋아서 부지런히 참여하는 것은 매우 긍정적인 욕구의 발로라 할 수 있습니다. 이는 개인 욕구의 정당한 실현이자 권리라 할 수 있습니다. 그러니 사람들이 자기의 욕망을 따라 무엇을 좋아하거나 사랑하는 일은 긍정적인 욕구의 바른 사용이라 할 수 있습니다. 따라서 전혀 문제 될 것이 없습니다.

그래서 누군가가 꽃을 좋아하고, 강아지를 좋아하고, 고양이를 좋아한다고 해서 그것을 비난하거나 윤리적으로 문제 삼을 일이 아닙니다. 하지만 내가 좋아한다고 해서 내 욕망을 실현하기 위해 상대에게 너도 나처럼 그렇게 하기를 바라고 요구하는 것은 문제가 됩니다.

예를 들어 보겠습니다. 내가 어떤 가수의 노래를 좋아했습니다. 그래서 팬클럽에 가입하고 후원비를 보내고, 사인회도 참석하고 열렬하게 응원하고, 그가 참여하는 봉사 활동에도 함께 했습니다. 이는 자기 욕구의 정당한 발로이자 긍정적인 일이라 할 수 있습니다. 따라서 이를 두고 누가 불평하거나 비난할 수 없습니다.

그런데 내가 온갖 사랑을 베풀어 준 그 가수가 내게 전혀 관심을 보이지 않습니다. 그래서 내가 그 가수에게 화를 내고 짜증을 냅니다.

선생님이 들려주는 결혼 이야기

'내가 너에게 어떻게 했는데, 너는 나한테 그렇게 할 수 있어?' 하면서 괴로워하면서 슬퍼합니다. 기분이 몹시 나쁘다며 자기 생업마저 소홀히 합니다. 그러면 우리는 이 사람을 어떻게 평가해야 할까요? 아마 대부분 부정적으로 평가할 것입니다.

내가 그 가수를 좋아하고 어떤 형태로 사랑을 표현하는 일은 나무라거나 비난할 일이 아닙니다. 그렇다고 내가 했던 것처럼 상대도 내게 그렇게 생각해 주기를 바라는 것은 문제입니다. 이를 두고 화를 내고 비난하고 흉을 보는 것은 분명히 잘못된 일입니다.

내가 상대를 좋아하거나 사랑하는 것은 내 자유입니다. 그렇다고 상대에게 나와 똑같이 좋아하고 같은 방법으로 사랑해 달라고 하는 것은 월권이자 강요입니다. 남의 권리나 자유를 침해하는 일이 됩니다.

우리는 종종 언론에서 배우나 가수들이 스토커를 고발했다는 내용을 접하곤 합니다. 처음에는 좋아해서 따라다니다가 나중에는 비난하고 흉을 보고, 좋아했던 사람을 괴롭히는 것입니다. 자기 욕망을 그릇되게 실현한 행동이라 하겠습니다. 분명 이는 범죄 행위입니다.

부부 사이에서도 꼭 이와 같은 현상이 벌어지는 것을 볼 수 있습니다. 결혼하면 부부는 서로 착각하는 것 같습니다. 배우자를 내 소유라고 생각하는 것입니다. 그래서 내가 상대를 바라보고, 생각하고 사랑한 것처럼 배우자도 내게 똑같이 그렇게 하기를 바랍니다. 내가 집 안에 가만히 있으니까 배우자도 가만히 있으라고 합니다. 내가 모임에 나가지 않으니까 배우자에게도 나가지 말라고 합니다. 내가 열 개의 사랑을 줬으니 너도 내게 열 개를 달라고 합니다. 이런 일은 앞서 가수의 사례에서 봤던 것처럼 상대를 완전히 자기 것인 양 자기의 욕구를 그릇되게 실현하고 있는 것이라 할 수 있습니다.

결혼에는 여러 가지 의미와 가치가 있습니다. 그중에 대표적인 것은 결혼을 함으로써 자유롭게 된다는 것입니다. 우선 배우자와 성적性的으로 자유롭습니다. 부부 사이에서는 바람이나 불륜이나 죄로부터 자유롭습니다. 연애 시절만 해도 밤이 깊으면 함께 있고 싶어도 각자의 집으로 가야 했습니다. 그래서 시간적으로 제약을 받았습니다. 그런데 이제는 많은 시간을 같이 있어도 누가 뭐라 하지 않습니다. 결혼이 부부에게 주는 자유로움입니다. 따라서 두 사람이 결혼하게 되면 서로 자유를 누릴 수 있어야 합니다.

그런데 어떤 사람들은 배우자를 내 것이라는 소유 개념을 도입하고 상대의 자유를 제한하고, 더 나아가 내게만 소속되기를 바랍니다. 그래서 상대를 내 생각 체계 안에 가둬 두려고 합니다. 결국 상대의 삶을 내가 활동하는 사회 범위 안에서 생활하도록 조정하고 관리하려고 합니다.

행여 나는 배우자에게 소속되고 배우자의 바람대로 움직이는 것이 좋아서 그리한다면 꾸중하거나 지적할 일은 아닙니다. 하지만 내가 아닌 배우자에게 내가 한 만큼 너도 나와 똑같이 그렇게 하라고 요구하는 일은 억지이자 상대의 자유를 구속하는 못된 일이 됩니다.

사람들은 결혼하는 젊은 부부들에게 농담 삼아 "행복 끝, 불행 시작"이라는 말을 해 줍니다. 이 말은 결혼이 곧 구속이라는 의미를 담고 있습니다. 결혼하면 사람들이 자유를 누리기보다는 서로 상대를 묶어 두고 집에 머물러 있기만을 바라고 상대에게 내가 바라는 행동들만 하기를 바라거나 내가 원하는 삶만 살기를 바란다는 말입니다. 그래서 이런 말을 해 주는 것입니다.

다시 한번 말해 보겠습니다. 결혼은 구속이 아니라 도리어 자유로움이어야 합니다. 아내나 남편이 함께 있으니, 나 대신 다른 일을 서로 맡길 수 있습니다. 내가 참여할 수 없는 어떤 모임에 나를 대신해서 배우자를 보낼 수도 있습니다. 혼자 하기 어려운 육아나 취미 같은 것도 서로 격려하거나 나눠 가면서 할 수 있습니다. 부모를 섬기는 일도 전에는 오로지 혼자서 감당해야 했습니다. 그런데 이제는 둘이 나눠서 할 수 있습니다. 그래서 결혼은 자유롭고 편안하고 즐거워야 합니다. 그런데 많은 사람들은 결혼으로 얻어진 자유를 버리고 도리어 배우자를 소유하려고 하면서 구속려고 합니다. 그래서 문제를 만들어 냅니다.

결혼 속에서 자유를 누리기 위해서는 배우자가 내 것이라는 소유욕으로부터 벗어나는 것이 좋습니다. 그래야 결혼의 자유와 행복을 얻을 수 있습니다. 이 소유욕이 지나치면 다툼을 만들어 내고, 괴로움을 형성했다가 나중에는 의부증이나 의처증 같은 병을 만들어 내기도 합니다. 그러면 치유할 수 없는 치명적인 불행을 낳게 됩니다. 따라서 결혼은 편리함을 주는 자유로움이지 배우자를 소유하고 구속하는 것이 아니라는 사실을 명심하면 좋겠습니다.

조금만 더 넓게 보면 배우자는 내 것이 아니라는 사실을 금방 알 수 있습니다. 지금의 배우자는 결혼하기 전까지는 각자의 부모로부터 성장하도록 돕고 물질을 제공받았습니다. 따라서 부부의 존재 근거지는 좁게는 각자의 부모라 할 수 있습니다. 조금 더 넓게 확장시켜 보면 형제들의 것이고 더 넓게 보면 사회의 것이라 할 수 있습니다.

그런데 결혼했다고 해서 배우자에게 오직 나만 바라보고, 나만을 위해 살라고 하는 것은 너무 이기적인 생각이라 할 수 있습니다. 남편이나 아내를 내 소유물로 알고 배우자 역시 내가 베풀거나 생각한 만큼 내게 그렇게 하라고 강요하는 일은 좋은 삶의 태도라 할 수 없습니다. 결혼은 자유와 평안이지 구속과 억압이 아니기 때문입니다.

이렇게 말하면 사람들은 "그것이 사랑이 아니겠느냐?"라고 반문합니다. 아무리 그렇게 주장하더라도 그것은 분명히 사랑이라고 할 수 없습니다. 이는 소유나 구속을 사랑이라는 언어로 포장한 것뿐입니다. 그 포장 안에는 '잘못', '오류'라는 물건이 들어 있습니다. 가짜를 사랑처럼 그럴듯하게 포장하고 있는 것입니다. 어떤 형태로든 구속은 사랑이라고 할 수 없습니다.

따라서 이 글을 보고 있는 사람들이라면 결혼은 구속이 아니라 자유와 기쁨과 평안이라는 것을 기억하면 좋겠습니다. 그리고 이를 실천하는 지혜를 발휘하면 좋겠습니다.

〈이것만은 꼭! 핵심 요약정리〉

- 배우자를 내 소유물로 여겨서는 안 됩니다.
- 결혼은 구속이 아니라 자유임을 기억해야 합니다.
- 내가 사랑한 만큼 너도 나를 그렇게 사랑하라고 요구하는 것은 강요입니다.
- 배우자를 소유하려고 하는 순간, 행복으로부터 멀어진다는 사실을 기억하십시오.
- 소유를 사랑이라고 포장하거나 강요하는 것을 사랑이라고 생각해서는 안 됩니다.

선생님이 들려주는 결혼 이야기

간섭과 집착을 내려놔요

　요즈음 사람들에게 선한 영향력을 끼치고 있는 〈즉문즉설〉의 대가 법륜 스님의 이야기입니다.

　여자들은 평생 두 번 인륜을 거스르는 죄를 짓는다고 합니다. 하나는 결혼한 뒤 남편과 시부모 사이에 끼어들어 남편이 효도하는 것을 질투하는 것이고, 다른 하나는 나이 들어 며느리를 보게 되면 아들과 며느리 사이에 끼어들어 "내가 너를 얼마나 많은 고생을 해서 키웠는데, 나를 외면하고 아내 말만 듣느냐."라며 방해하는 죄를 범한다는 것입니다.

　이런 이야기를 들을 때면 여인들의 나약하고 가녀린 삶을 보는 것 같아 안타까운 마음이 듭니다. 스스로 독립하지 못하고 누군가에게 기대어 사랑을 구걸하고 있는 사람처럼 보이기 때문입니다.

　여성들은 오랫동안 남성 중심의 사회 속에서 살아왔습니다. 그러다 보니 많은 부분을 남성에게 의존해 왔습니다. 이런 이유로 여자들은 사랑이나 관심을 받는 아니, 혹은 받아야 하는 존재로 살아왔습니다. 그래서 내게 관심이 주어지지 않으면 언제나 결핍을 느껴 왔습니다.

이런 진화의 흔적은 양성이 평등하다는 오늘날에도 상당히 많이 남아 있습니다. 아내들은 각종 기념일을 챙기거나 여행을 시켜 주거나 선물을 마련해 주는 것을 좋아합니다. 또 자기도 경제활동을 하고 있으면서 남편의 수입에 신경을 써서 남편의 수입에 의존하려고 합니다. 그래서 남편의 수입이 적으면 또 그렇다며 투정을 부리기도 합니다. 평등한 경제생활을 하는 시대에 살면서 으레 남자가 여자다보다 더 많이 벌어야 한다는 생각을 갖고 있습니다.

그러니까 아내들은 받는 것에 익숙해져 있다는 말입니다. 그렇지 않으면 삐지고 불평하고, 화를 내기도 합니다. 이것들이 이뤄지지 않으면 다른 가정의 남자들과 비교하면서 마음에 상처를 얻기도 합니다.

이런 일들이 미진하거나 이뤄지지 않으면 여성들은 질투라는 감정을 만들어 냈습니다. 이 질투라는 것은 나약한 사람들이 보이는 대표적인 감정이라 할 수 있습니다. 나약한 사람들은 나약함에서 생겨나는 질투를 상쇄하려는 의도에서, 혹은 나약함을 만회하려는 생각에서, 좀 더 긍정적으로 말해 보면 사랑을 받고 싶은 마음이 간절해서 그 도구로 간섭이라는 것을 만들어 냅니다. 그러니까 간섭은 나약한 사람들이 즐겨 쓰는 도구라 할 수 있습니다.

부부 사이에서도 이런 간섭은 자주 등장합니다. 서로 행동이나 태도, 습관 등에 대해 간섭하는 사람들이 많습니다. 자신이 나약하다는 감정을 보전받으려는 마음에서 상대의 삶을 간섭하기 시작한다는 말

선생님이 들려주는 결혼 이야기

입니다. 모두 자신이 나약한 존재라는 것을 증명해 보여 주는 모습이라 할 수 있습니다.

다른 곳에서 언급했습니다만 간섭은 구속 못지 않게 결혼 생활을 방해하는 좋지 못한 요소가 됩니다. 간섭은 곧바로 구속으로 연결되기 때문입니다. 간섭하는 일들을 보면 '어떤 친구는 만나지 말라', '어떤 모임에는 가지 말라', '어떠어떠한 말은 하지 말라', '밥은 어떻게 먹으라', '술은 어떻게 마시라'고 구체적으로 관여합니다.

아내나 남편의 입장에서 보면 배우자의 삶과 태도는 교정받아야 할 부분이 많은 것처럼 보입니다. 실제로 많이 있을 수도 있습니다. 그래서 자꾸 간섭할 수밖에 없는 상황이라고 할 수 있습니다. 그렇다 하더라도 간섭하는 일은 좋은 일이라 할 수 없습니다. 어떻게 해서라도 할 수만 있다면 간섭을 조금 줄이는 것이 좋겠습니다. 이것의 부작용이 만만치 않기 때문입니다.

간섭이 많아지면 듣는 사람은 부지불식간에 감정에 흠을 만들게 됩니다. 자동차를 예로 들어 보겠습니다. 자동차의 도색은 매우 매끈하고 단단해 보입니다. 그래서 웬만하면 흠이 생기지 않을 것 같습니다. 그런데 길가에서 자라고 있는 부드러운 풀만 스쳐도 흠이 생깁니다. 처음에는 이쯤은 괜찮겠지 하고 여러 번 스치면 나중에는 새롭게 도색을 해야 할 정도로 흉한 모습이 되고 맙니다.

마찬가지로 부부 사이에서도 간섭을 하면서 '이 정도는 괜찮겠지'라는 마음에서 합니다. 하지만 조금 지나면 이것이 투정이 되고 감정적인 싸움을 불러일으킵니다.

또한 간섭이 많아지면 거짓말로 배우자를 속이기 시작합니다. 예를 들어 아내가 간섭을 합니다. '여기에는 가지 말고, 저 사람은 만나지 말고, 이런 활동은 하지 말고…….' 그러면 남편은 아내가 만나지 말라는 상대를 만나긴 해야 하겠고, 그 자리에 가기는 가야 하겠습니다. 그러면 거짓말로 둘러대기 시작합니다.

남편은 아내의 불편한 마음을 덜어 주기 위해 아내가 비교적 편하게 생각할 수 있는 일로 둘러댑니다. 모임에 가기는 해야 하겠고, 아내가 싫어하니, 오늘은 누구 집 상가喪家를 들먹이고, 이번에는 회사 동료 상가喪家에 가야 한다고 말을 하는 식입니다.

그래서 남자들끼리 모이는 곳에 가면 이렇게 간섭이 많은 아내를 둔 친구에게 친구들은 농담 삼아 "저 친구는 주변 사람들을 많이 죽인다."라는 핀잔을 주기도 합니다. 상喪을 당하지 않았는데도 아내를 위해 괜히 죽지 않은 사람의 상을 만들어 내 거짓말로 둘러대기 때문입니다. 그러니 친구들이 우스갯소리로 건네는 말입니다.

간섭은 거짓말을 낳습니다. 거짓말이 늘어나면 언젠가 들통나기 마련이고 그러면 또 거짓말로 나를 속였다고 언쟁을 벌이게 됩니다. 이는 출발부터 지혜롭지 못한 선택의 결과라 하겠습니다. 따라서 간섭보다는 배우자의 활동을 인정해 주고 너그럽게 자유를 주는 편이 더 낫습니다. 조금 더 나갈 수 있다면 이런 일을 가지고 부부간에 대화의 소재로 삼으면 좋을 것입니다.

만일 남편이 가정에서 필요한 역할이 있으면 그것을 있는 그대로 말하면 됩니다. 도움이 필요하다든지, 무슨 일을 처리해야 된다든지, 무

선생님이 들려주는 결혼 이야기

엇이 해결되지 않으면 내가 힘들다든지 그 정확한 일이나 감정을 말해서 배우자의 동의를 얻어 내는 것입니다. 그렇지 않고 자주 간섭을 늘어놓으면 거짓말을 할 요인을 제공하게 됩니다. 따라서 행복하기를 바라는 현명한 부부라면 이런 간섭을 줄이는 것이 좋습니다.

간섭을 줄일 수 있는 방법으로는 우선 배우자에 대한 집착을 내려놓는 것이 좋습니다. 가족 구성원으로 살다 보면 내 남편, 내 아내, 내 자녀들, 이것들을 부지불식간에 '내 것', '내 소유물'로 여기기 쉽습니다.

가족 구성원을 내 것으로 각인하는 순간 사람들은 간섭하게 되고 강한 집착에 빠져들게 됩니다. 가족이라면 나 외에는 다른 사람들이 사이에 끼어들어서는 절대 안 되는 것으로 압니다. 내 가족은 내가 보호해야 하는 보호 영역으로 알고 지킴이 본능을 발동해 오직 내 관할권 아래 두려고 합니다.

이것이 좋은 결과를 가져오면 좋을 일이지만 그렇지 못하고 도리어 불행을 가져오는 경우가 많습니다. 부부문제 뿐만 아니라 인생 전반의 삶에서도 이 집착은 우리에게 많은 폐단을 가져다줍니다. 이 집착이 갖은 불편을 만들어 내고 나중에는 범죄를 만들어 내기도 합니다. 아내가 남편에게 집착하면 의부증이 되고, 남편이 아내에게 집착하면 의처증이 됩니다.

아내가 가정주부로 지내는 사람일 경우 남편에 대한 집착이 더 강해질 수 있습니다. 남편은 출근하고 집에 없는데 하루 종일 집 안에서 혼자 지내다 보니 온종일 오직 남편만을 생각하게 됩니다. 그래서 남편이 내 삶의 전부라고 여기게 됩니다. 그러면서 집착이 강해집니다. 이 사람은 자기의 집착이 불편을 만들어 내는 줄도 모르고 그냥 내가 남편을 생각한 것만큼 남편도 나를 그렇게 생각해 주기를 바랍니다.

그런데 현실에서 보면 남편은 그러지 못합니다. 출근하면 주어진 일들을 처리하느라 아내처럼 그렇게 아내를 생각하지 못합니다. 또한 아내처럼 그렇게 애절한 감정을 갖지도 않습니다. 그러면 또 그렇다고 집착의 양을 늘려 나갑니다. 그러다가 이것이 짙어지면 사랑이라는 이름으로 둔갑시킵니다. 그래서 '사랑해서 그러는데, 당신은 왜 그러느냐'며 투정을 부리며 속상해합니다. 이것은 사랑이라고 할 수 없습니다. 그저 불편을 낳는 집착일 뿐입니다.

따라서 주부로 살아가는 여성은 남편이 출근하면 온종일 남편만 바라고 기다리고 있어서는 안 될 것입니다. 건전한 취미 활동을 찾아서 글을 쓴다든지, 운동을 한다든지, 음악을 즐긴다든지…… 등을 통해 남편에게 의존하는 것으로부터 거리를 두고 자기 삶을 찾아가도록 노력하는 것이 좋겠다고 생각합니다. 이런 활동들이 집착으로부터 벗어날 수 있도록 도와줄 것입니다.

남편이 집착하는 경우를 보면 남성 스스로 아내보다 열등하다고 느낀 사람들에게서 잘 나타납니다. 아내는 활발하게 활동하고 어떤 일에 적극적으로 나서는 데 반해 남편은 스스로 그러지 못함에 대한 자격지심을 가지고 있는 경우가 많습니다. 아내의 활동을 보고, 저렇게 활동적인 아내를 가만히 두면 남에게 빼앗길 것 같은 염려와 두려움을 갖게 됩니다. 그래서 아내의 복장이며 화장 상태, 행동, 활동 등을 간섭하기 시작합니다. 그러다가 점점 집착으로 빠져들게 됩니다.

선생님이 들려주는 결혼 이야기

대부분 처음에는 아내와 가정을 위한다는 생각에서 출발합니다. 그런데 따지고 보면 아내를 위해서 하는 것이 아니라 자기 집착이 만들어낸 허상을 위해서 하는 경우가 태반입니다. 남편은 그런 줄도 모르고 사랑이라는 이름으로 둔갑시켜 아내에게 집착하게 됩니다.

아내가 하는 사회봉사 활동을 제한하거나, 종교 활동에 나가는 것도 제지하고 못하게 막기도 합니다. 그러면서 아내를 사랑해서 그런다고 합니다. 따라서 남편들 역시 마찬가지로 아내에 대한 집착을 내려놓으면 좋겠다고 생각합니다.

아내들은 활동적이고 활달한 성격을 지녔다고 하더라도 지아비를 만나면 본능적으로 그 지아비에 소속되려고 합니다. 또한 여성들에게는 모계 중심의 본능이 자리하고 있어서 자녀들에게 집중하려고 합니다. 그래서 바깥 활동을 하더라도 뇌 구조 속에는 늘 남편과 자녀들에 대한 생각으로 가득합니다.

따라서 남성들은 아내들의 활동에 관심을 적당히 갖고 집착을 내려놓는 것이 좋다고 생각합니다. 아내에게 갖는 간섭이나 집착은 본인의 열등에서 비롯되는 허상虛像이라는 것을 알면 좋겠습니다.

다음으로는 자녀에 대한 집착을 내려놓으면 좋겠다는 생각입니다. 자녀들은 어리고 미성숙한 존재입니다. 그러다 보니 부모는 자녀가 내 소유라는 개념을 강하게 가질 수 있습니다. 그래서 자녀를 마치 내 시계나 자동차, 핸드폰처럼 내 마음대로 조정하고 사용하고 싫으면 방치해도 된다고 생각을 하는 사람이 있습니다. 자녀는 비록 내가 양육을 맡고 있을지라도 내 소유물이라고 할 수 없습니다.

따라서 자녀에게 너무 집착하면 사랑이 아니라 질환이 됩니다. 바른 아이로 자라기를, 공부를 잘 하는 아이로 자라기를, 부모 말을 잘 듣는 사람으로 성장하기를, 모든 면에서 모범적인 사람이 되기를 바랍니다.

자녀는 자녀가 가지고 태어난 성격대로 살아갈 존재이지 부모의 뜻을 실현시켜 줄 도구나 존재가 아닙니다. 굳이 집착을 가지고 내 의도대로 만들려고 한다든지, 조정하려고 해서는 안 됩니다. 부모들의 자녀에 대한 집착이 얼마나 심했으면 요즘에는 '헬리콥터 맘'이라는 신조어까지 생겨나게 되었습니다. 자녀에 대한 지나친 집착은 사랑의 결핍이라는 부정적인 결과를 낳게 됩니다.

자녀들은 부모의 사랑을 먹고 자라납니다. 먹는 것은 조금 모자라도 괜찮고, 입는 것은 다소 초라하더라도 괜찮습니다. 하지만 부모의 사랑이 모자라면 그 모든 것을 잃어버리게 됩니다.

마지막으로 물질에 대한 집착을 내려놓으면 좋겠습니다. 우리가 사는 세상은 자본주의 사회다 보니 돈이 전부인 것처럼 보입니다. 하지만 우리 사회는 이미 선진국 사회가 되었습니다. 따라서 먹고사는 문제는 어느 정도 해결되었다고 봅니다. 따라서 돈에 너무 집착하는 것은 좋은 일이라 할 수 없습니다. 사람들이 쉽게 하는 말 가운데는 '공수래공수거空手來空手去'라는 말이 있습니다. 이 세상을 떠날 때 모두 가져갈 것이 아니라는 말입니다. 따라서 먹고 사는 문제가 해결되었으면 이제 축적하는 데 마음을 지나치게 쓰지 말아 달라는 부탁입니다. 물론 부지런히 노력해서 많이 벌어 선한 일에 사용하는 것도 좋은 일입니다. 하

선생님이 들려주는 결혼 이야기

지만 물질에 너무 집착하다 보면 우선 자신이 망가지고 가족이 무너질 수 있습니다. 물질을 위해 아내를 무시하고, 자녀들을 방치하면 나와 가정이 어려움에 빠질 수 있습니다.

따라서 행복한 가정을 위해서라면 물질에 집착하는 것을 조금 내려놓을 것을 권합니다. 그러면 내가 특별히 추구하지 않아도 내 곁에 행복이 찾아와 기쁨을 안겨 줄 것입니다.

〈이것만은 꼭! 핵심 요약정리〉

- 부부 사이에서 간섭과 집착을 서로 내려놓으십시오.
- 사랑이라는 이름으로 간섭하고 집착하는 것은 잘못되었습니다.
- 자녀는 내 소유물이 아닙니다. 자녀에 대한 집착을 내려놓으십시오.
- 물질에 대한 집착을 내려놓으십시오.
- 이것들에 집착하면 불행의 원천이 되기 때문입니다.

행복한 결혼 생활을 위한 공부

2021년 7월 2일 유엔무역개발회의UNCTAD는 제네바 본부에서 열린 제68차 무역개발이사회 폐막 세션에서 우리나라의 지위를 선진국 지위로 변경하는 일을 회원국 만장일치로 가결했습니다. 참으로 경사스러운 일이 아닐 수 없습니다. 이렇게 해서 우리나라는 드디어 국제사회가 인정하는, 자타가 공인하는 선진국이 되었습니다.

이는 1964년 이 기구가 창설된 이래로 우리나라와 같은 사례는 처음 있는 일이라고 합니다. 누가 뭐라 해도 놀라운 한강의 기적이라고 하겠습니다. 정말로 어깨를 들썩거리게 만드는 일입니다.

이런 일을 두고 많은 나라와 식자들은 이렇게 놀라운 일을 이뤄 낸 대한민국의 배경과 이유를 분석하기 시작했습니다. 여기에서는 많은 이유들을 거론했지만 자타가 인정하는 공통된 이유로는 대한민국의 교육과 국민들이 지닌 교육열이라는 것입니다.

많은 사람들이 인정해 주고, 우리들이 인정하는 것처럼 우리의 교육

선생님이 들려주는 결혼 이야기

열은 정말로 대단했습니다. 얼마나 열심히 가르치고 얼마나 많은 공부를 했는지 모릅니다. 밤을 새워 가며 공부하고, 잠을 자지 않고 노력했습니다.

우리 부모들은 논밭을 팔아 자녀에게 공부를 시켰으며, 소를 팔아 학교에 보냈습니다. 나는 비록 가난하고 굶주리더라도 자녀들만은 반드시 가르쳐야 한다며 이를 악물고 학교로 보냈습니다. 이런 우리 부모들의 헌신은 생각만 해도 눈물겨운 일입니다.

지금 어른들은 요즘 학생들이라면 상상하지도 못할 일들을 겪으며 공부했습니다. 영어 단어를 외우느라 매 맞는 일을 마다 하지 않았습니다. 자존심을 내려놓고 벌받는 수모를 겪어 가면서 공부하고, 과업을 수행하지 못했다며 학교에 남아 못 한 공부를 다 하고 가는 괴로움을 이겨 냈습니다. 또한 계획한 점수를 얻지 못했다며 손바닥이나 발바닥 맞는 것을 부끄러운 줄 모르고 감내했습니다. 학교에 가면 창피함을 무릅쓰고 자존심을 모두 내려놓고 오직 공부하는 일에만 매달렸습니다. 요즘 아이들이라면 상상도 하지 못할 일들입니다.

이런 노력들이 오늘날 우리 대한민국의 자원과 큰 힘이 되었습니다. 그래서 기적을 이루어 낼 수 있었습니다. 사람을 지식의 양으로 평가하던 시대에 살아야 했으니 머리에는 오직 아는 것이 많아야 했습니다. 그래서 시험과 관련된 일들이라면 머리가 터져라 하고 암기했습니다. 그 결과 지금 우리나라 사람들의 지식 수준은 상당히 높은 편입니다.

그런데 안타까운 사실은 삶의 모습은 점점 메말라 가고, 삭막해져 가고 있다는 것입니다. 행복 지수가 낮고, 삶의 만족도가 떨어지고 있습니다. 생각해 보면 지식 수준으로 사람을 평가하다 보니 인간관계나 가정을 관리하는 일 등을 소홀히 여긴 탓이라고 생각합니다.

그러다 보니 오늘날에는 인간관계를 힘들어하는 사람들이 많고, 가정에서 어려움을 겪는 사람들도 많아졌습니다. 하지만 많은 세월 동안 지식에 집중된 사회 여건으로 인해 이런 어려움은 쉽게 극복되거나 개선될 여지가 보이지 않습니다. 누가 나서서 기초적인 가정 문제나 인간관계 관련 일들을 주도적으로 개선하려고 노력하지 않고 있기 때문입니다. 나라가 선진국이 되었으면서도 사회나 국가가 이런 기초적인 일들을 도와주려고 하지 않고 있습니다.

그래서 이제 우리는 우리 스스로 나서서 부족함을 메우고 잘할 수 있도록 노력할 수밖에 없습니다. 삶의 지혜를 얻기 위해 이런 책을 읽기도 하고, 가정생활에 대한 기술들을 알아서 배워야 할 형편입니다.

따라서 본 서書에서도 행복한 결혼 생활을 위한 제언들을 하고 있습니다. 세계사에서 유래를 찾아보기 힘들 정도로 놀라운 기적을 이룬 우리나라의 배경에는 가르침과 배움이 있었습니다. 따라서 우리 가정생활도 배움 외에는 다른 방법이 따로 존재한다고 생각하지 않습니다. 배우지 않고는 현재 우리가 저절로 달라지거나 개선되기를 기대하기 어렵기 때문입니다. 그래서 여기에서는 행복한 가정생활을 위해서 배워야 할 내용들을 언급해 보려고 합니다.

우선 공공 기관에서 가정생활과 부부의 삶에 대한 배움의 장을 마련해 주면 좋겠다는 생각입니다. 우선 각 자치 단체에서 주민들의 행복을 위해 성격이나 심리 발달에 관한 내용으로 강좌를 개설하고 교육

선생님이 들려주는 결혼 이야기

과정을 마련하는 노력이 있어야 한다고 생각합니다.

또한 각 종교 단체에서도 '부부 학교'라든지 자녀 양육 관련 프로그램을 보다 더 적극적으로 운영하도록 노력해야 한다고 생각합니다. 그러면 우리 부부들이 여기에 나가 배워서 이것들로 인해 우리 가정들이 행복하고 안정된 생활을 누리게 될 것입니다.

개인들에게는 이런 부탁을 드려 봅니다. 우리 사회에서 부족하지만 가정의 일을 다루고 있는 교육 프로그램이 있는 곳에 나가 적극 참여할 것을 부탁드립니다.

그렇지 못한 경우라 할지라도 도서를 통해 가정생활의 기법들을 배워서 부부 생활에서 지혜를 발휘해야 한다고 생각합니다. 생활이 바쁘다는 핑계로 우리의 행복한 삶을 뒷전으로 미뤄서는 안 된다고 생각합니다. 가정생활을 다루는 교육 현장에 나가서 성격 유형 검사도 해 보고, 심리 검사도 해 보고, 자기 마음을 다스리는 방법도 배우면 좋겠습니다. 만일 이런 일들이 어려우면 부부 생활과 결혼 생활을 소개하고 있는 이런 유의 책이라도 읽을 것을 권합니다.

다음으로는 부부가 살아가면서 필요한 대화법을 공부하면 좋겠다는 생각입니다. 필자는 부부 생활의 행복과 불행의 갈림은 언어에 있다고 생각합니다. 부부 생활을 연구해 온 많은 연구자들의 견해도 마찬가지입니다. 부부들이 나누는 대화를 보면 행복하게 살 부부인지, 아니면 불행하게 살 부부, 그리고 나아가 같이 살 부부인지, 아니면 헤어지게 될 부부인지 판가름할 수 있다고 합니다. 그만큼 부부들의 언어 사용 방법은 중요하다고 하겠습니다. 따라서 부부들이라면 언어 사용법을 반드시 배워야 한다고 생각합니다.

사람들은 누구나 말을 의사소통의 도구로 사용합니다. 따라서 말이라고 하면 못하는 사람이 없을 것 같습니다. 하지만 사람들 중에는 말하는 방법을 잘 모르는 사람이 태반입니다. 어떤 사람들은 자기가 어떤 말을 구사하는지 그 자체를 모르기도 합니다.

그러다 보니 부부 사이에서 오가는 말들을 보면 상대에게 상처 주는 말, 아픔을 주는 말, 자존심을 상하게 하는 말, 기분을 나쁘게 하는 말들이 많습니다. 그러지 않으면 대화가 없는 침묵으로 하루를 보냅니다. 그러면서도 정작 자신은 그런 말을 사용하거나 그런 상황조차 모릅니다. 그러니 대화라고 하는 것이 한두 마디에서 끝나는 경우가 많고 말이라고 하는 것이 상처 주는 말들만 많은 것을 봅니다. 그래서 부부간에 사용하는 대화법을 잘 배워야 한다고 생각합니다.

다음으로는 재산을 불릴 수 있는 재테크 방법을 배우는 것도 중요하다고 생각합니다. 수입의 일부를 차근차근 모으는 일도 좋은 일이지만 돈을 잘 모으는 방법도 알고 있으면 가정경제에 많은 도움이 됩니다.

세상에는 돈을 잘 버는 사람들이 있습니다. 그 사람들의 방법을 배우거나 재테크 관련 책에 관심을 두고 보는 것도 좋은 일입니다. 사람들 중에는 돈 버는 일에 관심을 갖거나, 돈 관리하는 일을 천박하게 여기고 무시하는 사람들이 있습니다. 지혜로운 일이 아니라고 생각합니다. 결혼을 하면 재테크에 관심을 가지고 공부도 하고 노력을 기울이기 바랍니다.

다음으로는 자녀 양육 방법에 대한 공부와 훈련을 해야 한다고 생

선생님이 들려주는 결혼 이야기

각합니다. 부부가 되었다고 아무런 노력 없이 그냥 저절로 행복한 부부가 되기를 바라는 사람들이 많습니다. 얼마나 대단한 만용을 지닌 어리석은 태도인지 모릅니다. 배우는 노력 없이 어떤 일을 이루기를 바라는 것은 정말 무모한 일입니다. 공부나 노력하지 않고 얻으려고 하는 것은 얻지 못할 뿐만 아니라 얻었다 하더라도 쉽게 잃어버립니다.

부모가 되는 것도 그냥 부모가 되어서는 안 됩니다. 많은 공부를 통해 좋은 부모가 되는 방법을 알아야 합니다. 그 누구도 노력하지 않으면 좋은 부모가 될 수 없습니다. 어떤 분들은 좋은 부모가 되겠다는 생각 그 자체가 없기도 하거니와, 노력도 하지 않습니다. 그러다가 자녀에게 문제가 생기면 나는 잘했는데 저 아이가 문제라며 왜 저렇게 엉망이 되었는지 모르겠다고 하소연하는 분들이 많습니다. '왜 엉망이 되었는지 모르겠다니요?' 분명히 원인들이 있습니다. 부모가 공부하지 않고 노력하지 않았기 때문입니다.

행복한 가정과 훌륭한 자녀는 그냥 만들어지지 않습니다. 따라서 결혼한 사람이라면 반드시 좋은 부모가 되는 방법을 배우고 공부하는 노력을 기울여야 합니다. 이를 통해 좋은 부모가 되어 자녀를 끝까지 책임져야 한다는 의식을 가져야 합니다.

사람으로 태어나서 가정을 이루고 다음 세대를 위해 좋은 생명을 준비하는 일은 사람의 사명 중에 사명이라 할 수 있습니다. 더욱이 건강하고 행복한 자녀를 위해서 자녀 양육에 매진하는 일은 이 세상에 와서 반드시 달성해야 할 내 존재의 이유라 할 수 있습니다. 자녀가 행복할 수 있도록 자녀 양육법을 꼭 배우기 바랍니다.

다음으로는 가정을 책임져야 한다는 책임 의식을 가지면 좋겠습니다. 남편으로 가정에 책임과 의무를 다하는 일, 아내는 아내로서 해야 할 일들에 대해 분명한 의식을 가지고 그 역할을 다하는 일입니다. 단편적으로 말해 보면 집안일은 아내에게 맡기고, 돈 버는 일은 남편에게 맡기는 형태와 같은 생각은 너무 고전적인 사고思考입니다. 빨래는 아내가 하고, 남편은 TV나 보고 있다든지, 집안일은 남편 마음대로 할 수 있다고 생각하는 일들은 너무 고전적인 삶입니다. 가정에서 어느 부분이든지 가급적 함께 하려고 노력하고 어렵고 힘든 일이라도 함께 노력하고 책임지려는 의식을 가지면 좋겠습니다.

만약 피할 수 없어서 일을 서로 보완할 수 없는 경우라면 배우자에게 서로 미안함이나 위로의 말이라도 수시로 전하는 태도를 가져야 합니다. 그래야 부부 사이에서 서로 도움이 되고 위로와 위안을 얻어 행복한 가정을 꾸릴 수 있습니다.

다음으로는 부부 사이에서 어떤 문제가 일어나면 즉시 풀어 달라는 부탁입니다. 사소한 문제들이 쌓이고 쌓이면 풀어내기가 어렵게 됩니다. 어떤 사람들은 마지막에 다 도달해서야 상담소나 지인에게 도움을 요청하기도 합니다. 그러면 문제 해결이 너무 어렵습니다. 도움을 주고 싶어도 결국 파경으로 가는 경우가 태반입니다. 때문에 필자는 부부 사이에서 어려움을 만나면 작은 것부터 사소하게 여기지 말고 좋은 대화로 미리 잘 풀어내기를 권합니다.

어떻게 풀어 나가냐구요? 그러기 위해서는 행복한 가정을 위한 책들을 평상시에 읽는 것입니다. 내가 읽고 배우자에게 권하고, 그 책 속에서 제시하고 있는 해결 방법이나 사례들 중 내 처지와 형편에 맞는 일을 찾아 서로 공유하고 도움을 구해야 합니다. 이런 작은 노력들이 부부 생활에서 행복을 가꿔 주고 행복이 자라게 만들어 줍니다. 부부 사이에 문제가 깊어지기 전에 미리 잘 다듬는 일이 지혜로운 대처라 할 수 있습니다.

평생을 살면서 행복과 관련한 책, 혹은 부부관계 증진을 위한 책 한 권을 읽지 않은 부부들이 태반입니다. 이 책을 보는 사람들은 부부로 건강한 관계를 유지하고 있을 때에 행복한 부부 생활을 위한 책을 반드시 읽기를 권하는 바입니다.

마지막으로 부부는 건강을 서로 관리해 줄 것을 부탁드립니다. 건강한 사람들의 모습을 보면 평상시에 건강할 때에 건강을 위한 노력을 기울인다는 점입니다. 그래야 함께 행복한 결혼 생활을 즐길 수 있습니다. 요즘에는 국가에서 건강도 책임을 지고 소개, 안내하고 있으므로 예고된 건강검진에 빠짐없이 참여하고, 운동을 하면서 관리하도록 해야 합니다. 오늘날에는 불치병일지라도 일찍 발견한 경우 생존율이 매우 높습니다.

필자의 경험을 말씀드리면 건강 관리에서 가장 중요한 것은 어떤 보약이나 약물이 아니었습니다. 바로 스트레스를 주지 않고, 받지도 않는 일입니다. 어떤 일을 하면서나 부부 사이에서 스트레스를 받으면 몸은 바로 긴장 상태에 들어갑니다. 그래서 당장 혈당이나 혈압이 높아지고, 맥박이 빨라집니다. 소화력도 떨어지고 장의 트러블도 일어나 설사나 변비가 반복적으로 발생합니다. 몸이 건강을 잃어 가는 치명적인 조건이라 하겠습니다.

　다음으로는 운동이 제일 중요하다고 생각합니다. 주기적으로 운동하고, 이것이 어려우면 최소한으로 몸을 자주 움직이는 행동이라도 하는 것입니다.

　이 책을 보는 사람들이라면 서로 스트레스를 주지 않고 규칙적인 운동을 통해 건강한 몸과 행복한 생활을 영위하시기를 부탁드립니다. 행복한 가정의 비밀은 여기에 있습니다.

〈이것만은 꼭! 핵심 요약정리〉

　• 부부 교육 프로그램, 혹은 가정 교육 프로그램에 적극 참여하도록 합니다.
　• 부부 언어생활을 위한 대화법을 공부해야 합니다.
　• 자녀 양육법에 대한 공부를 해야 합니다.
　• 가정에 대해 책임 의식을 가져야 합니다.
　• 가정의 경제를 위해 재테크 방법도 공부하기 바랍니다.
　• 부부는 서로 스트레스를 주지 말고, 운동을 통해 건강 관리에 신경을 써야
　　합니다.

선생님이 들려주는 결혼 이야기

말을 잘하는 방법을 배워요

    이 책에서 다루고 있는 이야기들은 주로 여성들에게 기울어졌다는 느낌이 없지 않습니다. 그렇게 된 배경에는 물어 오는 사람들이 대개 여자 제자들인 데다가 상담을 하러 온 사람들마저 대부분 여성들이라는 점이 작용했습니다.

하지만 여기에서는 남성들이 기억하고 노력해야 할 이야기들을 해보려고 합니다. 가정에서 보면 남편들이 문제를 일으키는 경우가 많기 때문입니다. 그렇다고 아내들이 여기에서 다루고 있는 내용을 가볍게 여기거나 노력하지 말라는 뜻은 아닙니다. 아내 역시 여기 내용을 보고 행복한 삶을 위한 도구로 삼으면 좋겠습니다.

부부 문제 연구 전문가인 존 가트맨John Gottman의 연구에 따르면 어떤 일을 결정할 때 남편이 독단적으로 결정하는 가정의 경우, 81퍼센트가 헤어지는 결과를 보였다고 합니다. 반면 신혼 초부터 아내 의견을 존중하고 잘 수용하는 남편은, 거부하는 남편보다 더 행복한 결혼 생활을 영위하고 있었다고 합니다. 게다가 이혼율도 훨씬 낮았다고 합니다.

이 연구는 우리에게 행복한 결혼 생활을 위한 커다란 가르침을 주고 있습니다. 남편들이 가정에서 무슨 일을 독단적으로 처리하는 것은 많은 불편을 야기하고 있다는 점입니다.

이 자료가 미국에서 진행된 연구 결과인 점을 감안해 보면 아마 세계 많은 남성들이 집에서 무슨 일을 이렇게 처리하고 있는가 봅니다. 아마 남자의 자존심, 가부장적 사고가 이런 결과를 초래하고 있지 않은가 생각해 봅니다.

이런 사고라 하면 우리나라 남성들도 크게 뒤지지 않는 것 같습니다. 우리나라 남성들도 아내 생각을 참조하고, 아내 말을 수용하는 것을 마치 못나고 무능력한 남자가 되는 일처럼 여기는 경향이 있습니다. 그래서 남성들은 아내 말을 잘 듣는 사람을 '공처가'라는 말로 무시하려고 합니다. 또한 남성들 사이에서는 여성들에게 압력을 행사하고 아내를 무시하고 마음대로 힘을 행사하는 사람을 멋진 사람으로 평가하기도 합니다.

이런 배경 때문에 그런지 남자들은 가정에서 자기 주장을 굽히지 않으려고 애를 씁니다. 밖에 나가 가정을 휘어잡고 사는 능력 있는 사람으로 평가받기를 원합니다. 그런 면에서 여기 내용은 남편들이 더 관심을 가져야 할 내용이라고 생각합니다.

가트맨 박사는 부부 생활을 위태롭게 만드는 요인으로 '비난·모욕·자기변호·도피' 이 네 가지를 들었습니다. 그리고 이런 요인들이 부부들이 대화하는 가운데, 혹은 삶의 태도 속에 많으면 많아질수록 이혼으로 이어질 확률이 높아진다는 사실을 알아냈습니다.

그의 또 다른 발견은 남편들이 이런 위험 요인들을 아내들보다는 더 잘 사용한다는 것입니다. 부부간에 의견의 불일치 상황이 되거나 혹은 의견이 서로 충돌하는 일이 벌어지면 남편들은 쉽게 이 네 가지 위험 요인을 잘 끌어온다는 것입니다. 그러니 남편들이 여기 이 내용에 관심을 더 가져야 할 이유라 하겠습니다.

여기에서 남편들이 이러한 태도를 취하는 이유를 한번 생각해 보겠습니다. 남편들은 자기 결혼 생활을 파탄으로 끌고 가고 싶어서 일부러 그러지는 않을 것입니다. 어떤 남편들은 스스로 자기가 그런 일을 저지르는지 의식조차 하지 못한 가운데 저지르기도 합니다. 또 다툼이 일어나면 순간적으로 얼른 그 자리에서 벗어나고 싶어서 이런 위험 요인을 쉽게 끌고 들어오기도 합니다. 그것이 아니라면 아내와 싸움이라면 무조건 이겨야 한다는 남자들의 소박한 자존심이 강하게 작용한 것으로 보입니다.

아무튼 부부 사이에서 언쟁이 벌어지면 남편들은 이런 위험 요인을 잘 끌고 들어와 어려움을 만들어 낸다는 사실입니다. 때문에 행복한 부부 생활을 위해서는 부부 모두가 함께 노력해야 할 일이겠지만 특별히 남편들이 관심을 가지고 적극 노력해 주면 좋겠다는 생각입니다.

먼저 행복한 부부로 살기 위해서는 부부가 서로 말을 잘해야 한다고 생각합니다. 1장과 2장에서 좋은 배우자의 조건을 이야기할 때 말을 잘하는 사람에 대해 조금 다루었습니다.

말을 잘하는 사람이란 재밌게 말을 하거나 논리적인 말을 하는 사람이 아니라고 했습니다. 마음이 따뜻해질 수 있는 말을 하는 사람, 남에게 상처를 주지 않는 말을 하는 사람, 대화를 하면 더 하고 싶을 정도로 편안함을 주는 사람이라고 했습니다. 따라서 이런 말을 사용하는 사람이라면 말을 잘하는 사람이라 할 수 있겠습니다.

부부 생활에서 행복과 불행의 여부는 어떻게 보면 부부가 사용하는 말에 있다고 해도 과언이 아닙니다. 우리 속담에도 "말 한마디에 천 냥 빚을 갚는다."라는 말이 있습니다. 어떻게 보면 이 말은 도저히 믿기지 않아 세상에 그런 일은 결코 일어나지 않을 것 같습니다. 그런데 살다 보면 이런 일은 주변에 비일비재하게 일어나는 것을 볼 수 있습니다. 더구나 부부 사이에서는 너무나 흔한 일입니다.

반대로 말 한마디가 사람을 죽이기도 합니다. 우리에게 말이 미치는 영향력은 실로 대단하다고 하겠습니다. 이민정 선생님이 쓴 『우리 아이 지금 습관으로 행복할 수 있을까?』에는 이런 이야기가 나옵니다.

아주 오래전, 제가 초등학교 4학년 때였습니다. 저는 공부를 잘하는 우등생이었고, 친구들은 공부 잘하는 저를 부러워했습니다. 물론 저는 무엇이든지 잘하는 아이였습니다.
어느 미술 시간, 선생님은 우리들에게 야외 풍경을 그리라고 하셨습니다. 그래서 저는 열심히 그림을 그리고 색칠을 했습니다. 우리가 낸 그림 중에서 선생님은 제 그림을 아이들에게 보여 주시며 이렇게 말씀하셨습니다.

"이게 하늘색이야? 넌 하늘이 까맣게 보이니? 어떻게 하늘색을 까맣게 칠해! 다시 그리고 다시 색칠해!"

저는 아무 대답을 할 수가 없었고 그야말로 바보가 되었습니다. 그날 저는 친구들 앞에서 엉망이 되어 버린 느낌이었습니다. 저는 집으로 돌아가는 길에 냇가에 앉아서 엉엉 소리 내 울었습니다.

형제가 많은 가난한 우리 집에서는 크레용 하나로 온 식구가 같이 썼기 때문에 언제나 남는 것은 검정색 크레용뿐이었습니다. 그날 이후, 교사가 된 오늘까지 저는 그림을 그리지 못합니다.[1]

이처럼 우리에게 말은 매우 중요합니다. 부부 사이에서 주고받는 말 역시 마찬가지입니다. 말에 따라 부부의 삶과 운명이 달라지기도 하니까 말입니다. 부부로 살다가 헤어지는 사람들의 경우를 보면 대부분이 말로 인해 만들어지는 불편을 견디지 못해 파경을 맞는 경우가 많습니다.

앞에서도 다루었습니다만 세상에 부부로 살아가는 사람들은 모두 싸움에 노출되어 있습니다. 부부들은 순간순간 의견이 다르거나 보는 관점이 서로 달라 어느 부부나 예외 없이 모두 다 다툼을 벌입니다. 하지만 우리 주변에는 이런 생활을 하면서도 행복하게 잘 살아가는 부부

---

1) 이민정, 『우리 아이 지금 습관으로 행복할 수 있을까?』 (서울: 투트리즈, 2006)

가 있는가 하면 반대로 헤어지는 부부도 있습니다.

헤어지는 부부들의 이야기를 들어 보면 나는 괜찮은데 상대가 못되었다고 늘 흉을 봅니다. 그래서 서로 상대가 못된 사람임을 증명하려고 그 결정적인 흠들을 끄집어냅니다. 그래서 결국 둘 다 못된 사람들이 되고 맙니다. 그런데 정작 따지고 보면 이들은 둘 다 못된 사람들이 아닙니다. 도리어 모두 다 괜찮은 좋은 사람들입니다. 그런데 헤어지게 됩니다. 참 이상한 일입니다.

이들이 행복한 부부와 다른 점이 있다면 싸움을 하는 방식, 즉 둘이 나눈 대화의 언어에서 차이를 보인다는 것입니다. 가트맨 박사가 이런 부부들을 관찰해 보니까 부부 싸움을 할 때 서로 비난이나 빈정거림이 담긴 모욕적인 말을 서로 주고받더라는 것입니다. 이들은 처음 대화를 시작하는 말부터 잘못된다고 합니다. 부부 중 누가 먼저 처음 나쁜 말을 사용하기 시작하면 이어서 못된 말들이 줄줄이 나온다는 겁니다. 그래서 가트맨은 연구를 통해 첫마디가 나쁘면 반드시 나쁜 결과로 이어진다는 결론을 얻었다고 했습니다.

사람이 살아가는 모든 삶에서 마찬가지지만 부부 사이에서도 특별히 말을 잘하는 것은 정말 중요하다고 생각합니다. 따라서 필자는 사람들이 지식을 얻기 위해 기울인 노력만큼이나 말을 잘하는 훈련이나 노력, 역시 많은 공부와 노력이 필요하다고 생각합니다.

세상에는 각종 스포츠를 가르쳐 주는 곳은 아주 많습니다. 골프 연습장, 탁구장, 당구장, 수영장, 예술을 배우기 위한 곳 역시 미술 학원, 음악 학원 등 주변에 얼마나 많은지 모릅니다. 그런데 사람이 살아

선생님이 들려주는 결혼 이야기

가는 데 필수적인 '말하는 것'을 가르치는 곳은 거의 없다시피 합니다.

사회생활이나 가정생활에서 문제가 되는 것은 말하는 능력이 모자라거나 결여된 데서 비롯된 경우가 많습니다. 그런데도 말을 잘하도록 훈련시켜 주거나 공부를 시켜 주는 곳은 거의 없는 실정입니다. 그리고 사람들 역시, 이렇게 중요한 말하는 방법에 대해 관심이 별로 없습니다. 그래서 오늘날 가정에서 불행을 만들어 가는 사람들이 늘어 가고 있는지 모르겠습니다.

그래서 여기에서 부부들이 행복을 위해서 꼭 필요한 '말 잘하는 방법'에 대해 간단하게 다루려고 합니다. 말 잘하는 방법을 배우고 익히려면 여느 운동이나 예술과 마찬가지로 많은 시간과 노력이 필요합니다. 게다가 사람은 저마다 고유한 성격적 특성을 가지고 있는 데다가 남성과 여성의 성별이 존재하는 까닭에 말 잘하는 방법을 배우고 익히는 일은 그렇게 쉬운 일이 아닐 수 있습니다.

하지만 성격이 어떻든 간에 행복을 바라는 의지가 있고, 여기에 다소의 노력이 필요하다는 사실만 알고 있다면 말 잘하는 방법은 어느 정도 터득할 수 있다고 생각합니다.

여기에서는 글이 차지하는 공간이 제한적인 관계로 부부 사이에서 말 잘하는 방법을 간단하게 나열해 보려고 합니다. 일단 여기에서 설명한 내용을 바탕으로 삼아 앎에 접근한 다음, 실생활에 직접 적용하다 보면 좋은 결과에 이를 수 있다고 생각합니다.

부부가 말을 잘하기 위해서는 우선 큰 전제 조건이 있습니다. 그것은 부부가 삶의 동반자인 배우자를 서로 존중해야 한다는 마음가짐입니다. 부부로 사는 사람들은 발가벗은 원초적인 모습으로 살아가기 때문에 매우 편하고 가깝게 느낍니다. 그래서 제일 먼저 서로 존중하는 마음이 사라지기 쉽습니다.

그 증거 가운데 하나는 부부가 조금 친해지면 말을 하대하거나, 편하다는 이유로 평어—친구들에게 사용하는 말—를 함부로 사용하는 경우를 볼 수 있습니다. 말을 너무 편하게 한다는 말입니다. 이런 언어가 문제가 있다는 말이 아니라 이런 언어 습관은 불편한 상황이 되면 보통 이하의 언어를 구사하기 쉽도록 유도하기 때문입니다.

그러니까 말 자체의 문제라기보다는 부부 사이에서 어떤 불편한 상황이 되면 쉽게 위험 요인인 비난이나 모욕적인 말을 꺼낼 수 있는 환경을 만들어 낸다는 말입니다.

사람들이 밖에 나가 대화 나누는 모습을 보면, 상대방에게 말을 함부로 하지 않습니다. 이유가 있다면 상대를 무시하지 않고 존중하기 때문입니다. 그래서 설령 자기가 하고 싶은 어떤 말이 있더라도 참고 지내다가 어쩔 수 없을 경우에만 마지못해 조심스럽게 자기 생각을 전달합니다.

부부 사이에서도 마찬가지입니다. 서로 존경하는 마음을 가지고 있으면 "그 머리로 어떻게 공부를 했어?", "그러니 다른 사람들이 당신을 무시하잖아!", "저러니 학교 때 어땠는지 알 수 있겠다니까.", "친구들이 당신을 왜 그렇게 대하는지 알겠어." 등과 같은 말을 함부로 사용할 수 없습니다.

그래서 필자는 결혼을 했다고 해서 상대에게 "이제 우리 부부가 되

선생님이 들려주는 결혼 이야기

었으니, 말을 놓자." 하거나 "말을 편하게 하자."라는 제안을 함부로 해서는 안 된다고 생각합니다. 혹 이런 제안을 하더라도 상대 의사를 물어보고 서로 용납이 가능한 선에서 해야 한다고 생각합니다. 이유가 있다면 말이 무너지면 부부가 위험 요인에 무방비 상태로 노출되기 때문입니다.

따라서 부부 사이에도 서로 존중하는 말을 사용하고, 설령 말은 편하게 하더라도 서로 존중하는 마음은 유지해야 한다고 생각합니다. 행복한 부부로 살려면 작은 일들로부터 큰일에 이르기까지 존경하는 요인들을 찾아서 마음에 간직할 것을 권합니다.

어떤 사람들은 부부로 가까이 살다 보면 존경할 만한 모습을 찾아볼 수 없다고 말하는 사람들이 있습니다. 그럴 수도 있습니다. 하지만 우리가 앞에서 다루었던 감사처럼 부부에게서 존중할 만한 요소들을 찾으려면 너무 많습니다.

먼저 부부는 남성성과 여성성을 가지고 있는 것만으로도 값진 보물을 갖고 있는 것이나 다름 없습니다. 이것만으로도 부부는 존경과 존중의 대상이라 하겠습니다. 서로가 지니지 못한 성적性的인 부분에서 존경하고 존중하는 것은 가장 기초적인 예의일 겁니다.

그리고 서로에게 있는 작은 장점들, 강직함이 있으면 있는 대로, 또 연약하고 여린 모습이 있으면 그대로를 가볍게 보지 말고 소중히 여기는 마음을 가지면 됩니다.

앞에서 칭찬과 감사를 다루는 부분에서 언급했습니다. 부부끼리 서로에게 사소한 일들을 들어 칭찬과 감사를 표현해 주는 것입니다. 그러면 그것 자체만으로도 상대를 존중하는 일이 될 것입니다. 삶 가운데 이런 마음을 가지고 있으면 부부가 위험 요인으로 진입하는 것을 막아 주는 단단한 방패와 같은 것이 될 것입니다.

　이제 우리는 이런 간단하면서도 가볍지 않은 일을 실천해야 하는 부담을 안게 되었습니다. 이런 선한 부담을 기쁨으로 감당하는 사람에게는 행복의 기쁨이 넘쳐흐르는 행운이 함께하게 될 것입니다.

〈이것만은 꼭! 핵심 요약정리〉

- 말을 잘하는 부부가 행복합니다.
- 말은 사람의 운명을 바꿔 줍니다.
- 말을 잘하기 위해서는 서로 존중하는 마음이 있어야 합니다.
- 존중 역시 칭찬처럼 삶 속에 널려 있습니다.
- 존중은 부부가 위험으로 가는 길을 막아 줍니다.

마음을 열어 주는 대화법

　앞에서 필자는 행복한 부부가 되려면 먼저 존중하는 마음을 갖고 서로 말을 잘해야 한다는 점을 말씀드렸습니다. 그래서 말 잘하는 방법을 배우고 실천해야 된다는 점을 역설했습니다. 여기에서는 그 연장선상에서 말 잘하는 구체적인 방법을 다뤄 보려고 합니다.

　대화법에 대한 설명인데요. 이를 충실히 안내하려면 여러 권의 책이 필요할 것입니다. 하지만 여기에서는 매우 단순화시켜서 간단하게 언급하려고 합니다. 여기에 제시된 방법들을 따라가다 보면 짧은 시간 안에 매우 효과적인 대화 방법을 배울 수 있을 것입니다.

　대화를 잘하기 위한 첫 번째 방법은 상대의 행동을 있는 그대로 표현하는 것입니다. 부부 사이에서 언쟁이 시작되는 지점을 살펴보면 상대의 행동을 사실과 다르게 말함으로써 비롯된 경우가 많습니다. 예를 들면,

　"당신 또 어제 그 술집에 갔지?"

"당신 옛 애인을 잊지 못해서 그런 것 아냐?"

"당신은 자기 엄마 편만 드는 것 같더라."

이런 말들입니다. 우리가 생활 속에서 아무런 생각 없이 자주 사용하는 말의 형태들입니다. 당연하고 마땅한 말처럼 보이지만 이런 유형의 말들에는 상당히 치명적인 결함이 담겨 있습니다. 듣는 사람의 기분을 상하게 만드는 말이기 때문입니다.

아내 말처럼 오늘 내가 그 술집에 가지 않고 다른 술집에 갔을 경우, "그 집에 가지 않았거든?" 하면서 당장 불편한 마음이 담긴 말을 만날 수 있습니다. 또 지금 내가 옛 애인을 생각하지 않고 다른 일로 사진을 보고 있으면 매우 불쾌해질 수 있는 말입니다. 세 번째 말도 내가 엄마 편만 들지 않고 중립적인 행동이었다고 생각한다면 당장 "내가 언제 그랬다고 그래?"라는 반발을 불러일으킬 수 있는 말입니다.

이런 말들이 불편을 만들어 내는 이유는 상대의 행동을 있는 그대로 말하지 않고 모두 내 짐작이나 추측을 말하고 있기 때문입니다. 자기 기준에서 상대의 실제 행동과 다른 말을 한 것입니다. 그러니 청자의 반감을 사게 됩니다. 그런데 우리는 대화에서 이런 유형의 말을 아주 습관처럼 잘 사용합니다.

처음 이런 말을 하면 우리들이 워낙 보편적으로 사용하고 있는 말이라 그 차이나 의미를 잘 모를 수 있습니다. 그러면 행동을 표현하는 것과 추측이나 짐작을 말하는 것에는 어떤 차이가 있는지 알아보겠습니다.

앞에서 언급했던 것처럼 사람은 타인의 의도를 알아내거나 말의 뜻을 정확히 알아내는 것은 거의 불가능합니다. 어쩌다가 한 번쯤은 맞출 수 있습니다. 그렇다고 해서 상대의 마음을 늘 알아내는 일은 전혀 불가능한 일이라 하겠습니다. 그래서 우리 속담에 "열 길 물속은 알아도 한 길 사람 속은 모른다."라는 말이 있습니다. 그러니 상대의 행동이나 의도, 태도 등을 알아내는 것은 얼마나 어려운 일인지 짐작할 수 있습니다.

따라서 부부간에 대화를 할 때에는 이와 같이 자기 어설픈 짐작이나 추측에 의존해서 대화하는 것은 좋은 대화 습관이라 할 수 없습니다. 이런 말은 대화를 불편하게 만듭니다. 그러니 상대의 행동을 있는 그대로 말하는 대화법을 사용해야 합니다.

위에서 예로 들었던 말들을 가지고 짐작과 행동 자체를 말하는 것의 차이와 그 구분을 알아보겠습니다. "당신 또 어제 그 술집에 갔지?"는 상대의 행동을 내가 마음대로 짐작한 말입니다. 그러니 이 말을 들은 남편은 "내가 그 집에 왜 가?"라는 반발을 불러오게 만듭니다. 이런 반발은 내가 전혀 의도한 바가 아닙니다. 대화가 정상적인 흐름을 보이지 못하고 반발을 사고 있기 때문입니다. 대화가 이렇게 흘러가는 것은 아내가 말을 잘못해서 그렇습니다.

그러면 이런 불편을 예방하기 위해서는 어떻게 하는 것이 좋을까요? 그렇습니다. 행동이나 사실을 있는 그대로 말하는 것입니다. 지금 남편의 모습은 '지금 술을 먹고 왔다'입니다. 그러니 행동을 그대로 말하려면 "당신 오늘 술 드셨네요."입니다.

또 "당신 옛 애인을 잊지 못해서 그런 것 아냐?"는 아내가 짐작하는 말입니다. 그러면 "내가 무슨 옛 애인을. 당신은 쓸데 없는 소리를 하고 있어."라는 반응을 불러올 수 있습니다. 이유가 있다면 아내가 자기 추측을 말했기 때문입니다. 그러면 이를 행동 그대로 말하면 '고등학교 때 동창생 사진을 보고 있는 것'입니다.

또 "당신은 자기 엄마 편만 드는 것 같더라."라고 하면 남편은 "내가 언제 엄마 편만 들었다고 그래?" 하게 됩니다. 이런 불편을 만들어 내는 것은 모두 아내가 말을 잘못해서 벌어진 일입니다. 그러면 이를 행동 그대로 말하면 어떻게 될까요? 그렇습니다. '당신이 어머니의 ~한 말에 동의한 것'입니다.

우리가 대화를 할 때에 이렇게 말하지 않으면 대화가 본 의도와 다르게 다른 방향으로 흘러가기 쉽습니다. 자기 짐작을 말하면 동문서답과 같은 대화가 되거나 언쟁으로 이어지기 쉽습니다.

그래서 부부가 서로 말을 할 때에는 서로 존중하는 마음의 바탕 위에서 배우자의 행동을 짐작하지 말고 있는 그대로 말하는 것입니다. 그러면 대화가 선명해져 불평이나 저항을 일으키지 않습니다. 이런 일은 누구나 조금만 연습하면 잘 해낼 수 있습니다.

그런데 이런 내용을 알고 있어도 성격 중에는 이런 연습이 잘 안 되는 사람들이 있습니다. 1장 성격을 말할 때, 정보를 수집하는 방법을 다루면서 이와 관련된 이야기를 조금 한 적이 있습니다.

다시 말씀드려 보면, 감각형(S)과 직관형(N)의 사람들이 있는데, 감각형(S)의 사람들은 어떤 정보를 받아들일 때 오감五感, 즉 감각, 만지고, 보고, 듣고, 맛보는 것 등을 통해 정보를 받아들입니다.

그리고 직관형(N)의 사람들은 어떤 정보의 이면에 담긴 의미나 가치

선생님이 들려주는 결혼 이야기

를 잘 파악합니다. 그래서 이들은 어떤 행동을 보거나 현상을 만나면 그것들 자체보다는 그 이면에 담겨 있을 법한 의미나 가치를 직관적으로 잘 파악합니다.

따라서 감각형의 사람들은 눈에 보이는 것을 있는 그대로 말하는 성격 특성을 지니고 있어서 이런 방법을 알고 조금만 훈련하면 행동을 있는 그대로 말하는 것을 잘 해낼 수 있습니다.

반대로 직관형의 사람들은 성격 특성 자체가 배우자의 어떤 몸짓이나 행동을 보면 그대로 말하지 않고, 자기가 추측하거나 짐작한 것을 잘 말합니다. 따라서 이런 사람들은 행동을 말하는 데 어려움을 겪을 수 있습니다. 때문에 이들이 대화를 잘 하기 위해서는 기초부터 더 많은 노력을 기울여야 할 것입니다.

이런 경우를 보겠습니다. 어느 날 아내가 남편과 상의할 일이 있어서 남편에게 전화를 했습니다. 그런데 남편이 전화를 받지 않았습니다. 두 번, 세 번을 해도 받지 않았습니다. 일은 일대로 해결되지 않고 꼬이는 바람에 아내는 몹시 화가 났습니다. 그래서 저녁에 남편을 만나면 '그래서 되겠느냐'며 한바탕하려고 벼르고 있었습니다. 또 한편으로는 그런 화가 난 상황을 만든 남편으로부터 사과를 받고 싶었습니다.

드디어 저녁이 되어 남편을 만납니다. 당장 하는 말이 "당신 나를 그렇게 무시해도 되는 거야?"라고 했습니다. 그랬더니 남편이 "내가 언제 당신을 무시했다고 그래?"라는 대꾸를 했습니다. 아내는 자기 사정을 말하고 전화를 받지 않아서 화가 났었다고 말하려고 했습니다. 그런데 뜻밖에 남편의 반항적인 반응을 만나게 되면서 당황하게 되었습니다. 그래서 도리어 서운함 감정을 느꼈습니다. 결국 아내의 의도는 빗나가고 말았습니다. 아내는 화를 푸는 것도, 위로를 받는 것도 실패하고 말았습니다. 오히려 아내만 무안하게 되고 말았습니다.

이유가 있다면 아내가 말을 잘못해서 그렇습니다. 남편의 행동을 구체적으로 말하지 않고 자기 판단을 말했기 때문입니다. 사실 남편이 전화를 받지 않은 것은 아내를 무시해서 그런 것이 아니었습니다. 그런데 아내는 그런 일을 가지고 그냥 자기가 대충 짐작한 대로 자기 생각을 말했던 것입니다.

이런 형태로 짐작이나 판단을 말하다 보면 사실과 달라서 다른 언쟁으로 전이되거나 싸움이 시작될 수도 있습니다. 만일 이렇게 해서 싸움이 시작된다면 누구 책임일까요? 그렇습니다. 아내 책임입니다. 이유가 있다면 아내가 남편의 행동을 그대로 말하지 않는 잘못을 했기 때문입니다.

그러면 이런 경우, 어떻게 말해야 행동을 있는 그대로 말하는 것이 될까요? 그렇습니다. "당신이 오늘 내 전화를 두세 번 받지 않았다."입니다. 그러면 남편이 그렇게 된 사정을 말하게 될 것입니다. 그러면 불편한 대꾸를 만나지도 않았을 것입니다. 그래서 상대의 행동을 있는 그대로 말하는 것은 매우 중요한 대화법이라 할 수 있습니다.

간혹 사람들 중에는 자기가 추측한 내용을 가지고 상대가 동의하지 않는다며 화를 내는 사람도 있습니다. 이는 맞지도 않는 짐작을 혼자서 해 놓고 이것을 맞는 이야기라며 상대에게 동의하라고 강요하는 꼴입니다. 특히 부부 사이에서 이런 강요가 많은 것을 볼 수 있습니다. 그

선생님이 들려주는 결혼 이야기

러면 말이 울퉁불퉁하게 되고 나중에는 싸움으로 진행되기도 합니다.

그러므로 부부로 살아가는 사람들은 서로 상대 행동을 있는 그대로 말하는 연습을 하는 것이 좋습니다. 그러면 이제 행동을 있는 그대로 말하는 연습을 해 보겠습니다. 다음 문장을 고쳐 말해 보겠습니다.

> "당신은 하루 종일 아무것도 하지 않고 TV만 보고 있구려."
> "당신은 내가 하는 부탁이라면 왜 하나도 안 들어?"
> "나와 상의하라고 했는데, 당신은 왜 자기 마음대로 결정해?"
> "(밖에 나가려는 남편을 보고) 당신 또 술 먹고 싶어 나가는 거지?"

쉽게 고쳐지는지 실습해 보기 바랍니다. 연필로 써 보거나 입으로 말해 보십시오. 어때요? 잘 고쳐지나요? 이 말을 행동으로 표현하면 이런 형태의 말이 될 것입니다.

> "당신 아침 식사 후에 8시부터 12시까지 TV만 보고 있네요."
> "부모님이 오늘까지 전화해 달라고 하신 것."
> "나와 상의 없이 아들에게 돈 100만 원을 준 것."
> "당신 친구 만나러 간 것."

일단 말을 잘하고 싶은 사람들은 기본적으로 이런 연습을 하는 것이 좋습니다. 이를 통해 대화의 방법을 개선해 나가도록 노력하는 것이 좋은 대화를 할 수 있는 지름길입니다.

이제 이런 연습이 어느 정도 되면 그다음에는 내 마음 상태를 말하는 연습을 하는 것이 좋습니다. 토마스 고든은 이런 형태 말을 '나-메시지'라고 명명했습니다. 나의 마음에서 일어나는 감정 상태를 그대로 말하는 것입니다.

> "당신이 아침 식사 후에 8시부터 12시까지 TV만 보고 있으니까 내가 일이 많아 힘드네요."
> "부모님이 오늘까지 전화해 달라고 하셨는데, 그리 안 돼서 내 마음이 안 좋네요."
> "나와 상의 없이 아들에게 돈 100만 원을 줘서 내 기분이 나쁘네요."
> "당신이 친구 만나러 나가니 술 마실 것이 염려돼요."

어때요? 이렇게 말하면 훨씬 더 부드럽게 들리지요? 그런데 우리는 나를 기준을 하는 말하기보다는 상대를 기준으로 하는 말을 더 잘 사용합니다. '상대에게 책임을 지우는', '상대를 탓하는', '상대를 꾸짖는', 그래서 나는 괜찮은 사람으로 보이게 하는—오히려 관계를 나쁘게 만드는—말을 잘 사용합니다. 토마스 고든은 이런 형태의 말을 '너-메시지'라고 했습니다.

> "당신은 하루 종일 아무것도 하지 않고 TV만 보고, 당신은 어찌 그리 못 되었어요"
> "당신은 내가 하는 부탁이라면 왜 하나도 안 들어? 당신은 어

선생님이 들려주는 결혼 이야기

쩌면 그럴 수 있어?"

"당신은 왜 자기 마음대로 아들에게 100만원을 줘? 무슨 일을 그렇게 해?"

"(밖에 나가려는 남편을 보고) 당신 또 술 먹고 싶어 나가는 거지? 술 적게 먹어."

우리들이 평상시에 습관적으로 잘 사용하고 있는 말들입니다. 이런 말들은 모두 배우자를 탓하고 꾸중하고 있는 말입니다. 그래서 듣는 사람이 당장 대꾸하고 싶은 마음이 들도록 만듭니다.

더욱이 이런 말을 들으면 듣는 사람의 마음에 조금이라도 불편한 요소가 있으면 당장 반항적인 말을 하도록 유도합니다. 따라서 다툼을 불러일으킬 수 있는 말이라 하겠습니다. 부부관계에 위험 요인이 담겨 있는 말들이라고 할 수 있습니다.

따라서 행복한 부부 생활을 바라는 사람들이라면 이런 말들보다는 상대 행동을 있는 그대로 말하고, 상대 행동으로 인해 일어나는 나의 감정상태를 말해야 합니다. 남편이 내 전화를 받지 않은 일을 예로 들어 말해 보면 "당신이 오늘 내 전화를 두 세 번 받지 않아 너무 속상했어요."처럼 말하는 것입니다.

그런데 사실 이런 화법을 사용하는 일은 생각처럼 쉽지 않습니다. 그동안 각자가 평생 사용해 온 언어 습관이 있어서 이런 화법으로 전환하는 일이 쉽지 않기 때문입니다. 당장 상대 행동을 지적하고, 꾸중하고, 야단하는 말이 먼저 나올 수 있습니다. 따라서 이런 내 감정상태를 말하는 연습은 많이 하면 할수록 좋다고 생각합니다.

그다음으로 말을 잘하기 위해서는 상대 말을 잘 들어 주고, 감정을 알아주는 대화를 하는 것입니다. 대체로 여성들은 이런 대화를 비교적 잘하는 편인데, 남성들은 어려워합니다. 원래 여성들은 말을 많이 하는 데다가 감정에 민감한 편이라서 그런 것 같습니다.

미국 메릴랜드대학에서는 여성과 남성의 말 수에 대해 연구했다고 합니다. 여기에 따르면 남성은 하루에 평균 7,000 단어를 말하고, 여성은 하루 평균 2만 단어를 말한다고 합니다. 여성은 남성에 비해 세 배 정도 더 많은 말을 한다고 봐야 합니다. 이런 연구 결과를 보지 않더라도 여성은 남성에 비해 말을 많이 하고 또한 잘하는 편입니다.

이렇게 많은 말을 하는 여성들에게 하루 6,000 단어만, 그러니까 평균보다 적게 말하도록 했더니, 그렇지 않은 여성에 비해서 몇 배 더 많은 스트레스를 느꼈다고 합니다. 그러니 여성들은 별도의 특별한 훈련을 거치지 않아도 남성에 비해 저절로 말을 많이 하고 잘한다고 해야 할 것입니다.

남성과 여성은 대화 양뿐만 아니라 그 내용에서도 많은 차이를 보입니다. 남성들이 말하는 형태를 보면 남성들은 자기 주변에 유익한 정보를 나누는 대화를 주로 합니다. 말의 형식도 토론이나, 새로운 지식, 정보에 대한 대화를 많이 나눕니다. 그러다 보니 대화의 양이 여성에 비해 훨씬 적은 편입니다.

또한 꼭 필요하다고 여기거나 도움이 되는 정보를 중심으로 말을 합니다. 그 외 다른 말은 하지도 듣지도 않으려고 합니다. 게다가 말의 흐

선생님이 들려주는 결혼 이야기

름도 논리적이고 핵심적인 내용만 좋아해서 말을 조금 길고 늘어지게 하면 집중하지 못하고 "그래서 어쩌라고, 핵심만 말하라고." 하면서 짜증을 내기도 합니다. 그래서 남편들은 아내와 대화하는 것을 그다지 좋아하지 않는 편입니다. 아내들이 남편에게 말을 좀 해 보라고 다그쳐도 입을 다물거나 아예 대화를 회피하기도 합니다. 때문에 이런 대화법 훈련은 남성들에게 더 필요하다고 하겠습니다.

또 남성과 여성은 대화 방법에서도 많은 차이를 보입니다. 여성은 감정을 담은 이해와 소통의 대화를 길게 나누기를 원합니다. 반면에 남성은 핵심만 요약정리 해서 간단한 내용만 말하려고 합니다. 그것도 감정이나 느낌보다는 논리적으로 맞고 정확한 정보에만 관심을 기울입니다.

그러니 부부가 대화를 나누려면 출발부터 서로 어긋나기 십상입니다. 따라서 부부가 대화할 때에는 이런 점을 인식하고 서로 접점을 찾아가도록 노력하는 것이 좋습니다.

따라서 남편은 아내와 대화를 나눌 때면 핵심적이고 논리적인 말만을 요구할 것이 아니라 아내가 편안하게 말할 수 있도록 기다려 주고, 충분히 자기 생각을 말할 때까지 아내 말을 들어 주어야 합니다.

대화의 기본은 잘 들어 주는 데 있습니다. 그런데 남편들은 이 자체도 힘들어합니다. 아내가 말을 시작하면 "됐어, 됐어, 그것은 당신이 알아서 하라니까."라는 말을 하여 대화 시작부터 불편한 심기를 드러내기도 합니다. 그래서 이번에는 어떤 일을 아내가 알아서 결정했습니다. 그러면 이제는 "그런 것을 말하지 않으면 어떻게 해?"라고 하면서 또 꾸중하기 시작합니다. 대화가 어긋나게 되는 요인입니다.

아내가 말을 시작합니다. 그러면 마음에 들지 않고 다소 불편하더라도 남편들은 참고 들어 주는 것이 좋습니다. 들어 줘야 한다고 하니까 아내가 말을 하면 그냥 가만히 듣고 있는 것으로 알아서는 안 됩니다. 그러면 아내는 남편을 감정이 메마른 사람으로 간주합니다. 그러니 남편은 가만히 듣고 있지만 말고 판소리에서 고수가 창자를 위해 추임새를 넣어 주는 것처럼 아내가 하는 말을 따라서 "그렇지!", "맞는 말이네!", "나도 그렇게 생각해.", "맞아, 그렇다고." 등과 같은 말로 추임새를 넣어 주어야 합니다. 그러면 아내는 남편을 대화의 상대로 알고 자신이 사용해야 할 어휘를 모두 구사하게 됩니다. 이렇게 대화를 나누다 보면 아내는 스트레스를 날리게 되고 남편은 아내나 가정에 대한 정보를 얻고 또한 좋은 감정을 나눌 수 있게 됩니다.

여기에서 한발 더 나가 대화를 잘하고 싶으면 아내의 이야기에 관심을 갖는 말을 해 주면 좋습니다. 아내가 말을 하면 "그 부분은 더 듣고 싶은데.", "그래서 어떻게 되었는데?", "더 자세히 말해 줘 봐요.", "그 부분이 궁금하네요." 등과 같은 말을 하는 것입니다. 그러면 아내는 자신의 말에 관심을 가져 준 남편의 성의에 힘입어 자기가 하고 싶은 말을 더 많이 그리고 충분히 할 수 있게 됩니다. 그러면 대화를 오래, 깊이, 그리고 더 많이 할 수 있게 됩니다.

이렇게 대화의 기본적인 방법들을 알았다면 이번에는 마음을 터놓고 편안하게 할 수 있도록 분위기를 만들어 주는 것이 좋습니다. 그런 대화법으로는 적극적 경청이 있습니다. 상대의 감정을 파악한 다음, 그 마음을 읽어 주고 공감하는 대화를 말합니다.

선생님이 들려주는 결혼 이야기

어느 날 아내가 집에 들어와서는 "오늘 친구를 만나기로 했는데 40분을 기다려도 나타나지 않는 거예요."라는 말을 합니다. 그러면 이를 듣고 있던 남편은 불쑥 "그런 친구를 왜 만나?"라는 형태의 반응을 보일 수 있습니다. 이런 응대 방법은 대화를 할 줄 모르는 사람의 전형적인 모습이라 할 수 있습니다.

아내와 좋은 대화를 하는 사람은 아내의 현재 감정을 읽어 주고 거기에 맞는 감정언어로 반응을 해 줍니다. 그런 반응으로는 "정말 기다리기 힘들었겠다.", "나 같으면 일어나 약속을 파기했겠다", "만나자고 해 놓고 무슨 그런 사람이 있어?", "남의 시간은 시간도 아닌 것으로 아나 보네. 전화를 해 주든가."같은 말들이 있습니다. 그러니까 이런 일로 불편해진 아내의 감정을 말로 표현해 주는 것입니다. 그러면 아내는 '내 편을 얻었다' 싶어서 말을 계속 이어 가게 됩니다. 그러면 많은 대화를 할 수 있고, 진솔하고 의미 있는 대화를 할 수 있게 됩니다. 이런 대화 방법을 '적극적 경청'이라고 합니다.

그런데 많은 사람들은 이 적극적 경청을 모를 뿐만 아니라 알고 있더라도 잘 실천하지 않는 경향이 있습니다. 더구나 남편들은 이런 것을 잘 못합니다. 남편들이 이런 대화를 못하다 보니까, 아내들은 더 애를 태웁니다. 그래서 자기 마음을 좀 알아달라는 차원에서 했던 말을 또 하고, 또 반복해서 합니다. 그러다가 남편에게 "당신, 지금 내 말을 듣고 있는 거요, 안 듣고 있는 거요?" 더 큰 소리로 말하기도 합니다. 그러면 또 남편들은 그런 아내 말이 듣기 싫다며 "알았어요.", "알았다니까."라는 말로 대꾸합니다. 이런 상황에서 더 말이 이어지면 남편들은 말을 끊든지, 그 자리로부터 벗어나려고 합니다.

때문에 부부들이 대화를 할 때에는 상대 말을 잘 들어 주고, 감정을 읽어 주고, 말의 흐름에 맞는 반응을 보여 주어야 합니다. 그러기 위해서는 부부가 함께 대화 기술들을 배우고, 노력하고, 힘을 기울여야 합니다.

앞에서도 언급했지만 남편들은 이런 대화 기술들을 활용하기 위해 더 많은 연습을 해야 한다고 생각합니다. 따라서 부부로 살면서 말을 잘하는 것은 행복의 열쇠나 다름없습니다. 말에서 행복과 불행이 갈려지기 때문입니다.

세상의 어느 일이나 마찬가지겠습니다만 말을 잘하는 일도 하루 아침에, 혹은 글을 조금 읽는다고 해서 얼른 익숙해지지 않습니다. 삶 속에서 좋은 대화법을 생각하고 일상 속에서 반복적으로 훈련하는 것이 좋습니다.

행복은 가만히 있으면 하늘에서 떨어지는 것이 아닙니다. 부부의 상당한 노력이 필요하다는 사실을 알고 기회가 주어지는 대로 대화법을 공부하면 좋겠습니다.

〈이것만은 꼭! 핵심 요약정리〉

- 마음을 열어 주는 대화를 배워야 합니다.
- 말할 때는 추측이나 짐작이 아닌 있는 행동 그대로를 말해 주십시오.
- 상대가 말을 하면 그냥 듣고만 있지 말고 반드시 맞장구를 쳐 주십시오.
- 상대의 감정을 읽어 주고 공감해 주십시오.
- 대화법에 대한 공부를 하십시오.

선생님이 들려주는 결혼 이야기

행복으로 들어가는
가장 안전하고 확실한 방법

우리는 1장에서 사람의 성격적 특성에 대해 길게 이야기 했습니다. 성격에 대해 더 많은 내용을 원한다면 여기에서 다룬 이야기보다 훨씬 더 많은 분량을 다루고, 여러 연구업적들을 동원해야 할 것입니다. 내용은 다소 길었지만 필자는 사람의 성격과 특성을 광범위하게 다루는 데 목적을 두지 않고 필자의 견해를 제시하기 위해 필요한 내용만 부분적으로 다뤘습니다.

그 핵심은 '사람의 성격은 각자가 모두 다 다른 독특한 특성을 지녔다'는 것과 '사람의 성격은 본질적으로 변하지 않는다'는 것입니다. 내가 내 성격과 관련해서 어떤 다짐을 하고, 훈련을 한다 하더라도 내 성격을 바꾸거나 교정하는 일은 쉽지 않다는 말입니다.

이런 설명을 하고 나면 듣는 사람들은 너무 비참한 느낌을 가질 수 있습니다. 나를 바꿀 수 없다고 하다니 너무 큰 실망감을 느낄 수도 있겠습니다. 그래도 어쩔 수 없는 노릇입니다. 사람은 본질적으로 고유한 성격적 특성을 가지고 태어난 데다가 성장하면서 만나게 되는 다양한 환경, 그리고 자라면서 형성된 습관 등이 얽혀서 독특한 특성을 만들어 냅니다.

그래서 분명한 사실은 사람은 태어나면서부터 지닌 성격을 평생 동안 지니면서 유지, 관리하게 된다는 것입니다. 그래서 성격은 특별히 스스로 고치려 노력하거나 다른 사람이 어떤 방법을 동원해 도와주더라도 쉽게 바뀌지 않는다는 것입니다.

간혹 우리 주변에는 자기 성격을 바꿨다고 말하는 사람들이 있습니다. 그것은 자기 성격의 매우 지엽적인 일부, 그것도 어느 순간에 굳어진 습관 정도를 조금 바꿨다는 말일 것입니다. 그만큼 사람들이 지니고 있는 각각의 성격은 그 특성이 독특하고 견고해서 바꾸는 것이 불가능하다고 해야 할 것입니다.

이러한 견고한 성격 특성은 결혼을 해서도 바뀌지 않고 그대로 드러납니다. 부부들이 함께 살면서 본래 자기 성격대로 살다 보니, 성격이 서로 맞지 않는 일이 일어납니다. 결혼 전에는 그렇게 다정하게 연애하고, 따뜻하게 지냈던 사람들이 결혼을 하면서 사소한 일로 다투고, 싸우고, 얼굴을 붉히게 됩니다.

이를 두고 어떤 이들은 결혼 후에 사람이 변했다며 서운하다는 감정을 토로하기도 합니다. 이렇게 대부분 사람들은 배우자가 변한 것으로 알지만 실은 그 사람이 변한 것이 아니라 본래 그런 성격을 가진 사람이라는 것을 확인하는 것뿐입니다. 매우 불편한 일이지만 결혼한 사람들이라면 모두가 겪는 일입니다. 서로 독특한 사람들이 만나 새로운

선생님이 들려주는 결혼 이야기

가정을 이루다 보니 서로 싸우거나 얼굴 붉히는 일은 당연하다고 해야 할 것입니다. 만일 싸움이 없다면 오히려 그것이 더 이상한 일이라 하겠습니다.

우리 주변에는 매우 다정다감하게 잘 살아가는 부부들이 있습니다. 그래서 저 집에서는 불편이나 어려움이라고는 모르고, 다툼이라고는 전혀 없을 것 같다는 생각을 합니다. 그래서 '저 가정에는 다툼이 없고 행복해 보이는데, 왜 우리 집만 이러는 걸까?'라는 생각을 하기도 합니다.

그런데 사실을 알고 보면 그 가정도 전혀 그러지 않습니다. 멀리서 봐서 그렇지 가까이 다가가서 보면 그 집에도 다툼이 있고, 불평불만이 있습니다. 늘 갈등이나 다툼, 어려움을 달고 삽니다. 이는 세상 모든 부부들이 겪는 일들입니다.

그래서 사람들은 이러한 불편한 일들을 줄이거나 극복하기 위해 많은 노력들을 합니다. 그러한 노력 가운데 하나로 내게 불편을 주는 상대의 생활 습관이나 태도, 가치관 등을 바꿔 보려고 노력하는 것입니다. 그래서 배우자의 잘못된 점을 말하고 상대가 그것을 인지하고 고치도록 유도하는 것입니다.

"당신은 집 안 청소를 왜 이렇게 지저분하게 해?"

"당신은 무슨 일을 그렇게 대충해?"

"나는 매일 이렇게 집안일에 신경을 쓰는데 당신은 하루 종일 무슨 생각을 하고 살아?"

"당신은 왜 이렇게 게을러?"

"당신 설거지는 깨끗하지 않아."

"당신은 맨날 술만 마셔."

"당신은 늘 그렇게 내 말을 안 들어."

"당신은 무슨 불평불만이 그렇게 많아?"

모두 상대의 못된 행동이나 태도가 고쳐지거나 달라지기를 바라서 하는 말들입니다. 그러면 배우자의 불편한 행동들이 사라져 내 마음이 편안해지고 이를 계기로 관계가 서로 좋아질 것으로 생각합니다.

세상의 부부들은 대부분 이런 방법을 선호하고 잘 사용합니다. 그래도 상대 행동이나 습관이 달라지거나 바뀌지 않아 이런 불평이나 투정을 평생 동안 입에 달고 삽니다.

그래서 이렇게 노력하는 부부들에게 물어봅니다. "배우자에게 그렇게 말하니까 바뀌던가요?" 그러면 "지금까지 살아오는 동안 평생 말을 해 왔는데 아직도 여전히 바뀌지 않았다."라고 합니다. 맞습니다. 아무리 큰소리로 말하고, 혹은 알아듣게 말하고, 진심 어린 말로 타일러도 상대 모습이나 태도는 바뀌지 않습니다. 나중에는 "그렇게 말해도 바뀌지 않는다"며 짜증을 내고 화를 내기도 합니다. 그러다가 감정이 격해지면 해서는 안 될 말까지 하게 됩니다. 이러다가 결국 성격 차로 헤어지는 사람들도 많습니다.

사람들은 이렇게 싸움을 통해서라도 상대의 결점을 고쳐 보려고 노력합니다. 그래서 내가 좀 편해 보겠다는 생각을 합니다. 하지만 그렇

선생님이 들려주는 결혼 이야기

게 노력을 함에도 불구하고 내 불편은 줄어들지 않고 오히려 불평만 늘어나는 것을 경험하게 됩니다. 미안한 말이지만 이렇게 해서는 상대가 결코 달라지지 않습니다. 오히려 나만 괴롭고 힘들 뿐입니다. 해결하는 방법이 잘못되었기 때문입니다. 내가 이렇게 지극정성으로 말하면 배우자가 내가 원하는 방향으로 좋게 달라질 것이라고 생각하는 것은 잘못되었습니다. 그래서 아무리 말을 잘하더라도 부부 사이에서 문제는 늘 끊이지 않습니다. 도리어 불평이 늘고 쓸데없는 생각, '저 사람과는 안 맞는가'라는 생각을 하게도 됩니다.

부부 문제를 다루는 많은 연구자들의 연구 결과와, 또한 좋은 부부 관계를 위해 조언하는 전문가들의 이야기를 정리해 보면 가정에서 부부간의 갈등이나 다툼은 어느 부부나 예외 없이 매 순간마다 달고 있다는 것입니다.

내가 먹을 것을 고르기 위해 갈등하고, 어디를 가야 할까를 고민하면서 갈등을 느끼고, 내가 어떤 옷을 입을까? 등으로 갈등한 것처럼 부부간에 갈등이나 다툼 역시 늘 있다는 것입니다. 따라서 부부 사이에서 이것들을 없애고 치우는 일은 성격을 고치는 일만큼이나 어렵고 불가능한 일이라는 하겠습니다.

앞장을 통해 우리는 성격을 다루는 부분에서 이야기했습니다. 부부간의 다툼의 원인은 성격적인 특성의 차이에서 기인하고, 가치관의 근본적인 차이, 혹은 자라면서 형성된 습관 등의 차이에서 비롯된 것이라는 점입니다. 때문에 부부가 겪는 불편한 일들은 각자의 성격이 본질적으로 달라지지 않는 한 결코 사라질 수 없는 일들이라는 것입니다. 그러니 가정에서 불편이나 다툼은 누구를 막론하고 상존常存할 수 밖에 없습니다.

　그런데 사람들은 이런 정상적인 차이를 비정상적인 일로 여기고 배우자의 생활 습관을 당장 바꾸거나 바로잡으려고 노력합니다. 그러다가 상대가 달라지지 않으면 부부 사이에 있는 모든 불편의 원인을 배우자 탓으로 돌리고 비난하고 나쁘게 평가하게 됩니다. 그러면서 관계는 점점 더 멀어지고 못된 상황에까지 이르게 됩니다. 참 안타까운 일이라 하겠습니다.

　본서에서 자주 언급했습니다만 상대를 바꾸려고 노력하는 것은 도저히 불가능한 일이라 하겠습니다. 그럼에도 불구하고 만일 상대의 행동을 꼭 바꿔 보려고 노력한다면 이는 무지의 소산이자 어리석은 일이라 하겠습니다. 예초에 불가능한 일을 하려고 하면 이는 삶의 긍정적인 에너지를 낭비하는 일일 뿐만 아니라 시간을 낭비하는 일이기 때문입니다. 근본적으로 배우자의 삶의 태도나 성격은 본질적으로 바꿀 수 없기 때문입니다.

　이 정도 말했으니 이제 부부관계라는 것이 어떤 사이라는 것쯤은 알겠지요? 그래서 이제 우리는 상대를 바꿔서 내가 어떤 이득이나 행복을 얻어 보겠다는 생각은 접어야 할 것 같습니다. 상대의 변화로 내가 기쁨이나 만족을 얻어 보겠다는 꿈은 접어야 한다는 말입니다.

　그러면 우리는 부부관계 문제를 도저히 해결할 수 없는 숙제로 남겨 두어야 할까요? 해결할 수 있는 여타의 좋은 방법은 없을까요? 이 물음에 답은 그렇게 절망적이지 않습니다. 상당히 안전하고 효과적인 좋은 방법이 있기 때문입니다.

부부의 문제를, 부부의 성격 차이 문제를 쉽고 편안하게 해결할 수 있는 방법을 소개해 드리려고 합니다. 이는 행복으로 들어가는 가장 안전하고 확실한 방법이기도 합니다.

그 방법은 먼저 나와 상대에게서 근본적으로 보이는 그 차이의 원인을 찾아보는 것입니다. 그러면 해결의 실마리를 어느 정도 알아낼 수 있습니다.

그런데 여기에서 또 하나 유의해야 할 점은 그 원인을 찾는 시기입니다. 사람들이 불편을 겪는 원인을 찾으려고 할 때에 그 시기를 의견이 충돌하거나 싸움을 한 다음에 찾으려고 합니다. 그럴 것이 아니라 근본적으로 차이를 보이는 성격을 찾으려면 둘 사이가 좋을 때 해야 합니다. 평사시에 배우자와 서로 관계가 좋을 때, 대화를 통해 조목조목 나열해 보는 것입니다. 그러면 서로 인정과 반성을 동시에 할 수 있습니다.

그런 다음, 두 번째로는 '아— 그럴 수 있겠구나', '현재 심리 상태가 상대의 이러이러한 성격과 결합하면 이런 모습을 띠겠구나', '성장 과정에서 어떠어떠한 일을 경험했으니까 이러한 모습이 형성되었겠구나'와 같은 그럴 개연성에 대해 이해의 폭을 넓혀 보는 것입니다. 1장에서 MBTI로 알아봤던 네 가지 기준에 따라 부부의 성격을 점검해 봐도 좋을 것입니다.

이렇게 부부간의 문제 이해의 입구를 찾았으면 그다음 세 번째는 다소 어려운 제안이기는 합니다만 상대의 그런 현상이나 모습을 그냥 인정하고 존중하는 것입니다.

이 책에서 자주 언급했던 것처럼 사람의 성격은 바꾸기 어렵습니다. 고칠 수도 없습니다. 따라서 이미 그렇게 만들어진 것, 때문에 그 자체를 인정하고 수용하고 존중하는 것입니다.

네 번째로는 이 상황에서 내가 할 수 있는 일을 찾아 너가 아닌, 내가 할 수 있는 일을 찾아 실천하는 것입니다. 그래도 만족스럽지 않으면 마지막으로 현재의 불편이나 갈등을 내가 안고 살아가야 한다고 마음을 단단히 먹는 것입니다.

그러기 위해서 먼저 지금 현재, 내가 가지고 있는 가치관, 내가 옳다고 여기는 것과 그렇지 않다고 여기는 것, 도덕적인 것과 비도덕적이라고 생각하는 것, 양심적인 것과 비양심적인 것이 반드시 맞는 것인가를 한번 생각해 보는 것입니다. 이것들의 신념이 강하면 강할수록 배우자에게 강요하는 강도나 의지가 강해지기 때문입니다.

따라서 만일 내가 이런 의지나 가치 기준을 가지고 있다면 이를 조금 내려놓을 필요가 있습니다. 내가 지니고 있는 이런 가치들은 가급적 지켜져야 할 일들임에는 틀림없습니다. 조건이 있다면 배우자가 아닌 내게만 적용해야 합니다. 이런 일들을 잠깐 뒤집어서 보면 내게서 완전히 내려놔도 충분히 가능할 일입니다. 왜냐하면 이들은 모두 정답이나 진리가 아니기 때문입니다.

따지고 보면 내가 지닌 가치관이라는 것은 지극히 내 개인적인 것이어서 객관적이지 못합니다. 세상을 살면서 기분이 나빠지는 경우 가운데 하나는 내 가치 기준으로 봤을 때 저 사람은 아주 못된 가치관을 가

선생님이 들려주는 결혼 이야기

지고 살고 있는 것 같습니다. 그래서 나보다 더 못 살 것 같습니다. 그런데 따지고 보니, 나보다 더 잘나가고, 나보다 더 많은 것을 누리며 잘 살고 있습니다. 몹시 기분이 나빠질 수 있는 일입니다.

결론적으로 말하면 내가 옳다고 믿고 있는 내 가치관이 꼭 정답이 아니라는 말입니다. 때문에 내 가치관을 상대 배우자에게 요구하거나 혹은 심으려 하거나 또 강요해서는 안 될 일입니다.

더구나 우리가 추구하는 가정의 행복은 내 가치관의 적용이나 확립에서 얻어지는 것이 아닙니다. 또한 상대의 행동이나 말을 지적하고 요구하는 데서 이뤄지지 않습니다. 도리어 이런 일이 늘어 가면 갈수록 행복은 멀어져 부부 사이가 점점 더 불편하게 됩니다.

따라서 우리가 행복하기 위해서는 배우자의 가치관이나 생각을 바꾸려고 덤벼들어서는 곤란합니다. 그 원인을 찾아보고, 이를 존중하고, 여기에서 내가 할 수 있는 일을 찾아서 하고, 더 나아가 발전적인 일이라면 결국 나를 바꾸는 데 신경을 쓰는 것입니다. 이런 노력이 부부관계를 증진시키는 데 강력한 도구이자 지혜가 된다는 점입니다. 이런 노력이 결국 행복을 만들어 낸다는 사실입니다.

이와 관련해 뉴질랜드 오클랜드 대학의 슈리너 히라는 재밌는 실험을 했습니다. 이성과 교제하고 있는 160명의 실험자를 고른 다음, 이들에게 먼저 두 가지 질문을 했습니다. 하나는 "내가 달라지도록 노력해야 한다고 생각합니까?"이고, 다른 하나는 "상대방이 달라지려고 노력해야 한다고 생각합니까?"였습니다. 그런 다음 반년의 시간이 지난 다음, 그들의 관계가 어떻게 변화되어졌는지를 조사한 것입니다.

그랬더니 '내가 달라지려고 노력해야 한다'고 답한 커플은 그 노력한 내용이 조금씩 개선되고 있었습니다. 게다가 관계가 좋아져 교제를 계속하고 있었습니다.

　반대로 '상대가 달라져야 한다'고 대답한 커플들은 달라져야 할 내용이 잘 개선되지 않았을 뿐만 아니라 관계도 서로 악화되고 있다는 점을 발견했습니다.

　이런 실험이 우리에게 주는 정보는 무엇일까요? 우리 부부들이 겪는 문제점을 해결할 수 있는 결정적인 단서를 제공해 주고 있습니다.

　부부 사이에서 어떤 문제점이 발견되면 많은 사람들은 대부분 배우자의 탓으로 돌리려고 합니다. 그런데 이런 실험 결과를 통해서 볼 수 있었던 것처럼 상대를 탓하는 것은 문제 해결에 전혀 도움이 되지 않는다는 것입니다. 오히려 관계를 훼손하게 될 뿐만 아니라 관계의 지속을 방해한다는 것입니다.

　그러니 여기에서 우리는 분명한 해결책을 얻어 낼 수 있습니다. 행복으로 들어가는 가장 안전하고 확실한 방법은 먼저 '내가 변화되어야 한다'는 것입니다. 상대를 바꿔 보려고 아무리 노력해도 상대는 바뀌지 않습니다. 이런 노력을 하면 할수록 오히려 배우자와 관계만 훼손될 뿐입니다. 그래서 부부가 함께 행복으로 들어갈 수 있는 가장 안전하고 가장 확실한 방법은 배우자를 바꾸려고 노력할 것이 아니라 내가 변화되는 것입니다.

　이 방법은 분쟁을 일으키지 않고 관계를 훼손하지도 않습니다. 부부가 온전한 행복을 누리도록 도와줍니다. 내가 변화되는 것도 정말 힘

선생님이 들려주는 결혼 이야기

든 일입니다. 하지만 상대를 변화시키는 일은 더 어려운 일입니다.

이런 일들을 고민하던 라인홀드 니버라는 사람은 이런 기도문을 남겼습니다.

> 하나님!
> 제 힘으로 변화시킬 수 없는 일이라면 그것을 받아들일 수 있는 '마음의 평안'을 허락해 주소서. 만일 제가 변화시킬 수 있는 일이라면 그것을 변화시키는 데 필요한 용기를 허락해 주소서. 마지막으로 내가 변화시킬 수 있는 것과 변화시킬 수 없는 것을 구별할 줄 아는 지혜를 허락해 주소서.

간략하면서도 간절한 기도문이라는 생각이 듭니다. 타인의 변화를 기대하고 그를 위한 노력을 기울여 본 사람은 그런 노력이 얼마나 힘들고 어려운 일인지 알 수 있습니다. 그래서 그런 사람만이 이런 기도를 할 수 있다고 생각합니다. 타인을 변화시키는 것이 얼마나 어렵다는 점을 알고 있기 때문입니다. 그래서 이 기도문은 그러한 어려움을 경험한 사람이 자기 경험을 바탕으로 진솔하게 쓴 기도문이라는 생각이 듭니다.

우리는 종종 어리석게도 우리가 할 수 없는 일을 시도하려고 하면서 스트레스를 받고 괴로워하기도 합니다. 그리고 진정 변화시킬 수 있는 일에는 등한시하고 용기를 내지 않으면서 결과를 엉망으로 만들어 놓기도 합니다. 또한 우리는 변화시킬 수 있는 것과 없는 것, 그리고 이

둘의 차이조차 구분하지 못할 정도로 어리석기도 합니다.

특별히 부부로 살아가는 사람들은 우리의 행복을 위해 이런 지혜를 구하고 얻는 행운이 주어지기를 기원해 봅니다. 그래서 상대 배우자의 성격적 특성을 변화시키려는 목표에서 더 나아가 할 수만 있다면 내가 수용하고 내가 변화되는 길을 택하는 지혜를 발휘하면 좋겠다는 생각입니다. 여기에 행복의 비결이 있기 때문입니다.

행복을 얻기 위한 여러분의 고귀한 노력에 힘찬 격려의 응원을 보냅니다.

〈이것만은 꼭! 핵심 요약정리〉

- 사람의 성격은 바꿀 수 없습니다.
- 나는 물론 배우자의 성격도 바꿀 수 없습니다.
- 부부 사이에서 갈등과 싸움은 늘 상존한다는 사실을 인정하십시오.
- 나를 불편하게 만든 상대 행동의 원인과 배경을 찾아보십시오.
- 상대의 성격을 고치려고 노력하기보다는 내가 수용하거나 변화되는 일이 행복으로 들어가는 가장 안전하고 확실한 방법임을 기억하십시오.

선생님이 들려주는 결혼 이야기